Ideen-Management

Annette Blumenschein
Ingrid Ute Ehlers

Ideen–Management

Wege zur strukturierten Kreativität

Gerling Akademie Verlag

Die Deutsche Bibliothek – CIP-Einheitsaufnahme
Ein Titeldatensatz für diese Publikation ist bei
Der Deutschen Bibliothek erhältlich

Copyright © 2002 Gerling Akademie Verlag GmbH,
Amalienstraße 77, Gartenhaus, D-80799 München.
Alle Rechte, insbesondere das Recht der Vervielfältigung
und Verbreitung, vorbehalten
Umschlaggestaltung: Claus Seitz, München
Titelabbildung: Asger Jorn: »Lästige Wesen, durch ihre
Existenz daseinsberechtigt«, 1939–1940;
© fam Jorn/VG Bild – Kunst, Bonn 2002
Satz: Fotosatz Reinhard Amann, Aichstetten
Druck und Bindung: Clausen & Bosse, Leck
ISBN 3-932425-43-X

www.gerling-academy-press.com

Inhalt

Vorwort

Kreativität ist ein Wachstumsfaktor, wenn sie strukturiert eingesetzt wird. Die systematische Anwendung passender Methoden und Techniken beim Umgang mit Ideen führt zur Vernetzung von individuellen kreativen Potentialen mit ökonomischem Nutzen.

Dies ist das Einsatzfeld für Ideen-Management, das nach unserer Definition die Planung, Entwicklung, Bewertung, Auswahl, Realisierung und Überprüfung von Ideen umfaßt. Kreative Mitarbeiterinnen und Mitarbeiter – nicht nur in Forschung und Entwicklung, sondern auf allen Ebenen und in allen Funktionsbereichen – werden so zu einem wesentlichen Aktivposten im internationalen Wettbewerb von morgen. Dies gilt sowohl für Unternehmen im privatwirtschaftlichen als auch für im Non-Profit-Bereich angesiedelte Institutionen.

Als Spezialistinnen für Kreativitätsförderung und Ideen-Management begleiten wir kreative Prozesse in Seminaren, Workshops und Trainings sowie durch Beratungsleistungen. Dabei erarbeiten wir mit unseren Auftraggebern die Grundlagen zum Einsatz von Ideen-Management mit strukturierter Kreativität.

Oft sind die Beteiligten verblüfft, daß hierbei Kreativität einerseits und Struktur andererseits keinen Widerspruch in sich bilden, sondern sich auf synergetische Weise ergänzen können. Deshalb haben unsere Kunden uns auf die Idee gebracht, das Know-how aus langjährigen, spannenden und erfolgreichen Prozessen zu bündeln und diesen Leitfaden zu veröffentlichen.

Zunächst werden im ersten Kapitel die Grundlagen zum umfassenden Verständnis von Kreativität vermittelt. Dann lernen Sie im zweiten Kapitel die wichtigsten Faktoren, die Kreativität fördern, kennen. Das dritte Kapitel präsentiert die Werkzeuge, die Sie brauchen, um Ihre Kreativität gezielt einsetzen zu können. Dies geschieht durch praxisnahe Anwendungsbeispiele. Abschließend zeigt das vierte Kapitel, wie Sie durch strukturiertes Ideen-Management an kreativen Aufgaben wachsen können. Unser Modell ist ein verläßlicher Leitfaden, der Ihnen von der ersten aufkeimenden Idee bis zum abgeschlossenen Projekt Sicherheit vermittelt.

Dieser Leitfaden begleitet Sie bei der kreativen Herausforderung Ideen-Management und ermöglicht Ihnen als Leserin oder Leser das selbstgesteuerte und praxisnahe Entfalten kreativer Potentiale: Somit bietet Ihnen dieses Buch anwendbares Know-how zur individuellen Investition in Ihren persönlichen Weg zur strukturierten Kreativität.

1 Kreativität verstehen

1.1 Kreativer Vorsprung
Kreativität als Instrument im Wettbewerb von morgen

▶ Vorsprung zu haben vor anderen, vor Wettbewerben, ist zweifellos von Vorteil. Im Wettlauf um Kunden und überzeugte Anhänger gewinnt doch immer der, der besser, innovativer ist. Damit dies gelingt, benötigt man nicht nur Branchen- und Marktkenntnisse sowie Produkt-Know-how. Ebenso langt reines Fachwissen und die Kenntnis ökonomischer Instrumentarien allein nicht aus. Es braucht auch Kreativität, um den Herausforderungen des Wettbewerbs von morgen gewachsen zu sein. ◀

Allgemein kursierende Vorstellungen zum Kreativitätsbegriff unterliegen häufig einem sehr verkürzten Verständnis. Kreativität wird meist einer begabten Elite zugeschrieben, den überwiegend in den als kreativ bezeichneten Berufen Tätigen wie z.B. »Designern«, »Werbetextern« und »Werbegrafikern«. Oder sie wird ausschließlich auf den künstlerisch-musischen Bereich bezogen – also Musikern, Schauspielern und Malern zugeordnet.
Damit verkürzt sich Kreativität auf einen sehr schmalen Anwendungsbereich, steht nur sogenannten kreativen Genies bzw. einer kreativen Elite zur Verfügung und gilt als nicht erlernbar ohne die entsprechend vorhandene oder gar vererbte Begabung. Kreativität reduziert sich dabei auf eine statische Grundausstattung im »Fähigkeiten-Baukasten« des Menschen und bekommt darüber hinaus rein intuitiven Charakter. Bauchgefühl und Intuition sind wichtige Eigenschaften, doch gleichzeitig vom Zufall abhängig und nicht systematisch bei neuen Frage- und Aufgabenstellungen einsetzbar, weil oft nicht bewußt ist, wie die innere Stimme planmäßig abrufbar ist.

In diesem Leitfaden dagegen plädieren wir für ein ganzheitliches Kreativitätsverständnis, welches Intuition und systematisches Vorgehen in kreativer Balance vereint. Ein bewußter und methodischer Einsatz geeigneter Kreativtechniken in den einzelnen Phasen des kreativen Prozesses läßt Kreativität ihre Beliebigkeit verlieren und trägt zu aktivem, struktu-

riertem Ideen-Management bei. Dies kann jeder erlernen und seine kreativen Potentiale somit gezielt im Bedarfsfall abrufen.

Demnach gehört Kreativität zu den Lebensbedürfnissen des Menschen. Sie ist Ausdruck seines Verlangens, die ihn umgebende Umwelt
produktiv und nach seinen Vorstellungen aktiv zu gestalten, sich den
Herausforderungen der Rahmenbedingungen des Umfeldes zu stellen
und diesen ideenreich zu begegnen. In dieser Weise entfaltet sich das
Mensch-Sein als spezifisches Potential im doppelten Sinne: Kreativität ist
einerseits evolutionäre Kraft und ebenso zukünftige Kernkompetenz in
vielen Lebensbereichen der modernen Gesellschaft. Sie trägt zur Heraus-
bildung von Identität durch lebendigen und pro-aktiven Austausch zwischen Mensch und Umwelt bei.

Israel Kirzner, Joseph A. Schumpeter, Michael Porter, um nur einige
herausragende Ökonomen und Wettbewerbsforscher zu nennen, entwerfen das Wesen des Unternehmers wie folgt: Der Unternehmer ist ein
findiger Akteur, der sich unter Kenntnis der Rahmenbedingungen permanent auf der Suche nach Informations- und Wissensvorsprüngen befindet und dabei unter den potentiellen Handlungsmöglichkeiten die –
unter Beachtung des ökonomischen Grundprinzips der Abwägung von
Kosten und Nutzen – effizienteste auswählt. Er gestaltet sich seine Orga-
nisationsumwelt mit dem Ziel, Wettbewerbsvorsprünge zu erlangen,
seine Chancen zu nutzen. Risiken einer unsicheren Marktentwicklung
in der Zukunft nimmt er dabei auf sich, entwickelt für mögliche eintre-
tende Situationen bereits alternative Strategien und Lösungsansätze.

Der so beschriebene Unternehmer ist also der Prototyp des Ideen-Managers, der seine Kreativität gezielt einsetzt. Auf zunehmend gesättigten
Märkten und in Zeiten globalen Wettbewerbs ist dieses Bild des Unternehmers erneut zu großer Bedeutung gelangt. Organisationstheoretische
Ansätze und Unternehmensphilosophien formulieren in ihren Leitlinien
und Stellenanforderungen vermehrt den Anspruch vom Mitarbeiter als
»Unternehmer im Unternehmen«, der sich den tagesgeschäftlichen Anforderungen in ideenreicher und verantwortlicher Weise zu stellen hat.
Abteilungsübergreifendes, prozeßorientiertes statt funktionsbezogenes
Denken soll dabei ein Vernetzen unterschiedlicher Tätigkeiten und Un-
ternehmensbereiche fördern. Es reicht nicht mehr aus, die bisherigen
Prozesse überwiegend unter Effizienzkriterien zu prüfen und das zu optimieren, was man schon immer tat. Neue Ideen und neue Wege müssen
im Zeitalter globaler Konkurrenz aktiv gefördert werden.

Informations- und Wissensmanagement gehören zu den meist zitierten
Stichworten in der betriebs- bzw. personalwirtschaftlichen Management-
literatur. Längst wird von »Information und Kommunikation« als ergän-

zendem Produktionsfaktor gesprochen. Dies gilt insbesondere für Dienstleistungs- und Informationsgesellschaften. Hier nehmen wir eine Erweiterung um den Faktor »Kreativität« vor. Damit treten neben Fachkompetenz auch Sozial- und Selbstkompetenz. Und so bekommt Kreativität eine wirtschaftlich nutzbare Dimension: Kreativität als Grundpotential des Menschen, als Ausdruck für Problemlöse- und Kombinationsfähigkeit, als Gestaltungsbedürfnis wird zum Schlüsselfaktor unternehmerischer Produktions- und Leistungserstellung. Kreativität als Potential des einzelnen stellt so die Brücke dar zwischen individuellen Bedürfnissen des Menschen nach Entwicklung, Entfaltung, Gestaltung und Produktion einerseits und den betrieblichen Zielen wie »Erlangen von Wettbewerbsvorsprüngen« und damit verbundenen Zielen wie »Marktanteilserweiterung« und »Gewinnerzielung« andererseits. Kreativität ist somit ein individueller und wirtschaftlicher Wachstumsfaktor, die Grundvoraussetzung für unternehmerisches Handeln im globalen Wettbewerb von morgen.

Konjunkturbedingtes pro-zyklisches Verhalten in Krisenzeiten führt allerdings häufig zu Einsparungen im Bereich Weiterbildung. Damit werden notwendige Voraussetzungen zur Sicherung langfristiger Wettbewerbsvorsprünge durch Human Capital gerade dann verschenkt, wenn sie vom Unternehmen am nötigsten gebraucht werden.

Die Förderung kreativer Potentiale ist eine Investition in die Zukunft für alle Beteiligten: Sie sichert qualifizierte, engagierte Mitarbeiterinnen und Mitarbeiter und stärkt die Marktposition einer Organisation. Systematisches Ideen-Management durch den Einsatz von strukturierter Kreativität ist demzufolge ein wirkungsvolles Instrument im Wettbewerb von morgen.

»Wer zu spät an die Kosten denkt, ruiniert sein Unternehmen. Wer immer zu früh an die Kosten denkt, tötet die Kreativität.«

Philip Rosenthal, Politiker und Industrieller

1.2 Phasen des Ideen-Management
Von der Idee zur Innovation

▶ Wie gestaltet sich nun der Weg von der Aufgabenstellung bis hin zur erfolgreichen Umsetzung der Lösungsansätze?
Was passiert zwischen der ersten aufkeimenden Idee und der vollendeten Realisierung, die dann als Innovation wirken kann?
Welche Phasen werden dabei im einzelnen durchlaufen? Dieses Kapitel bietet Ihnen eine erste Übersicht über die Phasen des Ideen-Management. ◀

Eine der Hauptaufgaben im kreativen Wettbewerb ist es, festgestellte Abweichungen vom angestrebten Zustand, also dem gewünschten Ziel, zu korrigieren. Dies geschieht durch die Suche nach geeigneten Lösungsansätzen und das Ergreifen von Maßnahmen zur Zielerreichung, die in konkrete Aktionspläne und ihre Umsetzung münden. Darüber hinaus gelangt man im Rahmen dieses kontinuierlichen Korrektur- und Anpassungsprozesses nicht selten zu völlig neuen Ideen, zu Produktentwicklungen mit echtem Innovationscharakter, also sogenannten Marktneuheiten, die bis dorthin noch von keinem Mitbewerber angeboten wurden und in dieser Form bislang noch gar nicht existierten.
Der kreative Prozeß ist unserem Verständnis nach somit ein Vorgang der Problemlösung, der anstehende Aufgaben auf innovative Art mittels geeigneter Strategien bewältigt.
Damit trägt der kreative Prozeß sowohl zur Entwicklung von Ideen im Beruf als auch zur individuellen Weiterentwicklung des Menschen bei.
Ergebnis des kreativen Prozesses ist das gelöste Problem bzw. die fertiggestellte Aufgabe. Sie ermöglichen Innovation im doppelten Sinne: einmal als Neuerung und darüber hinaus als Veränderung, d.h. als Folge dieser Neuerung.
Dies ist das Einsatzfeld für Ideen-Management.
Ideen-Management umfaßt nach unserer Definition dabei alle Vorgänge der Planung, Entwicklung, Bewertung, Auswahl, Realisierung und Überprüfung von Ideen. Dieses Buch bietet dafür ein nachvollziehbares Modell, mit dem Kreativität in allen Phasen des Ideen-Management in strukturierter Weise eingesetzt werden kann.
Kein Autor, kein Kreativitätsforscher, der nicht versucht, diesen Weg zu beschreiben und in einzelne Phasen zu zerlegen.

Übergeordnet lassen sich dabei drei grundsätzliche Phasenabschnitte erkennen: eine Vorbereitungsphase, eine eher intuitiv geprägte schöpferischen Phase sowie eine abschließende kritische Phase der Ideenbewertung und –auswahl unter Einblendung der in der Realität vorhandenen Rahmenbedingungen.

Aus der Verknüpfung von Beobachtungen in der Praxis und Erkenntnissen aus der Managementforschung haben wir ein siebenphasiges Modell entwickelt, nach dem sich Ideen-Management vollzieht:

Phase I	Kreative Unzufriedenheit
Phase II	Problemanalyse, Aufgabendefinition
Phase III	Ideen-Findung
Phase IV	Ideen-Strukturierung, Ideen-Bewertung, Ideen-Auswahl
Phase V	Ideen-Realisierung
Phase VI	Ideen-Überprüfung
Phase VII	Kreative Unzufriedenheit

Die Klammer zwischen den einzelnen Phasen ist der Einsatz von strukturierter Kreativität. In allen Phasen ist es notwendig, sich wie ein »findiger Akteur«, der Prototyp des Ideen-Managers zu verhalten.

»Der beste Weg, die Zukunft vorauszusagen, besteht darin, sie zu erfinden.«   *John Seulley*

Dazu erfahren Sie in Kapitel 3.2, was in den einzeln Phasen passiert, welche Techniken Sie jeweils phasenbezogen anwenden und wie Sie mit Störfaktoren und Ideenkillern umgehen.

1.3 Kreative Inventur
Selbsteinschätzung kreativer Potentiale

▶ Inventur ist Ihnen bekannt, Bilanz ziehen ebenso, doch gehören diese Begriffe für Sie eigentlich in den Bereich »Wirtschaftsleben«. Ab und zu ist Bilanz ziehen jedoch durchaus auch in anderen Lebensbereichen üblich und hilfreich. Meist dann, wenn man sich über den Ist-Zustand bewußt werden will, wenn man an einer Weichenstellung angekommen ist.

Damit Sie Ihre eigene Kreativität gezielt fördern können, ist es wichtig, Ihre Selbst-Wahrnehmung zu schärfen. In regelmäßigen Abständen sollten Sie Ihre individuellen Potentiale überprüfen und bewerten, sozusagen eine »Kreative Inventur« vornehmen. ◀

Kreative Geisteshaltung

Ein klar herausgearbeitetes Kreativitätsprofil hilft Ihnen dabei, die in diesem Buch vorgestellten Übungen und Techniken individuell passend für Sie selbst anzuwenden.

Seien Sie bei der Einschätzung und Bewertung Ihres Potentialprofils möglichst ehrlich zu sich selbst. Dies fällt meistens nicht schwer, wenn es um die Bewertung der eigenen Stärken – der Aktivposten der Strategischen Kreativbilanz – geht. Nehmen Sie sich Zeit zur Würdigung Ihrer Stärken. Das tut gut und gibt den nötigen Energieschub, um sich den eigenen Schwächen und deren Abbau intensiv widmen zu können. Betrachten Sie es als Herausforderung, die in Ihnen schlummernden kreativen Potentiale zu entwickeln und zu entfalten. Dazu ist zunächst eine Auseinandersetzung mit Ihren Passivposten – den Punkten der Bilanz, an denen Sie noch arbeiten möchten – erforderlich. Hier gilt also erst recht: Seien Sie möglichst ehrlich zu sich selbst. Eine geschärfte Wahrnehmung hilft bei der Entwicklung Ihres kreativen Selbst-Bewußtseins.

Versuchen Sie nun, den vorhandenen Bestand aufzunehmen. Basierend auf Beobachtung und Auswertung unserer Kreativworkshops haben wir die nachfolgenden (Haupt-)Bestandteile kreativen Denkens und Handelns abgeleitet:

- Analogiebildungsfähigkeit (Fähigkeit, Parallelen zu erkennen)
- Assoziationsfähigkeit (Fähigkeit, verschiedene Aspekte zu verknüpfen)

- Vorstellungskraft und bildhaftes Denken (Fähigkeit, Inhalte mit Bildern zu verbinden)
- Ganzheitliches Denken (Denken unter Einbeziehen beider Gehirnhälften)
- Prozeßorientiertes Denken (Denken in gesamten Verläufen und nicht nur in Einzelschritten)
- Kombinationsfähigkeit (Fähigkeit des konstruktiven Zusammenfügens)
- Improvisationstalent (kreatives Umgehen mit Mangelsituationen)
- Perspektivwechselfähigkeit (Fähigkeit zum systematischen Einnehmen verschiedener Denk-Positionen)
- Scharf-Sinnigkeit (bezogen auf die gesamte Sinneswahrnehmung)
- Sowohl-als-auch-Denken (Bereitschaft, sich auf Mehrdeutigkeiten einzulassen)
- Kreativer Mut (Mut zu unkonventionellen Gedanken)
- Vielseitigkeit (Förderung der verschiedenen Facetten und Talente)
- Konstruktive Kritikfähigkeit (Bereitschaft, Sachverhalte und auch das eigene Denken und Handeln in Frage zu stellen)
- Kreativer Humor (Fähigkeit, über vieles lachen zu können)

Wie schätzen Sie sich selbst derzeit in bezug auf die genannten Positionen ein? Leiten Sie Ihre individuelle »Strategische Kreativ-Bilanz« mit Hilfe des nachfolgenden Schemas ab.

Meine kreativen Potentiale schätze ich wie folgt ein:

	Die Aktivposten (=Stärken) Worüber ich bereits jetzt verfüge						Die Passivposten (=Schwächen) Woran ich noch arbeite				
	100	90	80	70	60	50	40	30	20	10	0
Analogiebildungs-fähigkeit											
Assoziationsfähigkeit											
Vorstellungskraft und bildhaftes Denken											
Ganzheitliches Denken											
Prozeßorientiertes Denken											
Kombinationsfähigkeit											
Improvisationstalent											
Perspektivwechsel-fähigkeit											
Scharf-Sinnigkeit											
Sowohl-als-auch-Denken											
Kreativer Mut											
Vielseitigkeit											
Konstruktive Kritikfähigkeit											
Kreativer Humor											

Tab. 1: Strategische Kreativ-Bilanz

Die Extremwerte der Potentialeinschätzung liegen dabei zwischen 100%
= vollkommen erfüllt und 0% = nicht erfüllt. Die Orientierung an Pro-
zentwerten dient Ihnen als Gewichtungshilfe. Werte zwischen 100 und
50% drücken dabei vorhandene Stärken – also Aktivposten – aus. Werte
zwischen 50% und 0% Ausprägung weisen auf Ihre individuellen Passivposten hin. Die angekreuzten Kästchen lassen sich anschließend miteinander verbinden und ergeben Ihr individuelles Kreativitätsprofil.

Wenn Sie wollen, können Sie Ihre ganz persönliche Kreative Inventur
häufiger vornehmen. Da Sie in dynamischen Zusammenhängen leben
und Sie sich selbst und Ihre Umwelt täglich verändern, sollten Sie auch
zu unterschiedlichen Stichtagen erneut bewerten, um immer auf dem
aktuellen Stand Ihrer Potentiale zu sein. Stichtag einer zweiten Bewertung könnte z. B. der Tag sein, an dem Sie den Leitfaden »Ideen-Management« insgesamt durchgearbeitet haben.

Ergänzend zu dem Ihnen bereits bekannten Bewertungsverfahren können Sie sich dabei die folgenden Fragen stellen:

• Welche Aspekte von Kreativität allgemein waren mir vorher nicht
  bewußt?

  ....

  ....

• Welche Aspekte meiner eigenen Kreativität waren mir vorher nicht
  bewußt?

  ....

  ....

• Welche Trainingsmöglichkeiten habe ich nun kennengelernt, um
  regelmäßig in meinen Wachstumsfaktor Kreativität zu investieren?

  ....

  ....

• Wie hat sich mein Profil in der Zeit von ... bis ... verändert?

  ....

  ....

Versinnbildlichung der kreativen Geisteshaltung –
Der Detektiv Da Capo Al Fine

Die kreative Geisteshaltung läßt sich sehr plastisch anhand der Figur eines Detektivs beschreiben. Nachfolgend stellen wir Ihnen den KREAdetekTIV (= KREATIV) »Da Capo Al Fine« vor.

Als Ermittler mit geschärfter Wahrnehmung nimmt er alles, was sich ihm bietet, genau unter die Lupe, setzt seine sieben Sinne gekonnt als Wahrnehmungs- und Analyseinstrument ein. Er geht jeder Spur nach, überprüft viele Alternativen, läßt sich nicht durch erste Eindrücke oder vorgebrachte Argumente täuschen oder gar zu vorschnellen Urteilen hinreißen. Ihm kann man nichts vormachen. Seine Meinung bildet er sich unabhängig und unbestechlich, läßt sich nicht von unterschiedlichen Funktionsträgern in höheren Positionen blenden oder gar einschüchtern. Respektlosigkeit vor Althergebrachtem und Gewohntem gehört zu seiner detektivischen Vorgehensweise. Bedacht und ausdauernd stellt er alles in Frage, erkundet neugierig die Umwelt und betrachtet die Dinge aus vielfältigen Perspektiven. Wie man die richtigen Fragen stellt, um möglichst viel zu erfahren, um Probleme aufzudecken und Vorbehalte frühzeitig zu erkennen, weiß er genau. Eine umfassende Problemanalyse ist das Fundament seiner Arbeit. Verschiedene Aussagen und unterschiedliche Ansichten hört er sich im Gespräch mit vielen Menschen an, protokolliert die wesentlichen Aspekte und kombiniert so einzelne Teile zu einem zusammengehörenden und vollständigen Bild. Sensibilität, eine exakte Beobachtungsgabe sowie die Fähigkeit zu aktivem Zuhören und »zwischen den Zeilen«-Lesen unterstützen seine Kommunikations- und Diagnosefähigkeit. Ein gesundes Mißtrauen prägt sein Verhalten. Seine Arbeit hört nie auf, denn wenn er einen Fall abgeschlossen hat, wartet bereits der nächste auf Lösung. Wißbegierig nimmt er die Ermittlungen erneut auf, bereits beendete Fälle vergißt er nicht. In regelmäßigen Abständen überprüft er die Kartei der Dauerfälle, um sich auf den neuesten Stand zu bringen bzw. aktuelle Daten und Fakten zu ergänzen. Ihm ist bewußt, daß es in einer sich permanent wandelnden Umwelt jederzeit neue Informationen gibt, die zur Beurteilung herangezogen werden müssen. Veränderungen nimmt er aufmerksam wahr und notiert sie in einem »Kreativen Notizbuch«, das er permanent mit sich führt. Jeder momentan abgeschlossene Fall bringt ihn weiter, neu angenommene Fälle stellen permanente Herausforderungen dar, die er gerne und unermüdlich annimmt. »Da Capo Al Fine« lautet sein Name und sein Motto: noch einmal vom Anfang an bis zum Schlußzeichen, so heißt es in der Musik – eben glaubte er am Ende angekommen zu sein, da beginnt der Prozeß bereits von Neuem. Er wächst an seinen Aufgaben und Fällen.

Fördern Sie den »KREATIV« in Ihnen, folgen Sie dem Beispiel von »Da Capo Al Fine« im Kampf gegen Kreativitätsvampire und Ideenkiller!

2 Kreativität fördern

2.1 Unerschöpflich
Die phantastische Ideenwerkstatt zwischen den Ohren

▶ Unerschöpflich Ideen produzieren, permanent schöpferisch tätig? Das kann manchmal erschöpfend sein! Wie Sie die Ressourcen Ihrer phantastischen Ideenwerkstatt zwischen den Ohren systematisch nutzen und dabei gezielt den jeweils ergiebigsten Denkstil auswählen, erfahren Sie in diesem Kapitel. Damit können Sie das unerschöpfliche Reservoir des Gehirns in allen Phasen des Ideen-Management nutzen. ◀

Der sprachliche Ursprung von Kreativität ist das lateinische Wort »creare«, das erschaffen, hervorbringen, schöpfen bedeutet. Stellen Sie sich Kreativität als Vorgang des Schöpfens bildlich vor:
Sie stehen an einem Brunnen und wollen Wasser daraus schöpfen.
Also formen Sie eine »Schöpfkelle« aus Ihren beiden Händen, die Sie zusammenfügen. Diese Bewegung des Schöpfens im ursprünglichen Sinne zeigt, daß zum Schöpfen beide Körperhälften gebraucht werden, hier die rechte und die linke Hand. Dies ist ein anschauliches Bild für die phantastische und phantasievolle Ideenwerkstatt, die sich zwischen Ihren Ohren befindet: das Gehirn als unerschöpflich sprudelnde »Quelle der Ideen«.
Bei den folgenden Ausführungen zur Werkstatt des Ideenflusses beziehen wir uns auf das Hemisphärenmodell des aus der linken und der rechten Hälfte bestehenden Gehirns. Obwohl dieses Modell ansatzweise eine Vereinfachung ist, benutzen wir es in unseren Seminaren und in diesem Buch. Denn es veranschaulicht einen sehr komplexen Zusammenhang auf schlüssige Weise.
Oft glauben Menschen im Beruf, alle vorliegenden Informationen passen nicht mehr in den Kopf, er könne einfach überfließen. Oder es erscheint so, als könnten in diesem »vollgestopften Archiv« keine wirklich neuen Ideen mehr entstehen.
Intuitiv wird in solchen Situationen meist das Richtige getan: für Abwechslung sorgen, entspannen oder aus der festgefahrenen Situation

»flüchten«. Der benötigte Abstand zu einer Aufgabenstellung läßt dennoch das Problem und das angestrebte Ziel keinesfalls vergessen. Das Unterbewußtsein bleibt am Thema: Wenn man sich erst einmal intensiv mit einer Problemstellung auseinander gesetzt hat, so gelingt es gar nicht mehr, diese vollständig zu vergessen, das Gehirn arbeitet weiter daran.

Ideen-Findung durch Inkubation

Bei der Inkubation von Ideen (dem »Ausbrüten von Ideen«) arbeiten beide Gehirnhälften simultan und gelangen dann irgendwann, zu einem nicht beeinflußbaren Zeitpunkt, zu einer ganzheitlichen Ideen-Findung. Erste Ideen und Lösungsansätze ruhen aktiv, indem sie – vergleichbar mit einer Aussaat – permanent in uns keimen. Ob Sie wollen oder nicht, Sie nehmen Ihre Umwelt nun selektiv unter dem Blickwinkel der gestellten Aufgabe wahr. Wenn Sie sich einer bestimmten Frage widmen, wie etwa der Oberflächenbehandlung von Holz, dann begegnet Ihnen das Material Holz im Alltag in bisher ungeahnter Vielfalt. Wenn Sie sich mit einem bestimmten Begriff beschäftigen z. B. Pinguinen, dann erscheint die ganze Welt von Pinguinen überflutet.
Bei der Ideen-Findung durch Inkubation vergleichen Sie unbewußt Lösungsansätze anderer Wissensbereiche, scannen Ihr Gehirn nach ähnlichen Erfahrungen und Mustern ab, verknüpfen diese und plötzlich ist er da: der Ideenblitz, die geniale Idee, die sich erst nicht einstellen wollte und auf die Sie bereits fast verzweifelt gewartet haben. Derartige Geistesblitze lassen sich jedoch nur in begrenztem Maße bewußt hervorlocken, weshalb Sie immer auch Geduld brauchen, wenn Sie nach kreativen Lösungen suchen. Zahlreichen Berichten, ob von Wissenschaftlern, Forschern oder »normalen Alltagsmenschen«, ist zu entnehmen, daß sich viele hervorragende Ideen meist dann einstellten, wenn die Personen nicht mehr angestrengt (vielleicht teilweise auch verkrampft) darüber nachdachten: z. B. im Schlaf, bei einem Spaziergang oder bei der Ausübung eines Hobbys.
Der Vorteil der Inkubation ist, daß die Idee ohne Anstrengung quasi »frei Haus« geliefert wird. Der Nachteil bei der Inkubation ist, daß es überhaupt nicht vorhersehbar ist, wann die »Erleuchtung« passiert. Deshalb stellen wir Ihnen hier eine alternative Herangehensweise vor: die mit Arbeitsaufwand verbundene, aber wesentlich besser planbare Produktion von Ideen.

Systematische Produktion von Ideen

Die systematische Produktion von Ideen ist mit einer Analogie aus der Physik zu veranschaulichen:

Stellen Sie sich Kreativität als elektrischen Strom vor. Der Strom fließt, sobald der Stecker (die Kreativitätstechnik) eingesteckt ist. Strom ist deshalb vorhanden, weil Sie in ihren beiden Gehirnhälften Milliarden von Informationen und Erinnerungen gespeichert haben, die Sie jederzeit abrufen können.

Allerdings soll dieser Strom nicht alles überfluten, sondern in Bahnen gelenkt werden (strukturierte Kreativität). Diese Struktur wird ermöglicht durch zwei Voraussetzungen: die Vernetzung der beiden Gehirnhälften und die gezielte Wahl des Denkstiles.

Die Vernetzung der Gehirnhälften

Um die Vernetzung der Gehirnhälften zu begreifen, soll das Bild vom Anfang des Kapitels nochmals aufgegriffen werden:

Wenn wir Ideen schöpfen (Kreativität wird ja definiert als »Schöpferkraft«), dann kann dies ganz wörtlich verglichen werden mit dem schon vorgestellten Bild, Wasser aus einem Brunnen zu schöpfen – mit zwei Händen, die wir zu einer Schale zusammenfügen.

Die meisten Tätigkeiten verrichtet man mit zwei Händen – egal, ob man rechtshändig oder linkshändig ist. Oft ist die nicht-dominante Hand dabei im Hintergrund und wird kaum bemerkt, z. B. wenn Sie schreiben. Dabei wird der Stift oder Füller mit der dominanten Hand geführt – aber der Füller wird mit beiden Händen aufgeschraubt und das Papier mit der nicht dominanten Hand gehalten bzw. das Buch mit ihr aufgeschlagen.

Das heißt, mit nur einer Hand ist der Mensch nur einseitig belastbar und nicht voll hand-lungsfähig – und genau das gilt auch für die beiden Gehirnhälften. Bei allen Tätigkeiten sind beide Gehirnhälften beteiligt. Je nach der Art der Denkarbeit ist jeweils eine dominierend, aber auch die andere ist beteiligt.

Das Gehirn als Produktionsstätte der Ideen ist vergleichbar mit zwei Unternehmen, die ihren Sitz im gleichen Haus haben. Prinzipiell arbeiten sie in der gleichen Branche (und für den gleichen Arbeitgeber). Allerdings haben sie sich sehr stark spezialisiert.

In der Abbildung auf der nächsten Seite sehen Sie das Hemisphärenmodell des Gehirns. Die linke Hälfte ist kantig und strukturiert, die rechte

Hälfte ist weich und gewunden abgebildet. Trotz aller Unterschiede sind beide gleich groß und gleichwertig. Daraus resultiert der Titel: »Geschwister in Balance«.

Die jeweiligen »Spezialitäten« der Gehirnhälften sind zugeordnet, d. h. die besonderen Dienstleistungen, Fähigkeiten, Eigenschaften, die die jeweiligen Hälften des Gehirns anbieten.

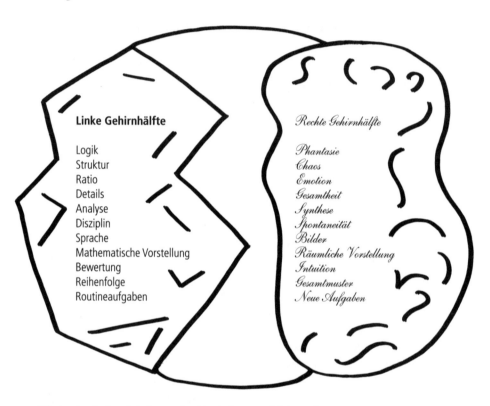

Linke Gehirnhälfte

Logik
Struktur
Ratio
Details
Analyse
Disziplin
Sprache
Mathematische Vorstellung
Bewertung
Reihenfolge
Routineaufgaben

Rechte Gehirnhälfte

Phantasie
Chaos
Emotion
Gesamtheit
Synthese
Spontaneität
Bilder
Räumliche Vorstellung
Intuition
Gesamtmuster
Neue Aufgaben

Abb. 1: »Geschwister in Balance«: Das Hemisphärenmodell des Gehirns

Die linke Gehirnhälfte verarbeitet Informationen sehr langsam, die rechte Gehirnhälfte dagegen blitzschnell.

Beide Hirnhälften sind verbunden durch den sogenannten Balken oder Corpus Callosum. Er überbrückt den Spalt zwischen der linken und rechten Hälfte und sorgt für den Informationsfluß. Von der Kontaktaufnahme, bzw. der aktiven Vernetzung von links nach rechts und rechts nach links hängt es ab, ob und wie wir Informationen bekommen oder verarbeiten.

Ein alltägliches Beispiel für die Zusammenarbeit von linker und rechter Gehirnhälfte verdeutlicht dies: Eine Person, der Sie begegnen, erkennen

Sie mit der rechten Gehirnhälfte als Bildinformation, meistens blitz-schnell.

Wenn diese Person anders gekleidet ist als gewohnt (der Tankwart, den man im Overall kennt, ist heute im Anzug oder die Zahnärztin, die sonst immer im weißen Kittel zu sehen ist, trägt einen Jogginganzug), dann kombiniert die rechte Gehirnhälfte und sucht nach zusätzlichen Bildinformationen.

Wenn nun die Person von der rechten Gehirnhälfte identifiziert ist, dann benötigen Sie den Namen der Person, um sie begrüßen zu können.

Den Namen muß die linke Gehirnhälfte als Sprachinformation liefern.

Jetzt ist die Kooperation der beiden »Geschwister« gefragt.

Im Gegensatz zur schnellen Informationsverarbeitung der rechten Seite kann das detailversunkene Suchen in der linken Hälfte länger dau-ern.

Das kennen Sie sicher, wenn Sie nach einem Namen suchen, der einfach nicht von den Lippen will.

Insgesamt ist die aktive Vernetzung der beiden Gehirnhälften wichti-ger als ein riesiges Lager an Namen, zu dem aber der Zugriff fehlt (linke Gehirnhälfte) oder ein gigantisches Reservoir an gespeicherten Bild-informationen zu Personen (rechte Gehirnhälfte), das nicht mit dem pas-senden Namen verbunden werden kann.

Also sind immer beide Gehirnhälften gefragt im Wirtschaftsleben und im Privatleben. Es ist für alle Tätigkeiten des Lebens essentiell wichtig, die Balance zwischen den beiden Hälften zu halten.

Weder Gehirnmasse noch Gehirnvolumen sind für Erfolg und Kreati-vität ausschlaggebend, sondern der erfolgsfördernde Faktor ist der Grad der Vernetzung zwischen den Gehirnhälften. Dazu gibt es im Kapitel 3.3 Übungen, die diese Vernetzung begünstigen.

Die Wahl des Denkstils

Ebenso wichtig ist der gezielte Einsatz von speziellen Denkstilen.

Bei der Produktionsleistung des Gehirns, also der Denkleistung, un-terscheidet man zwischen dem konvergenten und dem divergentem Denken.

Darunter sind unterschiedliche Nutzungsarten des Gehirns zu verstehen, die eher linkshälftig orientierte oder eher rechtshälftig orientierte Anwen-dung. Wobei selbstverständlich niemals eine Hälfte einen »Alleingang« machen kann, sondern immer unterschwellig von der anderen unterstützt wird.

Gemeinsam ist den beiden Begriffen »konvergent« und »divergent« der Wortstamm: das lateinische Verb »vergo« (sich neigen, sich senken, sich zuwenden, gerichtet sein, sich nähern) und als Wortableitungen biegen, drehen, winden, ranken.

Konvergenter Denkstil

Konvergent (lat. = übereinstimmend, zusammenführend) ist das logische, zielgerichtete Denken. Konvergentes Denken verläuft in systematischen, nachvollziehbaren Schritten in eine Richtung. Es kann auch die Fixierung auf bestimmte Aspekte bedeuten und sich dabei verengen.

Konvergentes Denken wird hauptsächlich von der linken Gehirnhälfte geleistet, die bewährte Lösungsverfahren bereitstellt. Dieser Denkstil ist dann wichtig und angebracht, wenn etwas »auf den Punkt gebracht« werden soll. Das Ergebnis dieses Denkstiles ist eine Entscheidung, das Herausfiltern einer Option aus mehreren Entscheidungsmöglichkeiten.

Divergenter Denkstil

(divergent lat. = entgegengesetzt, verzweigend) ist das frei fließende Denken. Es kann ungeordnet und phantastisch verlaufen und ist keinesfalls logisch nachvollziehbar. Es bewegt sich in viele Richtungen, um möglichst viele Aspekte mit einzubeziehen und ermöglicht so eine Vielzahl neuer Ideen. Beim divergenten Denken kommt man quasi »vom Hölzchen aufs Stöckchen«.

Divergentes Denken findet hauptsächlich in der rechten Gehirnhemisphäre statt, die geeignet ist zum Erfinden neuer Vorgehensweisen. Das Ergebnis des divergenten Denkens sind die oft zitierten 100 neuen Ideen.

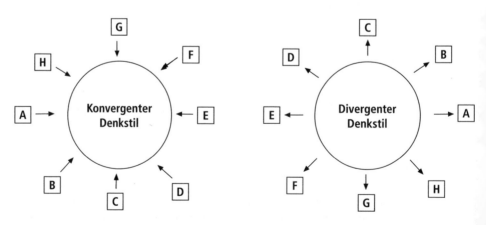

Abb. 2: Konvergenter Denkstil – Divergenter Denkstil

In dem sich ergänzenden Zusammenspiel dieser beiden Denkstile liegt die Energiequelle der strukturierten Kreativität.

Sicher haben Sie selbst schon eine bewußte Wahl des Denkstiles erlebt: Wenn in einem Kreativ-Team neue Ideen entwickelt werden, dann ist dafür das divergente Denken gefragt. Bei der Ideen-Findung stehen die Qualitäten der rechten Gehirnhälfte im Vordergrund: Phantasie, Emotionen, Bilder, räumliche Vorstellung, Intuition.

Wenn nun jemand inmitten dieses frei fließenden, wild strömenden Ideenflusses konvergente Gedanken (eher in der linken Gehirnhälfte angesiedelte Gedanken zu Logik, Details, Bewertung, Analyse) äußert, dann ist dies ein Ideenblocker. Solche konvergenten Gedanken werden in einer divergenten Phase als »Killerphrasen« empfunden.

Die angemessene Reaktion darauf ist, konvergente kritische Gedanken zurückzustellen, um noch weiter auf divergente ausschwärmende Weise Ideen entwickeln zu können. Also ein Wechsel vom konvergenten Denkstil wieder zurück in den divergenten.

Umgekehrt kennen Sie sicher auch die folgende Situation: Wenn bei einer Besprechung Daten, Zahlen und Fakten betrachtet und bewertet werden, ist der konvergente Denkstil angebracht. Hier geht es vordergründig um die Spezialitäten der linken Gehirnhälfte wie Logik, Struktur, Analyse, Bewertung, Reihenfolge. Wenn nun eine Person aus diesem konvergenten Denkstil ausbricht und inmitten der bewertenden Besprechung phantasievolle, chaotische und sprunghafte (divergente) Gedanken einbringt, ist das kontraproduktiv.

Die Bitte, sich doch nun auf die Tagesordnungspunkte zu konzentrieren, beim Thema zu bleiben, ist genau der gezielte Wechsel des Denkstiles von divergent wieder zu konvergent.

In den folgenden Kapiteln erfahren Sie, wie Sie durch die Wahl eines bestimmten Denkstils bzw. den gezielten Wechsel zwischen beiden Denkstilen in allen Phasen des Ideen-Management zu einer hohen Synergie kommen.

Zur »Gehirnpflege«, bezogen auf Ihren beruflichen und privaten Alltag, finden Sie in dem nächsten Kapitel 2.2 praktische Tips. Bei pfleglicher Behandlung des Gehirns sind Ideen eine nachwachsende Ressource aus einem unerschöpflichen Reservoir.

2.2 Die Sieben Sinne schärfen
Wie Sie Ihre Wahrnehmung trainieren und so besser(e) Ideen generieren können

▶ Warum ist es notwendig, das eigene Sinnessystem zu schärfen? Welche Sinnesabstumpfungen finden im Alltagsleben statt und wie kann diesen vorgebeugt werden? Welchen Nutzen haben Sie davon, Ihre Wahrnehmung zu sensibilisieren? – Lernen Sie ein wirkungsvolles Trainingsprogramm zur Sinnes-Schärfung kennen, machen Sie Ihre sinnliche Grundausstattung fit und erleben Sie, wie Sie auf diese Weise noch bessere Ideen er-sinnen können. ◀

Die »Sinnliche Grundausstattung«

Die Wahrnehmung über die Sinne ermöglicht es, sowohl die umgebende Umwelt als auch sich selbst sehr genau zu erfassen. Alle Sinnessysteme stellen eine Verbindung zwischen Austauschprozessen im Innen und im Außen dar.

Nach unserer Auffassung besitzt jeder Sinn eine äußere und eine innere Dimension. Die äußere trägt dazu bei, daß Menschen in Verbindung mit der Umwelt treten und sich als Teil dieser wahrnehmen. Dies trägt zur Formung der inneren (Geistes)-haltung bei. Körper und Geist bzw. sinnliche Wahrnehmung über den Körper und Geist lassen sich somit nicht voneinander trennen.

Jeder gesunde Mensch ist mit denselben, miteinander vernetzten Sinnen ausgestattet. Dennoch erleben Menschen die Welt nicht alle gleich, sondern nehmen Phänomene selektiv und höchst unterschiedlich wahr. Je nach unserem individuellen gesellschaftlichen, familiären und situativen Hintergrund, den dementsprechend ausgebildeten Wahrnehmungsfiltern und Deutungsmustern greift man auf verschiedene Wahr-Nehmungslogiken zurück.

Besonders im Erleben und Begleiten kreativer Prozesse in Teams ist es somit wichtig, sich im Rahmen einer facettenreichen Problemdefinition darüber auszutauschen, ob alle am Ideenfindungsprozeß Beteiligten ihre jeweiligen Einschätzungen und Sichtweisen dargestellt haben und ob eine gemeinsame Wahrnehmung der Aufgabenstellung gefunden wurde. Andernfalls kann es sehr leicht passieren, daß jeder insgeheim an einem anderen Projekt arbeitet. Dabei kann ein völlig unterschiedliches Problembewußtsein herrschen. Oft wird dies erst in der Ideenbewertungsphase festgestellt. Dann wurden allerdings bereits viele Teamressourcen verschwendet!

Das Training der Sinne trägt zu einer erhöhten »Kreativen Unzufriedenheit«, d. h. Problemsensibilität bei. Durch eine schärfere Wahrnehmung Ihrer Umwelt sind Sie in der Lage, frühzeitig zu erkennen, wo sich in beruflichen und privaten Bereichen Verbesserungspotential verbirgt. Und Sie nehmen auch gezielt wahr, wo mögliche »Sollbruchstellen« liegen. So entwickeln Sie rechtzeitig ein sensibles Frühwarnsystem bzw. trainieren Ihre »Scharf-Sinnigkeit«.

Je sensibler Ihre Wahrnehmung ausgebildet ist, um so mehr Freiräume schaffen Sie für kognitive Denkprozesse. Gleichzeitig hilft Ihnen eine bewußte und ganzheitliche Wahrnehmung dabei, das Ihnen zur Verfügung stehende Ressourcenrepertoire bestmöglich auszuschöpfen.

Die Sinne geben dem Leben einen Sinn, indem sie dem Körper und somit selbstverständlich auch dem Geist Erfahrungsmöglichkeiten erschließen. Sie verbinden Innen und Außen, innere und äußere Wahrnehmung. Damit stellt unser Sinnessystem einen wesentlichen Beitrag zur intelligenten und »scharf-sinnigen« Lebensführung dar.

Im folgenden stellen wir Ihnen die Sieben Sinne als »Wahrnehmungs-Kanäle« vor, auf denen Sie jeweils unterschiedliche Reize empfangen:

Sehsinn	= Visueller Kanal
Gehörsinn	= Akustischer Kanal
Geruchsinn	= Olfaktorischer Kanal
Geschmacksinn	= Gustatorischer Kanal
Tastsinn	= Haptischer Kanal

Darüber hinaus haben wir das Sinnessystem um zwei weitere Sinne ergänzt.

Orientierungssinn	= richtungsgebendes Element
Balancesinn	= ausgleichendes Element der Gesamt-Balance

Dieser 6. und 7. Sinn dienen als koordinierende und ausgleichende Elemente und führen die anderen Sinne zusammen. Ihre Schlüsselfunktion liegt in der Verarbeitung der durch die fünf Sinneskanäle eingehenden Informationen und wahrgenommenen Eindrücke.

Der Orientierungs- und der Balancesinn stellen eine wesentliche Voraussetzung zur Entfaltung der kreativen Potentiale und somit zur Förderung des individuellen Wachstumsfaktors dar.

Das Zusammenspiel der Sieben Sinne ermöglicht Ihnen die optimale Nutzung der strukturierten Kreativität und eine kreative Lebensführung.

Es ist wichtig, sich dies auch im Alltag bewußt zu machen, Schlüsselfragen gezielt einzusetzen und das feinabgestimmte Zusammenspiel der Sinne wertzuschätzen.

Wenn einzelne Sinne sich nicht voll entfalten, können sie mit einem speziellen Förder-Programm wieder aktiviert werden, genauso wie Muskeln, die »außer Übung« sind, jederzeit wieder trainiert werden können.

Das folgende Trainingsprogramm für die Sinne bezieht sich sowohl auf den beruflichen Alltag als auch auf das Privatleben. Die gezielten Schlüsselfragen machen Ihnen den aktuellen Zustand bewußt.

Die Möglichkeiten zur Schärfung der Sinne können Sie jederzeit an Ihre jeweiligen Lebens- und Arbeitsumstände anpassen.

Das Sinnes-Trainingsprogramm

Sehsinn

Äußere Dimension
Die Augen sind das weitaus am meisten beanspruchte Sinnesorgan. Auf diesem Kanal werden wir mit optischen Reizen geradezu überflutet.

Innere Dimension
Diese Dimension umfaßt das innere Klarsehen in der Bedeutung von Ver-Sinn-Bildlichung.

Mögliche Abstumpfungen des Sehsinnes im Alltag:
* stundenlanges Starren auf den Computerbildschirm
* Marathon-Fernsehen
* »kreischende« Farben
* mikroskopisch kleine Buchstaben in Drucksachen
* Papier- und E-Mailflut

Schlüsselfrage:
Was sehe ich in diesem Moment bewußt?

Möglichkeiten zur Schärfung des Sehsinnes:
- Tauschen Sie alteingesessene Plätze, z. B. bei Arbeitsbesprechungen oder beim Essen, dadurch gewinnen Sie eine neue Perspektive.
- Versuchen Sie, Schriftstücke zu lesen, die für Sie auf dem Kopf stehen. Dies ist hilfreich in Besprechungen, bei denen der Gesprächspartner Ihnen gegenübersitzt.
- Hängen Sie für einen Tag Fotos und Bilder scheinbar »verkehrt« herum auf, (z. B. um 90, 180 oder 270 Grad gedreht) und entdecken Sie so neue optische Reize.
- Entwickeln Sie Phantasien zum Sehsinn:
  Welche Farben könnten Sie den jeweiligen Tagen der Woche zuordnen?
- Stellen Sie eine Stunde pro Woche unter das Motto »Ich sehe was, was du nicht siehst.« Sammeln Sie an diesem Tag Offen-Sichtliches und auch manchmal nicht beachtete optische Reize. Notieren Sie Ihre Beobachtungen mit Worten, Skizzen und Zitaten in einem Erlebnis-Buch.

Gehörsinn

Äußere Dimension
Der Hörkanal ist das Sinnesorgan, das immer eingeschaltet ist, sogar im Schlaf. Akustische Reize führen auch unmittelbar zu einer körperlichen Reaktion, von Wohlbefinden über Konzentrationsschwierigkeiten bis zur Schmerzgrenze.

Innere Dimension
Diese Dimension äußert sich in der »Inneren Stimme« oder auch in dem vielzitierten »Kleinen Mann im Ohr« bzw. seiner weiblichen Entsprechung, der »Kleinen Frau im Ohr«, die ihre Kommentare zu verschiedenen Situationen ins Ohr wispern.

Mögliche Abstumpfungen des Gehörsinnes im Alltag:
- der Geräuschpegel, teilweise Lärmpegel, dem man in Städten täglich ausgesetzt ist
- mehrere Telefone in einem Raum
- Hintergrundmusik, die oft gar nicht mehr bewußt wahrgenommen wird, (z. B. im Lift oder Supermarkt)
- diffuses, halblautes Gemurmel auf Messen oder Empfängen
- »knatternde« Klimaanlagen
- Baustellen vor dem Büro

- parallel geführte Gespräche mit Mobiltelefon auf engstem Raum, z. B. bei Tagungen

Schlüsselfrage:
Was höre ich in diesem Moment bewußt?

Möglichkeiten zur Schärfung des Gehörsinnes:
- Schließen Sie in Fahrzeugen (die Sie nicht selber steuern) die Augen und stellen Sie sich die Strecke vor, die Sie gerade zurücklegen. Versuchen Sie zu schätzen, wie weit Sie schon gekommen sind.
- Experimentieren Sie mit verschiedenen Musikarten: z. B. wenn Sie Routinearbeiten machen, gönnen Sie sich eine bestimmte Musik, wenn Sie konzeptionell arbeiten, eine weitere Musikart, wenn Sie sich entspannen, hören Sie wiederum eine andere Sorte Musik.
- Beachten Sie die Töne und Geräusche in Ihrer Umgebung ganz gezielt: Wie hört sich das Klappern Ihrer Computertastatur an? Wie laut quietscht ein Radiergummi beim Ausradieren? Welche Geräusche gibt es, wenn Ihr Bürostuhl auf dem Boden rollt?
- Entwickeln Sie Phantasien zum Gehörsinn:
  Stellen Sie sich mit Genuß vor, wie Geräusche klingen, die von Comic-Sprechblasen als »Polter«, »Schrill« oder »Klickeradomms« umschrieben werden.
- Stellen Sie eine Stunde pro Woche unter das Motto »Ich höre was, was du nicht hörst.« Sammeln Sie in dieser Stunde akustische Eindrücke im Alltag, im Büro, im Supermarkt oder auf der Rolltreppe. Notieren Sie Ihre Beobachtungen mit Assoziationen oder möglichen Noten in ein Erlebnis-Buch (oder auf Tonband).

Geruchsinn

Äußere Dimension
Der Geruchsinn kann tatsächlich Tausende von verschiedenen Düften unterscheiden und wiedererkennen. Durch das Zuordnen eines bestimmten Geruchs können auch Erinnerungen im Gehirn aktiviert werden. Oft wird dieser Sinn allerdings eher »unterschwellig« gereizt und die ankommenden Signale werden nicht bewußt wahrgenommen.

Innere Dimension
Diese Dimension zeigt sich darin, daß jemand »den richtigen Riecher hat« und Unheil wittern kann.

Mögliche Abstumpfungen des Geruchsinnes im Alltag:
* ständig laufende Klimaanlagen
* Geruchsüberflutung (z. B. zuviel Parfüm)
* Vermischung von verschiedenen konkurrierenden Gerüchen, z. B. Essensgeruch und Parfüm
* Raumparfüms, die in Überdosis eingesetzt werden
* Versteckte Geruchsüberflutung auf Messen und Veranstaltungen durch Duftterminals, die Duft als Mittel des Verkaufens einsetzen.

Schlüsselfrage:
Was rieche ich in diesem Moment bewußt?

Möglichkeiten zur Schärfung des Geruchsinnes:
* Verknüpfen Sie Düfte mit Erfolgserlebnissen z. B. Ingwer (anregend), wenn Sie die Korrespondenz erledigen, schnuppern Sie an »Lemontree« (belebend-motivierend), wenn Sie telefonieren, gönnen Sie sich Vergißmeinnicht oder Rosen (einfach nur »Ferienstimmung«) für Ihre Pausen.
* Gönnen Sie sich neue Düfte in Ihrem Alltag (ein neues Rasierwasser oder Parfüm, ein Duftaroma für die Büroräume, neue duftende Blumen für Ihren Balkon ...)
* Riechen Sie intensiv an den Getränken und Speisen, die Sie zu sich nehmen, bevor sie diese kosten.
* Nehmen Sie in jedem Raum eine Geruchsdiagnose vor, wenn Sie ihn betreten und öffnen Sie bei Bedarf gleich das Fenster.
* Entwickeln Sie Phantasien zum Geruchsinn:
  Was werden Sie riechen, wenn Sie ein bestimmtes Projekt erfolgreich abgeschlossen haben? Wie riecht für Sie Zufriedenheit? Wie riecht für Sie Wachstum?
* Stellen Sie eine Stunde pro Woche unter das Motto »Ich rieche was, was du nicht riechst.« Sammeln Sie Schnupper-Erlebnisse im Büro, in der Kantine, im Garten Ihrer Nachbarn etc. Notieren Sie Ihre Beobachtungen in ein Erlebnis-Buch (oder sammeln Sie Riech-Erlebnisse in einer Riechflaschen-Sammlung).

Geschmacksinn

Äußere Dimension
Der Geschmacksinn hängt eng mit dem Geruchsinn zusammen. Diese beiden Sinne beeinflussen sich gegenseitig. Tatsächlich können Sie über

die Geschmacksknospen sehr feine Nuancierungen der Grundge-
schmacksrichtungen wahrnehmen.

Innere Dimension
Diese Dimension bezieht sich auf das Abschmecken im übertragenen
Sinn bzw. auf die Aussage »einen guten Geschmack haben.«

Mögliche Abstumpfungen des Geschmacksinnes im Alltag:
• hastiges Essen von zu heißen Speisen
• überzuckerte Speisen und Getränke
• das Salzen von Speisen vor dem Probieren
• das übermäßige Konsumieren von Fast Food
• das Fehlen von wirklich guten, sinnlichen Geschmackserlebnissen
• die Angewohnheit, während der Arbeit nur nebenbei zu essen

Schlüsselfrage:
Was schmecke ich in diesem Moment bewußt?

Möglichkeiten zur Schärfung des Geschmacksinnes:
• Essen Sie etwas, was Sie noch nie gegessen haben, z. B. ein Gemüse,
  das Sie nur dem Namen nach kennen.
• Kombinieren Sie neue Zutaten beim Essen, z. B. andere Kräuter, ver-
  schiedene Beilagen.
• Veranstalten Sie Geschmackstests als Gesellschaftsspiel und verglei-
  chen dabei z. B. den Geschmack verschiedener Schokolade- oder
  Käsesorten (ohne die Verpackung zu zeigen). Beschreiben Sie diese
  Geschmacks-Erlebnisse auf sinnliche Weise wie: »Diese Schokolade
  schmeckt melancholisch bitter.«
• Inszenieren Sie »Geschmacksfamilien« wie z. B. Südfrüchte: Orange,
  Clementine, Susine, Mandarine, Limone, Zitrone als Geschmacks-
  buffet und genießen Sie diese gemeinsam mit Freunden.
• Probieren Sie dieselbe Speise bei verschiedenen Köchen in verschie-
  denen Restaurants und versuchen Sie die feinen Unterschiede her-
  auszuschmecken.
• Entwickeln Sie Phantasien zum Geschmacksinn:
  Überlegen Sie, wie Sie im übertragenen Sinne »Biß« in Ihr Projekt
  bekommen!
• Stellen Sie eine Stunde pro Woche unter das Motto »Ich schmecke
  was, was du nicht schmeckst.« Sammeln Sie einen Tag lang kleine
  und große Sensationen rund um den Geschmacksinn. Notieren Sie
  Ihre Beobachtungen in ein Erlebnis-Buch.

Tastsinn

Äußere Dimension

Die Haut ist das größte Sinnesorgan, sie umfaßt im Durchschnitt 1,7 Quadratmeter. Fünf Millionen Nervenenden in diesem Sinnesorgan melden dem Gehirn Reize. Mit diesem Kanal unterscheiden Menschen Empfindungen wie hart und weich, warm und kalt. Die Reize können flächig oder auf die Größe einer Nadelspitze konzentriert wahrgenommen werden.

Bereits eine einzige Bewegung reizt Tausende von Tast-Antennen.

Innere Dimension

Diese Dimension bezieht sich auf das »Spüren« im übertragenen Sinn. Es geht dabei darum, die Umwelt zu be-greifen.

Mögliche Abstumpfungen des Tastsinnes im Alltag:
- Abschirmung von der Natur mit ihren Tastsinn-reizenden Erscheinungen wie Kälte, Regen und Wind
- weniger persönlicher Kontakt durch E-Mails, Videokonferenzen statt persönlichem Besuch
- Reizüberflutung über andere Kanäle, z. B. über den Sehsinn und Gehörsinn
- fehlende Erfahrung mit »echten« Materialien durch den Kontakt mit imitierten Materialien: nachgeahmtes Holz, unechter Marmor, gemischte Materialien wie Kunststoff- und Wollfasern

Schlüsselfrage:
Was fühle ich in diesem Moment bewußt?

Möglichkeiten zur Schärfung des Tastsinnes:
- Tasten Sie mit geschlossenen Augen die Oberfläche verschiedener Gegenstände: Glas ist hart und glatt, Metall ist kühl, Kunststoff ist porös und hat Raumtemperatur. Was erspüren Sie noch?
- Überlegen Sie, wie sich ein Begriff wie »knallweich« oder »butterfest« anfühlen könnte.
- Öffnen Sie kurze Zeit das Fenster und lassen Sie sich von Kälte oder Wärme, Lufthauch oder Wind, Regenschauer, Schnee oder Hagel »reizen«.
- Entwickeln Sie Phantasien zum Tastsinn:
  Stellen Sie sich vor, in Ihrem Büro ist ein verborgener Wandsafe. Was halten Sie in Händen, wenn Sie hineingreifen?

- Stellen Sie eine Stunde pro Woche unter das Motto »Ich fühle was, was du nicht fühlst«. Sammeln Sie einen Tag lang haptische Erlebnisse. Notieren Sie Ihre Beobachtungen in ein Erlebnis-Buch oder schaffen Sie sich eine »Galerie der Fühl-Erlebnisse.«

Orientierungssinn

Äußere Dimension

Der Orientierungssinn stellt als Ortungs- und Navigationssystem das richtungsgebende Element dar. Dem frühzeitlichen Menschen ermöglichte dieser Sinn das Zurechtfinden in unbekannten Gebieten, bei Nacht und Tag. Da Menschen über einen Orientierungssinn verfügen, gelingt es ihnen, sich in bezug zur sie umgebenden Umwelt wahrzunehmen, die eigene Position zu markieren und auch bei räumlicher Veränderung bzw. Verlassen des bekannten Standortes, eine Grundvorstellung von dem zu entwickeln, was sie beim Erschließen eines neuen Terrains erwartet. Ohne Orientierungssinn finden Menschen nicht mehr zum Ausgangspunkt zurück und verlaufen sich. Im übertragenen Sinn werden Menschen »aus der Bahn geworfen.«

Innere Dimension

Die innere Dimension des Orientierungssinns bezieht sich auf die Ausbildung eigener Meinungen; Standpunkte werden gefunden und vertreten. Lebensaufgaben müssen geplant werden, will man nicht immer auf Zufälligkeiten reagieren. Dazu benötigt man Ziele, die einen Orientierungsrahmen geben, der regelmäßig überprüft und vor dessen Hintergrund der Grad der Zielerreichung festgestellt werden kann.

Ohne den Orientierungssinn könnte man weder Ziele formulieren noch wäre man an ihrem Erreichen interessiert, man käme niemals an.

Schlüsselfrage:
Wo befinde ich mich in diesem Moment und wo möchte ich ankommen?

Mögliche Abstumpfung des Orientierungssinnes im Alltag:
- Zu viele unklare, teilweise unausgesprochene Ziele
- Zielkonflikte
- Unklare Zuständigkeiten bei beruflichen und anderen Aufgaben
- oberflächliche Anweisungen, die Verunsicherung erzeugen
- Permanenter Zeitdruck, der zu Aktionismus führt statt zu wohlüberlegtem, zielorientiertem Handeln

- Fun-Kultur, d. h. schnellebiges »Nur-im-jetzt-Leben«
- andauernde Hektik, die zum bloßen Re-Agieren statt zu Besinnung und Reflexion führt
- energieraubender negativer Streß

Möglichkeiten zur Schärfung des Orientierungssinnes:
- Machen Sie sich mit den Prinzipien des Ziel- und Zeitmanagements vertraut. Nehmen Sie an einem Seminar teil, oder lesen Sie einen der zahlreichen Ratgeber.
- Überprüfen Sie in regelmäßigen Abständen sowohl Ihre beruflich wie privat formulierten Ziele, und machen Sie sich den Grad Ihrer Zielerreichung bewußt.
- Planen Sie bewußte »Aus-Zeiten« für sich ein, in denen Sie sich einfach nur Zeit zum Nachdenken und »Hineinhören, Hineinspüren, Hineinsehen, Hineinfühlen, Hineinschmecken« gönnen. Ein ausgedehnter Spaziergang in ruhiger Natur, ein Wochenende im Kloster oder in einem Wellness-Hotel verwöhnen Sie und dienen als Quelle der Kraft.
- Erkunden Sie neue Städte und Orte, z. B. auf Geschäftsreisen, öfter einmal zu Fuß, eventuell auch ohne permanenten Blick auf den Stadtplan. Fügen Sie die Plätze und Straßen vor Ihrem inneren Auge zu einem vollständigen Puzzle zusammen und vergleichen Sie das entstandene Bild in Ihrem Kopf mit der Struktur des Stadtplans.
- Erinnern Sie sich an Schnitzeljagden? Auch dieses beliebte Gesellschaftsspiel trägt erheblich zur Schärfung Ihres Orientierungssinns bei.
- Entwickeln Sie Phantasien zum Orientierungssinn:
  Gibt es für Sie einen persönlichen Stern am Himmel, der Ihr Leit-Stern sein kann?

Balancesinn

Äußere Dimension
Dieser Sinn vermittelt zum einen zwischen den Körperteilen, ermöglicht eine Koordination von Rumpf und Extremitäten, läßt Menschen aufrecht gehen und komplizierte motorische und feinmotorische Bewegungen vollziehen. Gleichzeitig ermöglicht dieser Sinn Statik und Stabilität bei Körperhaltungen, bei denen nicht beide Beine fest auf dem Boden stehen. Dabei vermittelt der Balancesinn zwischen Menschen und ihrer Umgebung, setzt Menschen motorisch und inhaltlich in Bezug zur Umwelt.

Innere Dimension

Die innere Dimension dieses Sinnes besteht in der Vermittlungs- und Ausgleichsfähigkeit des Menschen: verschiedene, teilweise zueinander konträre Grundhaltungen, Wechsel zwischen verschiedenen Perspektiven müssen in Ausgleich gebracht werden, Extrempositionen überprüft und auf ein individuelles Maß abgestimmt werden. Der Balancesinn sorgt für einen sinnvollen Ausgleich polarer Zustände, vermeidet ein Abdriften in Extreme und diffuse Orientierungslosigkeit durch eine dialektische Realität, in der es keine ausschließlich eindeutigen Phänomene gibt. Unser Gleichgewichtssinn ermöglicht uns das Aushalten von Widersprüchen, Unsicherheiten und Mehrdeutigkeiten. Er verbindet Körper und Geist sowie alle unsere Lebensbereiche miteinander und sorgt so für ganzheitlichen Ausgleich.

Schlüsselfrage:
Was balanciere ich in diesem Moment bewußt aus ?

Kreative Balance umfaßt verschiedene Pole und Gegenpole aus allen Bereichen unseres Berufs- und Privatlebens:

Kreative Balance zwischen

Außen	Innen
Risiken	Chancen
Struktur	Chaos
Festhalten	Loslassen
Flexibilität	Stabilität
Nähe	Distanz
Spiel	Ernst
Optimismus	Pessimismus
Konvergenz	Divergenz

Mögliche Abstumpfungen des Balancesinnes im Alltag:
• Starke Überbetonung eines Lebensbereichs (meist der Berufswelt) durch Dauerstreß bzw. Überlastung
• Festgefahrene Meinungen
• Verkrustete Strukturen, die nicht mehr in Frage gestellt werden
• Verhärtete, gewohnheitsmäßige Denk- und Verhaltensmuster
• Betriebs- bzw. Abteilungsblindheit
• Starke Ich-Fixierung in einer zunehmend zu Konkurrenz und Vereinzelung neigenden modernen Gesellschaft

- Abnehmendes Körpergefühl bzw. Körperbewußtsein durch Dauersitzen und Bewegungsmangel

Möglichkeiten zur Schärfung des Balancesinnes:
- Ziehen Sie öfter Personen aus anderen Unternehmen, Abteilungen und mit anderen Lebenshintergründen zu Diskussionen heran.
- Präsentieren Sie Ihre Ideen vor Fachfremden und Außenstehenden.
- Setzen Sie sich für gemischte Arbeits- und Projektteams ein, in denen verschiedene Wissensdisziplinen vertreten sind.
- Lesen Sie mehrere Zeitungen, Zeitschriften, Magazine zu einem Sie derzeit beschäftigenden Thema, und bilden Sie sich eine facettenreiche eigene Meinung.
- Setzen Sie häufiger Pro- und Contra-Listen und die Quint-Essenz ein, wenn Sie über etwas nachdenken, anstatt vorschnelle Urteile vorzunehmen.
- Lernen Sie Jonglieren, auf einem Bein stehen oder auf Stelzen laufen, oder üben Sie es, auf einem Sitzball die Balance zu halten. Auch Tai Chi-Übungen und Tanzrichtungen wie Ballett, Jazz oder Modern Dance trainieren Ihren Balancesinn sehr ausgeprägt. Jede andere Sportart fordert Ihnen ebenso in gewissem Maße Balancegefühl ab.
- Entwickeln Sie Phantasien zum Balancesinn:
  Stellen Sie sich möglichst bildhaft vor, daß Sie acht Hände besitzen, auf jeder Körperseite vier. Mit diesen Händen balancieren Sie ihre täglichen Routineaufgaben, wechseln auch einige Gegenstände über Kreuz, spielen sich selber Bälle zu.

2.3 Kreative Potentiale
Chancen schaffen durch Multiperspektive

▶ Kreative Potentiale entfalten? Ja, gerne, aber wie soll das denn nun konkret funktionieren? In diesem Kapitel erfahren Sie, wie Sie einen Blickwechsel als Chance zur facettenreichen Aufgabenbewältigung einsetzen. Dabei gewinnen Sie einen Überblick über unterschiedliche Aspekte von Multiperspektive und lernen Möglichkeiten kennen, wie Sie diese im einzelnen gezielt trainieren können. ◀

Eine Multiperspektive eröffnet sich durch das gezielte Einnehmen möglichst vielfältiger Blickwinkel. Dieser Perspektivwechsel vollzieht sich immer innerlich und äußerlich, da der Mensch ganzheitlich betrachtet aus einem körperlichen (äußeren) und einem seelischen (inneren) Teil besteht.

Erkenntnisse aus Kommunikationswissenschaften und Untersuchungen zur Körpersprache bzw. nonverbalen Kommunikation zeigen auf, daß sich innere und äußere Haltung wechselseitig bedingen. Wollen Sie also neue Ideen entwickeln, neue Pfade beschreiten und neue Sichtweisen finden, so sollten Sie diese Sichtweisen am besten auch im wortwörtlichen Sinne körperlich einnehmen. Dabei bezieht das Training der Perspektivwechselfähigkeit verschiedene Aspekte ein, die nachfolgend näher dargestellt werden:

- Der räumliche Perspektivwechsel
- Der sinnliche Perspektivwechsel
- Der interdisziplinäre Perspektivwechsel
- Der typologische Perspektivwechsel

Der räumliche Perspektivwechsel

Haben Sie einen Stammplatz? Was sehen Sie von diesem aus? Auch wenn Sie sich stark auf Ihren Bildschirm oder ein Schriftstück konzentrieren, aus den Augenwinkeln nehmen Sie Ihre Umgebung wahr. Jeder optische Reiz, jeder akustische Reiz, dem Sie ausgesetzt sind, beeinflußt Ihre Wahrnehmung und die Verarbeitung dieser Informationen. Mit immer gleichen Außenreizen eines immer gleichen Umfeldes stumpft Ihr Sinnessystem jedoch allmählich ab. Damit manövrieren Sie sich in durch räumliche Wahrnehmung ausgelöste »geistige Sackgassen«. Wollen Sie neue Impulse erhalten, wechseln Sie einfach öfter Ihre Position im Raum. Durch andere Blickwinkel werden sich Ihnen andere Sichtweisen und neue Ideen erschließen. Dieser Effekt läßt sich noch dadurch steigern, daß Sie sich gezielt in unterschiedlichen Räumen aufhalten oder einen kurzen Spaziergang um den Block unternehmen.

Walt-Disney-Technik

Ein beeindruckendes Beispiel für diese Nutzung des Perspektivwechsels zur Kreativitätsförderung ist die Walt-Disney-Technik. Walt Disney machte sich die Wirkung verschiedener Umfelder bei der Ideenentwicklung gezielt zunutze: Er richtete sich drei völlig unterschiedlich ausgestattete Räume ein: Jedes Ambiente trug dazu bei, ihn in eine andere Grundhaltung (innerlich wie äußerlich) zu versetzen. So inszenierte er den ersten Raum als Raum des »Träumers,« den zweiten als Raum des »Machers« und den dritten als Raum des »Kritikers«.
Dabei war der erste Raum, der Raum des »Träumers«, in anregenden Farben (z.B. zartgelb oder zartorange) gestrichen. Düfte, Pflanzen und Beleuchtung sowie gemütliche Einrichtungsgegenstände wie z.B. ein Plüschsessel mit Armlehnen luden zum Verweilen und Träumen ein. Der Raum war weitläufig, hoch und luftig und bot dem Ideenflug keinen Widerstand. Diese Oase mitten in Zeitdruck und betrieblicher Hektik ließ Ideen in einer kritikfreien Umgebung sprießen.
Der Raum des »Machers« war hingegen eher nüchtern eingerichtet. Zweckmäßige und schlichte Möbel, ein gepolsterter Bürostuhl, weiße Rauhfasertapete. Alles hatte seinen Platz, die einzige Zimmerpflanze stand in Hydrokultur. Auch war der Raum bereits wesentlich enger, um der realistischen Denkhaltung Ausdruck zu verleihen. In dieser Atmosphäre sollten die Besucher nur pragmatische Äußerungen von sich geben. Was ist machbar? Bis wann? Von wem?
Nachdem auf diese Weise in den beiden ersten Räumen einige Ideen gesammelt wurden, begab sich Walt Disney mit seinem Team (oder auch allein) in den Raum des »Kritikers«: In kühler Funktionalität sollten die Ideen nun bewertet und ausgewählt werden. Dieser Raum war nur noch eine spartanisch eingerichtete Kammer. »Rationalität statt Emotionalität« war die Grundstimmung dieses Raumes: Glas, Chrom und Blautöne beherrschten die Büroausstattung, ein Bürostuhl aus Aluminium bot dem

Kritiker Platz. In dem nüchternen, hell ausgeleuchteten Raum wurde jedes kleine Detail deutlich sichtbar.

Die Walt-Disney-Technik können Sie in Ihrem beruflichen Umfeld wie folgt in einer abgemilderten und praxisnahen Weise anwenden:

Besorgen Sie sich drei unterschiedliche Stühle bzw. Sitzgelegenheiten, die Sie an verschiedenen Standpunkten in einem oder in verschiedenen Räumen installieren. Be-Setzen Sie die Stühle nacheinander in der hier vorgeschlagenen Reihenfolge und stellen Sie sich die folgenden Fragen jeweils rollenbezogen:

Der Stuhl des »Träumers«

(zum Sitzen geeignet ist zum Beispiel ein Sitzball, ein bequemer gepolsterter Stuhl mit Armlehne, ein Schaukelstuhl)

Auf diesem Stuhl entwickeln Sie kühne Visionen und phantastische Einfälle. Das Wort »unmöglich« blenden Sie aus und gestatten sich ideenreiche Höhenflüge.

Fragen Sie sich zum Beispiel:

»Woran hat noch nie jemand gedacht?«

»Was macht Spaß?«

»Was habe ich mir immer schon gewünscht?«

Der Stuhl des »Machers«

(zum Sitzen geeignet ist zum Beispiel ein Bürostuhl oder ein Stuhl mit gerader Rückenlehne)

Auf diesem Stuhl entwickeln Sie die phantasievollen Ideen des Träumers weiter, verknüpfen sie aber bereits mit der Realität und suchen so neue Lösungen.

Fragen Sie sich zum Beispiel:.

»Was ist an diesen Ideen positiv?«

»Mit welchen Rahmenbedingungen kann die Idee verknüpft werden?«

»Wie könnte die Idee realisiert werden?«

Der Stuhl des »Kritikers«

(zum Sitzen geeignet ist zum Beispiel ein Hocker, ein einfacher Gartenstuhl oder ein Stapel Zeitschriften)

Auf diesem Stuhl unterziehen Sie die entstandenen Ideen einer mitleidlosen Kritik. Prüfen Sie die Idee »auf Herz und Nieren«.

Fragen Sie sich zum Beispiel:

»Was kostet es tatsächlich?«

»Wo liegen die Schwachstellen?«

»Was ist überflüssig an dieser Idee?«

Der sinnliche Perspektivwechsel

Erleben Sie die Welt durch intensive Nutzung und intensives Training Ihrer Sinnessysteme. Konzentrieren Sie sich vor allem auf die Ihnen eher unterentwickelt erscheinenden Sinne, d. h. auf jene Sinne, die Sie normalerweise vernachlässigen. Das Trainingsprogramm für die Sinne im Kapitel 2.2 unterstützt Sie dabei.

Der interdisziplinäre Perspektivwechsel

Grundvoraussetzung für einen interdisziplinären Perspektivwechsel ist geistige Flexibilität und die Bereitschaft, sich mit anderen Meinungen, Welt- und Menschenbildern und darin enthaltenen Denk- und Verhaltensweisen auseinanderzusetzen. Interdisziplinäre Forschungsteams verbinden Expertenwissen unterschiedlicher Wissenschaften, suchen nach allgemeingültigen Strukturen und Analogien, die sich auf das neue, bevorstehende Problem übertragen lassen. Nur Vernetzung der Sichtweisen statt Trennung der Einzelinterpretationen garantiert hier einen möglichst facetten- und aufschlußeichen Erklärungsansatz, der den Erkenntnisfortschritt unterstützt. Dies gilt in gleicher Weise für alle Arbeits- und Projektteams – nicht nur für Experten- und Forschergruppen. Moderne Managementinstrumente zur Wettbewerbsanalyse suchen nach den besten Praktiken zur Bewältigung von betrieblichen Leistungserstellungsprozessen – auch branchenübergreifend. Somit kann z. B. untersucht werden, wie Unternehmen verschiedenster Wirtschaftszweige das Problem hoher Fluktuationsraten lösen. Die einzelnen Lösungsansätze, insbesondere die anderer Branchen, werden auf ihren zu realisierenden Anteil im eigenen Unternehmen überprüft. Wer neue Wege gehen will, sollte sich von branchen- und betriebsinternen Gewohnheiten frei machen und Anregungen anderer Bereiche sammeln. Wenn alle Beteiligten über dieselbe Art von Wissen, ähnliche Grundannahmen und Einschätzungen verfügen, so werden immer wieder dieselben Strategien und Maßnahmen entwickelt. Auf diese Weise sind Wettbewerbsvorsprünge durch innovative Ideen nur schwer zu gewinnen.

Der typologische Perspektivwechsel

Um Ideen auf kreative Art beurteilen zu können, ist es wichtig, sich eine Perspektivwechselfähigkeit im Sinne der von uns in Kapitel 2.2 beschriebenen »Kreativen Balance« anzueignen. Kreative Balance bedeutet immer auch ein Abwägen unterschiedlicher Denk- und Geisteshaltungen. Häufig wird jedoch die naheliegendste und damit auch am schnellsten abrufbare, gegenwärtigste Denkhaltung bevorzugt. Damit verkürzen sich allerdings Blickwinkel, werden Ideen im Extremfall nur aus einer Sichtweise beurteilt. Wenn Sie im Team arbeiten, so ist bereits durch die Personenvielfalt eine Vielfalt der Denkhaltungen garantiert.

Einstellungs- und Verhaltensforschung haben zahlreiche Typenmodelle generiert, die menschliches Handeln erklären sollen. Für alle Typologien gilt festzustellen, daß sie vereinfachende Abbilder der Realität sind, die das Ziel verfolgen, komplexe Realphänomene begreifbar zu machen. Hundertprozentige Gültigkeit und Aufklärung können sie nicht liefern, will man nicht in gefährliche Typisierungen und in diskriminierendes Schwarz-Weiß-Denken abrutschen. Niemand wird ausschließlich und in Reinform nur einen Typ verkörpern, wenngleich einige Wesenszüge auf eine stärkere Ausprägung einer bestimmten Grundhaltung hindeuten können. Jeder Mensch weist eine einzigartige Mixtur von typologischen Merkmalen auf.

Meist fällt es leicht, diejenige Geisteshaltung zu einem Meinungsgegenstand einzunehmen, die der jeweiligen Grundhaltung entspricht. Wenn Sie Ihre Umwelt z. B. überwiegend durch einen optimistischen Wahrnehmungsfilter betrachten, fällt es Ihnen sicherlich schwer, auch die Schattenseiten zu sehen. Doch auch diese Perspektive kann durchaus aufschlußreiche Erkenntnisse bringen.

Bei engagierten Existenzgründern, die begeistert für die Umsetzung ihrer Geschäftsidee eintreten, läßt sich oft feststellen, daß gerade diese enorme Begeisterungsfähigkeit zum Ausblenden eventueller Risiken führt, welche die »pessimistischen Miesmacher« jedoch zielsicher aufspüren. Werden die Bedenken eines Pessimisten in konstruktiver Form geäußert, liegt hierin ein nicht unerheblicher Nutzen für die Umsetzung neuer Ideen: Schwachstellen und Kinderkrankheiten können zu einem frühen Zeitpunkt erkannt, und es kann über mögliche Verbesserungen frühzeitig nachgedacht werden.

Die Kunst des »typologischen Perspektivwechsels« besteht nun darin, nicht nur verschiedene Sichtweisen unterschiedlicher Menschen verstehen und akzeptieren zu können, sondern vielmehr darin, sich selbst in die Lage zu versetzen, alle Perspektiven in einer Person einnehmen zu können. Auf diese Weise regiert nicht mehr die zu sehr verallgemeinernde Frage »Richtig oder Falsch?«.

Jeder Standpunkt hat seine Berechtigung, alle können verträglich nebeneinander existieren. Wer seine individuellen Facetten trainiert und somit zu einer ganzheitlichen Beurteilung kommt, trägt im Team zu einer Potenzierung der Vielfalt und damit zu gründlicherer Analyse von Problemen und Ideen bei.

Die Quint-Essenz – der Fünfklang Ihrer inneren Stimmen

Das Modell der Quint-Essenz wurde von den Autorinnen als wirkungsvolle Technik zur Ideenbeurteilung entwickelt und in Seminaren und Beratung erfolgreich eingesetzt. Es basiert auf einem fünfstimmigen Chor von inneren Stimmen, die normalerweise durcheinanderreden. Bei dieser Technik haben die Stimmen die Chance, einzeln gehört zu werden und dadurch zu einer abgerundeten Entscheidungsfindung beizutragen.

Wir stellen Ihnen die Mitwirkenden nachfolgend in der erprobten Reihenfolge vor:

Der Analytiker

Er geht überlegt ans Werk. Wilder Aktionismus ist ihm ein Graus. Bevor er zu einem Urteil gelangt, verschafft er sich einen Überblick, klärt die Fakten der Ist-Situation, hinterfragt die Ausgangsbasis und definiert darauf aufbauend die nächsten Schritte. Er sammelt Informationen, wertet diese sachlich aus und strukturiert die gesamte Vorgehensweise. Strategieentwicklung und taktisches Vorgehen ist sein Spezialgebiet. Auch schaltet er sich im Quintett öfter ordnend ein, übernimmt gleichsam die Rolle des Dirigenten und achtet darauf, daß jeder unserer inneren Solisten zum Zuge kommt.

Der Impulsive

Meist denkt er schneller, als er sich äußern kann, er ist das Sinnbild des Ideenfeuerwerks. Assoziationen und »Gedankenfetzen« durchfluten ihn, ungeordnet folgt er den sich ihm bietenden Impulsen, die er am liebsten alle gleichzeitig verfolgen möchte. Diese Stimme ist der Repräsentant der »Kreativen Unzufriedenheit«: Unermüdlich und engagiert sucht er nach Alternativen, fragt danach, wie man die Dinge anders, besser machen kann, wie sich Bisheriges verändern läßt, warum und ob Dinge auf genau diese Art erledigt werden müssen. Oft drängt er sich stürmisch in den Vordergrund, bevor er dann seinen Gedanken vergißt. In einem solchen Fall steht ihm der Analytiker zur Seite, sanft bändigend und Struktur vermittelnd.

Der Optimist

Er ist ein enger Verwandter des Impulsiven. Er freut sich über jeden neuen Gedanken, versucht die jeweiligen Vorteile herauszufiltern. Alles erscheint ihm machbar und möglich, wenn man es nur richtig angeht. Jeder sollte eine Chance bekommen; jeder Vorschlag ist es ihm wert, darüber wohlwollend nachzudenken. Er glaubt an das Positive in jedem Menschen und jeder Idee. Ihn im Quintett zu haben ist eine wichtige Voraussetzung zur Entwicklung und Umsetzung innovativer Ideen und Konzepte bzw. Projekte.

Der Pessimist

Hinter ihm verbirgt sich die bekannte Stimme des inneren Miesmachers. Kritisch betrachtet er jeden Vorschlag, spürt die Schwachstellen, Probleme und mögliche Risiken auf. Damit bildet er einen hilfreichen Gegenpart zum inneren Optimisten, ermöglicht ein frühzeitiges Gegensteuern und Ausräumen von Schwachpunkten. Doch Vorsicht! Wenn Sie es zulassen, daß dieser Solist zu stark wird, dann kann er sich zu einem gefährlichen Kreativitätsvampir entpuppen, der immer nur schwarz sieht, Neues gar nicht erst ausprobieren will und den Erfolg bezweifelt. Verhindern statt ermöglichen stellt eine wesentliche Blockade dar, die der Pessimist hauptverantwortlich verursachen kann. Deshalb ist darauf zu achten, daß sein kritisches Urteil erst dann abgegeben wird, wenn Sie bereits den Optimisten angehört haben. Beide Solisten bieten Ihnen – gut aufeinander abgestimmt – eine ausbalancierte Sicht der Dinge.

Der Emotionale

Ein Großteil aller Entscheidungen vollzieht sich nicht rational. Viele Urteile werden emotional gefällt. Die emotionale Stimme vertritt das »Bauchgefühl«, die Intuition. Sie kann nicht genau beschreiben, auf den Punkt bringen, wieso sie ein gutes bzw. schlechtes Gefühl bei der jeweiligen zu beurteilenden Idee hat, doch trügen sie ihre Empfindungen selten. Wenn Sie diese Solistin ignorieren, so wird sie sich rächen, vor allem dann, wenn sie sich unwohl im Zusammenhang mit einer vorgebrachten Idee fühlt: diffuse Ablehnung führt zu unbewußt ablehnendem Verhalten, zu Verschiebungen und Vorwänden.

Oftmals ist es einem nicht bewußt, wieso manches einfach nicht gelingen will, warum wichtige Unterlagen plötzlich nicht auffindbar sind. In vielen Fällen lohnt sich das ehrliche Befragen der inneren emotionalen Stimme und intensives Zuhören. Verdrängen Sie ihr Urteil nicht, weil es »nur« aus dem Bauch heraus gefällt wurde. Versuchen Sie statt dessen mit Hilfe der anderen Solisten des Quintetts herauszufinden, welche Aspekte Ihnen Schwierigkeiten bereiten und somit für latente Ablehnung verantwortlich sind.

Der Analytiker

Abrundend zur zusammenfassenden Urteilsbildung sollten Sie nochmals den Analytiker aufrufen. Als Moderator stellt er die gesammelten Argumente noch einmal zusammen, wägt sie gegeneinander ab und verfaßt ein Fazit, aus welchem sich sowohl das Gesamturteil als auch die weiteren Schritte ableiten lassen.

Fallbeispiel zur Quint-Essenz

Ein Unternehmen möchte seine Betriebskantine von Plastikwegwerfgeschirr und -besteck auf weißes Porzellan und Metallbesteck umstellen. Im gedanklichen Testlauf soll festgestellt werden, was die Kantinenbesucher von der neuen Idee halten.
Nachfolgend hören Sie die Reaktionen des Denk-Quintetts auf diese Veränderung. Es beginnt die analytische Stimme, die nach einer Runde auch wieder alles moderierend zusammenfaßt:

Die Stimme des Analytikers

»Was hat sich verändert ? Aha, weißes Porzellan, das wiegt 320 g mehr, Metallbesteck rostfrei statt Kunststoffbesteck. Was hat das wohl gekostet? Geschirr pro Gedeck 18 €, das Besteck 14 €, das mal 150 Plätze macht insgesamt . . . . . Was sind die Vorteile: es ist wiederverwendbar, ökologisch sinnvoll. Was sind die Nachteile, es muß jedes Mal gespült werden . . .«

Die Stimme des Impulsiven

»Prima, das ist ja alles wahnsinnig interessant verändert, und weil das jetzt so chic ist, kann ich mich hier doch auch einmal mit der Erika treffen, um in Ruhe einen Kaffee zu trinken, und jetzt kann ich noch der Kantinenleitung ein paar Tips geben, wie sie die Tische dekorieren können, damit es hier noch chicer wird, und es ist ja alles viel ökologischer, und da fällt mir doch noch ein . . .«

Die Stimme des Optimisten

»Ach, das ist wirklich mal eine positive Veränderung, das sieht ja so elegant aus, und da sieht man, daß es der Firmenleitung doch darum geht, daß wir uns hier wohlfühlen, das muß ich gleich dem Herrn Müller sagen, daß er das gut hinbekommen hat, und es ist ja auch unter Umweltaspekten viel besser als vorher . . .

Die Stimme des Pessimisten

»So ein Quatsch, was soll denn das schon wieder, das war doch vollkommen unnötig, was das wieder gekostet hat, und dann gibt es jetzt diese ganze Abwascharbeit, wenn das Geschirr runterfällt, dann liegen überall die Scherben herum, das ist gefährlich, und überhaupt hätten sie mich ja fragen können, welches Geschirr sie kaufen sollen . . .«

Die Stimme des Emotionalen

»Ist das hier jetzt auf einmal gemütlich geworden, das Porzellan glänzt und das Besteck liegt richtig gut in der Hand, da hole ich mir doch gleich noch einen rosa Erdbeerquark als Nachschlag in so einer eleganten Porzellanschüssel, hier fühle ich mich richtig wohl . . .«

Die Stimme des Analytikers

»Also fassen wir alle fünf zusammen: mehr Erlebnisqualität in der Mittagspause, gesteigerter Tischkomfort und auch ein umweltverträgliches Konsumverhalten stehen einem erhöhten Serviceaufwand für das Küchenpersonal gegenüber.
Die Unternehmensleitung hat das Geld dafür gut investiert, und wir sehen es insgesamt als eine positive Entwicklung.«

Hören Sie auf die Stimmen Ihres inneren Ensembles, dirigieren Sie die »Solisten des Denk-Quintetts«, und sorgen Sie für Einklang durch Abstimmung der Einzeltalente, wenn Sie zu den wesentlichen Aspekten eines Themas – der Essenz – gelangen wollen. Mit etwas Übung steht einer ganzheitlichen Schlußfolgerung – der »Quint-Essenz« – nichts mehr im Wege. Es wird Ihnen schnell gelingen, in den entsprechenden Rollen zu denken und nur die zu der jeweiligen Rolle gehörenden Aspekte und Gedanken zuzulassen. Ein konsequentes In-der-Rolle-bleiben ist dabei genauso wichtig wie die Reihenfolge der Solo-Stimmen, wenn Sie die Ideen-Bewertung konstruktiv unterstützen wollen. Es empfiehlt sich – gerade zu Beginn, wenn Sie mit der Technik noch nicht so vertraut sind, – die Gedanken der einzelnen Quintett-Mitglieder schriftlich zu notieren, um sie besser wirken zu lassen und ordnen zu können.

Und jetzt sind Sie an der Reihe! Wählen Sie ein Thema aus, das Sie mit der Quint-Essenz-Technik näher beleuchten wollen. Formulieren Sie dabei Argumente im Originalton des jeweiligen Ensemble-Mitglieds in untenstehender Reihenfolge.

- Die Stimme des Analytikers:

....

....

- Die Stimme des Impulsiven:

....

....

- Die Stimme des Optimisten:

....

....

- Die Stimme des Pessimisten:

....

....

- Die Stimme des Emotionalen:

....

....

- Die Stimme des Analytikers:

....

....

3 Kreativität managen

3.1 Kreativitätsvampire
Die häufigsten Störfaktoren und Ideenkiller und was Sie dagegen tun können

▶ Kreativitätsvampire sind die Störfaktoren des Ideen-Management und Ideenkiller, die Ihnen »kreative Energie« absaugen. Wie Sie diese identifizieren und welche Voraussetzungen für ein weitgehend kreativitätsvampir-freies Klima zu schaffen sind, lesen Sie in diesem Kapitel. ◀

Die im Kindesalter noch vorhandene Ur-Kreativität nimmt im Laufe Ihres Lebens ab, wenn sie nicht regelmäßig gepflegt und trainiert wird. Meist findet dieser Prozeß schleichend, kaum wahrnehmbar, statt.
Und plötzlich könnten Sie sich, überspitzt ausgedrückt, in folgendem Szenario befinden:
* Sie finden keine Lösungen für die zu bewältigenden Aufgabenstellungen mehr.
* Sie haben sich gedanklich festgefahren, sind in bestimmten Denk-, Empfindungs- und Verhaltensmustern gefangen.
* Sie glauben nur noch an die Existenz einer einzigen Wirklichkeit, und oft ist dies eine starre »Schwarz-Weiß-Realität.«

Dies ist ein günstiges Klima für »Kreativitätsvampire«, die sich gern in einer solchen Umgebung ansiedeln.

Einige der stärksten Kreativitätsvampire sind:
* Zweifel
* Angst
* Streß
* Routine
* Expertentum
* Prinzipien und Regeln
* Perfektionismus
* Informationsflut
* Entweder-Oder-Denken

Alle nachfolgend angeführten Faktoren bergen jedoch gleichzeitig etwas Positives in sich. Sie werden nur dann zu Blockaden, wenn sie ein bestimmtes Maß überschritten haben.

Die hier beschriebenen Grundzustände helfen auch, mehr Sicherheit und Orientierung in komplexen Lebenszusammenhängen zu finden. Jede Blockade in Form von Widerstand gegen Erneuerungen bietet ebenso Schutz vor als Bedrohung empfundenen Veränderungen. Wird hingegen eine gewisse Dosis überschritten, so zeigt sich die eher hemmende Seite in Form von inneren Bremsen oder gar von zwischenmenschlichen Haltesignalen der Abwehr als Kreativitätsvampir.

Kreativitätsvampir Zweifel

Zweifel schützen vor unüberlegtem Handeln und vor Gefahren, die nicht erkennbar sind ohne den »Sicherheitsknopf« des Innehaltens und die Beschäftigung mit Fragen wie »Ist das wirklich gut für mich?«, »Kann das auch tatsächlich funktionieren?«

Zweifel an althergebrachten Verhaltensweisen sind sogar ein Bestandteil der Kreativen Unzufriedenheit. Wer es aber zuläßt, daß die kritischen inneren Stimmen immer aggressiver werden, den quälen bald Selbstzweifel, die dem gesamten Handeln massiv entgegenstehen können. Zu starre Paradigmen werden zu inneren Grenzen, die oft unüberwindbar erscheinen. Da diese zunehmend als reale Grenzen angesehen werden, bringt mancher den Mut zur Grenzüberschreitung kaum mehr auf.

Gegenmaßnahme:
Identifizieren Sie die Aussage der Miesmacherstimme, die Ihrer Meinung nach die meisten kreativen Kräfte absaugt. Formulieren Sie diese Aussage so um, daß sie eine Ermutigung enthält, sich ab und zu auch einmal anders verhalten zu können. Beginnen Sie diesen Satz mit »Ich«.
Damit schaffen Sie sich einen Freiraum, mit dem Sie neue Erfahrungen machen können.

Beispiel: »Das schaffe ich nie!«

Mögliche Umformulierung:
»Ich weiß, daß ich es schaffen kann, weil ich mich intensiv auf diese Aufgabe vorbereitet habe.«

Kreativitätsvampir Angst

Auch Angst ist eine Sicherheitsvorkehrung des Menschen, sich nicht in gefährliche Situationen zu begeben und somit keine lebensbedrohlichen Risiken einzugehen. Gleichzeitig verursacht Angst aber eine (Gedanken-)lähmung, da der menschliche Körper in Angstzuständen Hormone freisetzt, die ihn im wahrsten Sinne erstarren lassen. Das »Kaninchen-vor-der-Schlange-Syndrom« führt dazu, keinen klaren Gedanken mehr fassen zu können, sich entweder körperlich oder/und geistig nicht mehr rühren zu können. Kreative Problemlösestrategien sind so nicht mehr möglich.

Gegenmaßnahme:
Finden Sie die Gründe für Ihre Angst heraus. Wovor fürchten Sie sich tatsächlich? Spielen Sie gedanklich die einzelnen »worst case-Szenarien« durch mit der Frage »Was könnte mir im allerschlimmsten Fall passieren?«
Machen Sie sich vorab mit möglichen Risiken vertraut und überlegen Sie sich Strategien, wie Sie diesen begegnen wollen. Somit sind Sie auf den »Ernstfall« vorbereitet und kennen die Rahmenbedingungen. Oft reduzieren sich die Sorgen und manches, das zunächst bedrohlich aussah, entpuppt sich bei näherer Betrachtung als ein Scheinriese.

Bewußt und aktiv in die Angst hineingehen ist häufig die beste Bekämpfungsstrategie. Auf diese Weise setzen Sie sich mit der Angst auseinander, anstatt sie zu leugnen und unter den Tisch fallen zu lassen, wo sie latent immer noch vorhanden wäre und Ihr weiteres Handeln maskiert beeinflussen könnte.

Kreativitätsvampir Streß

Einige Menschen behaupten von sich, sie könnten ohne Hektik und Druck gar nicht arbeiten, weil ihnen der eigene Antrieb, die Selbstdisziplin fehle. Außengeleiteter Druck verursacht Streß, der für die einen positiver Antriebsmotor, für die anderen krankmachender Stressor ist. Herausforderungen können sich zu Überforderungen entwickeln, wenn die individuelle Belastbarkeitsgrenze überschritten wird. Häufig bewirken Hektik und (Zeit-)druck zwar tatkräftige Aktionen, doch bei näherem Hinsehen entsteht meist wilder Aktionismus, der zielgerichtetes Handeln eher verhindert als fördert. Rundumschläge ohne Prioritätensetzen lassen meist alle Bemühungen und Anstrengung verpuffen.

Gegenmaßnahmen:
Finden Sie Ihre individuellen Streßquellen heraus. Welche davon liegen in Ihnen selbst begründet, kommen also von innen? Welche werden von außen z.B. durch gesellschaftliche, betriebliche, familiäre Rahmenbedingungen verursacht?

Überprüfen Sie Ihre Einstellung zum Phänomen Streß.
Sind auch Sie schon einmal der Gedankenfalle unterlegen »Streß ist ein Indikator für den Erfolg und die Wichtigkeit einer Person«? Lernen Sie Ihr Belastbarkeitsmaß kennen. Sorgen Sie für Entspannung und Ausgleich. Machen Sie gezielt und bewußt Pausen.
Kreativität benötigt Freiräume, um sich vollständig entfalten zu können, dies schließt Hektik weitestgehend aus. Wer nie Zeit hat, sich in Ruhe zurückzuziehen, findet auch niemals Zeit zum Nachdenken und hat den Kopf nicht frei, um an neuen Ideen zu arbeiten.
Deshalb gilt auch die Empfehlung: Wenden Sie Techniken des Zeit- und Selbstmanagements an, damit Sie die gesetzten Ziele durch Priorisierung Ihrer Aufgaben effektiver und kräfteschonender erreichen. Auf diese Weise gewinnen Sie an Lebensqualität und Energie für die wirklich wichtigen Aufgaben in Beruf und Privatleben und verschaffen sich kreative Freiräume.

Kreativitätsvampir Routine

Ein reichhaltiger Erfahrungsschatz, auf den Sie jederzeit zurückgreifen können, bietet Sicherheit und stellt eine wesentliche Erleichterung im beruflichen wie privaten Alltag dar. Würden Sie alles, was Sie tun, permanent hinterfragen, kämen Sie sicherlich gar nicht mehr zum Handeln. Andererseits stellt Routine einen der beharrlichsten Innovationshemmer dar. Durch zwanghaftes Festhalten an eingeschliffenen Denk- und Verhaltensmustern etablieren sich die »Das haben wir immer schon so gemacht«- und »Das ist eben so«-Sätze in unserem Denken, die erheblich dazu beitragen, daß sich bald gar nichts mehr bewegt.

Gegenmaßnahme:
Achten Sie bei sich selbst auf derartige Beharrungssätze. Jedes Mal, wenn

Sie sich dabei ertappen, einen solchen Satz zu denken oder gar laut auszusprechen, überprüfen Sie, ob Routine im entsprechenden Fall tatsächlich hilfreich und entlastend ist. Klären Sie für sich, welche Bedenken Sie gegen bevorstehende Veränderungen haben.

Überprüfen Sie öfter gezielt, was passiert, wenn Aufgabenstellungen einmal anders als herkömmlich bewältigt werden. Nehmen Sie sich die notwendige Zeit, um das »Was wäre, wenn . . .«-Spiel zu spielen.

Lassen Sie sich von anderen Menschen anregen, die dieselben Aufgaben anders bewältigen und ebenfalls zum Ziel gelangen. Muß es wirklich immer in der altbekannten Weise sein?

Muß das Ablagesystem tatsächlich in dieser Form gestaltet sein? Muß der Weg von A zu D wirklich immer über B und C laufen, oder gibt es zu dieser festgefahrenen Route eine Alternative?

Kreativitätsvampir Expertentum

Je ausgeprägter der Wissensstand, um so eher werden zu ergründende Phänomene durch eine Sichtweisenfixierung interpretiert. Das Bewegen im »Mikrokosmos« des Spezialwissens führt häufig dazu, daß der bereichernde Perspektivwechsel zwischen Detailanalyse und der ganzheitlichen Betrachtung im Überblick zugunsten einer immer tiefer gehenden Spezialanalyse reduziert wird.

Eine andere Ausprägung des verkürzten Expertenblickwinkels besteht in der potentiellen Tendenz, die angewandten Methoden, Techniken und Erklärungsmuster gar nicht mehr zu hinterfragen. Oft ist es ein langer und steiniger Weg, bis man sich den Status eines Experten erarbeitet hat. Dieses Terrain verläßt niemand gerne und schon gar nicht freiwillig.

Hinzu kommt oft Bequemlichkeit und die Unlust, bestehendes Wissen und bereits Erforschtes erneut in Frage zu stellen, wenn man bereits auf hohem Niveau angelangt ist. Damit erweist sich ein stark ausgeprägtes Vertrauen in erworbenes Fachwissen paradoxerweise als Fortschrittshemmnis durch »Selbstzufriedenheit« und stellt einen gefährlichen Kreativitätsvampir dar.

Gegenmaßnahme:
Erhalten Sie sich Ihre Neu-Gier im wörtlichen Sinne, als »Gier auf Neues«. Der erste Schritt zur kreativen Ideenfindung ist, die kindliche Neugier und den experimentellen Forschergeist (wieder-)zuerwecken. Üben Sie sich täglich darin, zuerst viele Fragen zu stellen, auf die Sie in

diesem Moment noch gar keine Antworten (und schon gar keine perfekt ausgereiften) geben müssen.

Nehmen Sie die Perspektive des Un-Wissenden ein:
Der Un-Wissende sucht und fragt; deswegen kann er leichter Neues finden. Der Wissende fragt nicht (mehr) nach, deshalb bleiben ihm viele Erkenntnis-Fenster verschlossen.
Sammeln Sie Ihre Fragen in einem Fragenpool. Nun können Sie die übergeordneten Fragen in differenziertere Unterfragen zerlegen: Greifen Sie dazu täglich eine heraus, über die Sie an diesem Tag 10 Minuten intensiv (d. h. auch in völliger Ruhe) nachdenken wollen.

Kreativitätsvampire Prinzipien und Regeln

Prinzipien und Regeln drücken feste Werte und Wertvorstellungen aus, dienen als Richtschnur des Handelns und tragen zu einheitlicherem gemeinsamen Auftreten bei, wenn sie in Form von Leitlinien oder im Rahmen von Organisationsgrundsätzen veröffentlicht werden. Anhänger eines bestimmten Wertegefüges finden darin die Bestätigung ihrer eigenen Überzeugungen und können sich an ihren Regeln orientieren. Rituale stärken den einzelnen sowie das Zusammengehörigkeitsgefühl einer Gruppe – sowohl im beruflichen wie im privaten Lebensbereich. Leider stellen zu starre Regelwerke oft geistige Zwangsjacken dar, grenzen andersdenkende, sich anders verhaltende Menschen aus und führen beim einzelnen eher zu Denkverboten, welche daran hindern, die herkömmlichen – aber abgesicherten – Pfade zu verlassen.

Gegenmaßnahme:
Kennen Sie den folgenden Ausspruch?:

»Falls Sie in den vergangenen Jahren keine wichtigen Überzeugungen aufgegeben haben oder neue angenommen haben, dann sollten Sie einmal Ihren Puls fühlen. Vielleicht sind Sie schon tot.«   *Gelett Burgess*

Dieses Zitat bringt es auf den Punkt. Leben heißt Veränderung, und es kann gefährlich sein, sich ständig auf Bewährtes zu verlassen.

Überprüfen Sie die Ihren Alltag bestimmenden Prinzipien und Regeln auf ihre Gültigkeit.

Stellen Sie sich die Frage: »Hat dieses Prinzip hier Gültigkeit, ist diese Regel hier sinnvoll angewendet?«

Ein treffendes Beispiel ist die Geschichte von Oscar Wildes Schneider. Oscar Wilde erzählte, daß dieser Spezialist jedes Mal, wenn er einen Auftrag bearbeitete, vollkommen neu Maß bei Wilde nahm. Egal, ob Wilde vor einem Monat oder einer Woche das letzte Mal da gewesen war – der Schneider nahm nichts als immerwährendes Prinzip an, verließ sich nicht auf die bestehenden Regeln, sondern praktizierte aktiv das Prinzip der »Kreativen Unzufriedenheit«.

Kreativitätsvampir Perfektionismus

Hohes eigenes Anspruchsniveau, Ehrgeiz und Qualitätsbewußtsein, Zielvorstellungen und die Bereitschaft, das Beste zu geben, tragen dazu bei, motiviert Herausforderungen anzunehmen und sich dadurch immer weiter voranzubringen. Tiefer betrachtet steht dahinter aber die Angst vor Blamagen und Mißerfolgen.

Allzu oft entpuppen sich Perfektionismus und »Genie-Legenden« als Hemmschuhe, überhaupt mit einer Aufgabe anzufangen. Es besteht die Angst, den hohen Ansprüchen überhaupt nicht mehr gerecht zu werden. Das Ergebnis ist dann mindestens genauso unbefriedigend, da es im Grunde keinen Unterschied macht, ob man Ideen hat und sie nicht umsetzt oder ob man gar keine Ideen hat.

Fehler liefern wertvolle Erkenntnisse und stellen bei genauer Analyse Lernchancen und Erfahrungswerte zur Verfügung, auf die im weiteren Entwicklungsprozeß zurückgegriffen werden kann.

Gegenmaßnahme:

Setzen Sie sich mit Ihren verinnerlichten »Antreibersätzen« auseinander. Formulieren Sie diese in »Erlaubersätze« um, die Ihnen verdeutlichen, daß Sie guten Gewissens vom Kurs des Durchhaltens-um-jeden-Preis ab und zu abweichen dürfen und dennoch erfolgreich und beliebt sein können. Überprüfen Sie Ihre Ziele realistisch auf Umsetzbarkeit und Erreichbarkeit, überdenken Sie Ihren Zeitplan und untergliedern Sie Ihre Ziele in kleinere Zieleinheiten. Loben Sie sich und gönnen Sie sich, nachdem Sie einen Zielschritt erreicht haben, eine kleine Belohnung, bevor Sie an die Realisierung des nächsten Schrittes gehen.

Vergegenwärtigen Sie sich, daß niemand in allen Gebieten hervorragende Leistungen erbringen kann. Selbst als Genies geltende Persönlichkeiten wie Albert Einstein, Pablo Picasso, Marie Curie, um nur einige zu nennen, entfalteten ihre Kreativität nicht in allen Wissensbereichen, sondern konzentriert in ihrem Spezialgebiet. Bei allem Wissensdrang und Engagement – sobald Allmachtsphantasien Sie im Handeln blockieren, besinnen Sie sich darauf, was Sie wirklich gut können. Suchen Sie sich Synergiepartner, die genau jene Fähigkeiten und Fertigkeiten besitzen, welche die Ihren sinnvoll und effektiv ergänzen. Vertrauen Sie auf das Prinzip einer arbeitsteiligen Gesellschaft und konzentrieren Sie sich überwiegend auf Ihre Kernkompetenzen.

Kreativitätsvampir Informationsflut

Über eine breite Informationsbasis zur Problemstellung zu verfügen, ist hilfreich und ermöglicht eine umfassende Problemanalyse sowie den Entwurf zahlreicher Lösungsansätze. Aufmerksames Beobachten und Infragestellen löst Informationsbedarf aus. Doch zu viel des Guten kann hier ebenfalls sehr hinderlich sein und das komplette Gegenteil bewirken: Wenn Sie sich und Ihren Schreibtisch mit angehäuftem Informationsmaterial zuschaufeln, ist dies weder ein optischer noch ein innerer Anreiz zum Anfangen. Innere Ablehnung und Überforderungsgefühle zehren an der Entfaltung der kreativen Kräfte. Erste Impulse sind »Hilfe, ich ersticke – nichts wie weg!« und rufen nicht selten in Ihnen – zumindest ein inneres – Fluchtverhalten hervor.

Gegenmaßnahme:
Sammeln Sie Informationsmaterial zu festgelegten Phasen. Dann verordnen Sie sich einen »Redaktionsschluß«. Danach wird nichts mehr angenommen. Nun sichten und strukturieren Sie die zur Verfügung stehenden Informationen und verarbeiten die zu verwertenden Aspekte. Erst dann beginnen Sie erneut mit dem Sammeln. Bereits angesammeltes Informationsmaterial sollte allerdings nicht dauerhaft auf Ihrem Schreibtisch gelagert werden. Neue Gedanken brauchen zu ihrer Entfaltung Platz! Legen Sie sich ein gut organisiertes und strukturiertes Archiv an, so daß Sie jederzeit Zugriff darauf haben.

Kreativitätsvampir Entweder-Oder-Denken

Eindeutigkeiten stellen Orientierungshilfen dar, vereinfachen das Zurechtfinden in einer immer komplexer werdenden Welt. Doch menschliches Leben und seine Wahrnehmung vollziehen sich niemals in völliger Objektivität, wie sie im naturwissenschaftlichem Sinne möglich ist. Menschliche Wahrnehmung ist individuell, hängt davon ab, welche Bedürfnisse und Erwartungen, welche vorausgegangenen Erfahrungen in vergleichbaren Situationen vorhanden sind. Richtig-oder-falsch-Kategorien und eine Fixierung auf Polaritäten des Entweder-Oder engen die Entfaltung kreativer (und übrigens auch aller anderen menschlichen Potentiale) ein. Anzuerkennen, daß mehrere Sichtweisen und Lösungsmöglichkeiten bestehen, heißt gleichzeitig auch, daß nicht immer alles zu 100 Prozent umgesetzt werden muß. Wenn Sie sich dessen bewußt sind, bauen Sie Hemmschwellen ab, die verhindern, daß Sie mit der Produktion von Lösungsansätzen beginnen. Die Fähigkeit, mit Mehrdeutigkeiten umgehen zu können, stellt eine wesentliche Basis für Offenheit und die Überprüfung von Vorurteilen dar. Und nur auf diese Weise lassen sich kreative Ideen entwickeln.

Gegenmaßnahme:
Trainieren Sie Ihre Perspektivwechselfähigkeit. Hierzu bieten wir Ihnen im Kapitel 2.3 einige gezielte Übungen an.

Kreativitätsvampir-Diagnose

Durch die folgende Übung können Sie sich bewußt machen, welche Kreativitätsvampire Ihnen im Laufe Ihres Lebens begegnet sind. Nur wenn Sie diese identifizieren, können Sie erfolgreich auf die Jagd gehen und sie so vertreiben.

Untersuchen Sie Ihre Begegnungen mit Kreativitätsvampiren anhand Ihrer Erfahrung:
• Wie verhalten Sie sich, wenn neue Aufgaben auf Sie zukommen, wenn Sie Neues bewältigen wollen?
• Welche Störfaktoren und Ideenkiller haben Sie dabei erlebt?

Bei der Jagd auf Kreativitätsvampire setzen Sie Ihre scharf-sinnige Wahrnehmung ein:

Versetzen Sie sich in erlebte Situationen zurück:
- Sehen Sie: Was entsteht vor Ihrem geistigen Auge für ein Bild?
- Hören Sie: Welche Killerphrasen hören Sie?
- Spüren Sie: Woran verbrennen Sie sich die Hände?
- Riechen Sie: Welche Witterung nehmen Sie auf?
- Schmecken Sie: Woran beißen Sie sich die Zähne aus?

Die Kreativitätsvampire, die Sie so aufspüren konnten, tragen Sie ein in Ihre persönliche Kreativitätsvampir-Diagnose. Je deutlicher Sie herausarbeiten, was Sie dazu beitragen, um so eher können Sie die entsprechenden Kreativitätsvampire gezielt bekämpfen.

Abb. 3: Kreativitätsvampir-Diagnose

Aktive Immunisierung zur Abwehr von Kreativitätsvampiren

Beginnen Sie mit der aktiven Gestaltung einer kreativitätsfördernden Atmosphäre und eines innovationsfreundlichen Umfeldes.
Welche Voraussetzungen lassen sich für ein relativ kreativitätsvampirfreies Klima zur optimalen Entfaltung kreativer Potentiale herausfiltern? In Beratung und Seminaren arbeiten wir mit den Teilnehmerinnen und Teilnehmern kreativitätsfördernde Faktoren in bezug auf die jeweiligen tagesgeschäftlichen Aufgaben und Abläufe heraus.

Dabei zeigt sich, das jeder Mensch von sich aus über ein beachtliches Arsenal an Maßnahmen gegen Kreativitätsvampire verfügt. Es besteht sozusagen ein natürliches Immunsystem. Wir präsentieren Ihnen hier eine Auswahl dieser Vorschläge an kreativitätsfördernden Eigenschaften und Verhaltensweisen:

- »Unbefangenheit – spontanes Selbst-Ausprobieren statt passives Beobachten«
- »Begeisterungsfähigkeit und Spontaneität«
- »Selber Tun statt Vorkauen lassen«
- »Neu-Gier – Interesse an Neuem statt Kleben an Altem«
- »Erkundungsdrang – Wissen wollen statt Hinnehmen«
- »mit allen Sinnen wahrnehmen«
- »kreative Unermüdlichkeit – immer wieder von Neuem beginnen«
- »Phantasie als Treibstoff«
- »(Körperlicher) Bewegungsdrang – Kreativität im ganzen Körper«
- »Humor«
- »spielerischer Umgang mit Problemen«
- »intensives Erleben des Augenblicks statt permanente Vergangenheits- und Zukunftsorientierung«
- »eine gesunde Portion »Respektlosigkeit«
- »echte Fehlertoleranz«
- »elastische Nerven«
- »Glaube an die Idee«
- »Vernetztes Denken«
- »Arbeit im kollegialen Team«
- »Frei-Raum«

Welche Beiträge zu einer »aktiven Immunisierung« gegen Kreativitätsvampire fallen Ihnen spontan aus Ihrem Tagesgeschäft ein? Nutzen Sie den unten stehenden »Frei-Raum« für Ihre individuellen Ergänzungen:

....

....

....

....

....

3.2 Die Wachstumsspirale des Ideen-Management
Ein Leitfaden durch sieben Phasen

▶ Wie Ideen wachsen können und Ihnen dabei nicht über den Kopf wachsen? Alles eine Frage des eingesetzten Denkstils! Die Wachstumsspirale geleitet Sie durch das Auf und Ab des Ideen-Management.◀

Nachfolgend gehen wir vertiefend auf das bereits in Kapitel 1.2 vorgestellte Modell ein. Es liegt in der Natur von Ideen, daß diese sich nicht geradlinig entwickeln, sondern auf natürliche Art und Weise in Organisationen wachsen. Deshalb stellt unser Modell das Management von Ideen als Entwicklung von unten nach oben, also als Wachstum dar. Dieses Wachstum umfaßt die bereits vorgestellten Phasen:

Phase I	Kreative Unzufriedenheit
Phase II	Problemanalyse, Aufgabendefinition
Phase III	Ideen-Findung
Phase IV	Ideen-Strukturierung, Ideen-Bewertung, Ideen-Auswahl
Phase V	Ideen-Realisierung
Phase VI	Ideen-Überprüfung
Phase VII	Kreative Unzufriedenheit

Die wie eine Serpentine verlaufende Wachstumsspirale des Ideen-Management führt so durch die sieben Phasen und umfaßt den gesamten Prozeß von dem ersten Aufkeimen einer Idee als Kreative Unzufriedenheit über die Entwicklung, die Bewertung, Auswahl, Realisierung und anschließende Überprüfung und dann die erneute »Kreative Unzufriedenheit« als Antriebsmotor für weiteres kreatives Wachstum.
Diese Entwicklung wird als Abfolge von Spiralen dargestellt, um das fließende Ineinanderübergehen der einzelnen Phasen innerhalb eines insgesamt lebendigen Prozesses zu unterstreichen.
Der Übergang von einer Phase zur anderen verläuft aber nicht auf kürzester Distanz, nicht schnurstracks vom Start aus »rolltreppenartig«, sondern auf eine organisch organisierte Weise: eine kontinuierliche Aufwärtsentwicklung als »Umrundung« der Phase. Dabei werden Höhen und Tiefen durchlaufen. In den einzelnen Phasen zeigt sich

Konvergenter Denkstil   **Divergenter Denkstil**

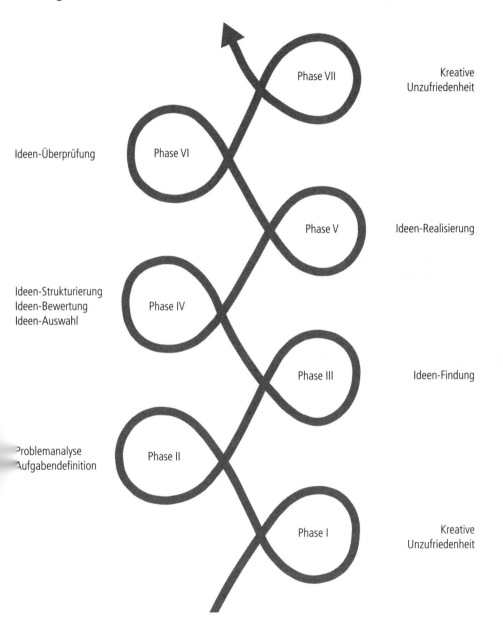

Konvergenter Denkstil | Divergenter Denkstil

Phase VII — Kreative Unzufriedenheit

Ideen-Überprüfung — Phase VI

Phase V — Ideen-Realisierung

Ideen-Strukturierung
Ideen-Bewertung
Ideen-Auswahl — Phase IV

Phase III — Ideen-Findung

Problemanalyse
Aufgabendefinition — Phase II

Phase I — Kreative Unzufriedenheit

Abb. 4: Wachstumsspirale des Ideen-Management nach Blumenschein und Ehlers

zunächst eine Aufwärtsbewegung, die dann in eine Abwärtsbewegung übergeht.

Es ist auch möglich, daß man in einer Phase hängenbleibt und zunächst nicht auf die nächsthöhere Ebene kommt. Dann gilt es, Frustration und Festgefahrensein zu überwinden. So kann eine Phase der Spirale zum mehrfachen Kreislauf werden, in dem man in einer bestimmten Phase einige Runden dreht, ohne auf die nächste Ebene zu kommen. Der Impuls, dann doch auf die höhere Ebene zu gelangen, entspringt der Energiequelle der strukturierten Kreativität: dem gezielt eingesetzten Wechsel des Denkstils. Dieser kann den jeweils benötigten »Auftrieb« geben, um die nächsthöhere Ebene zu erreichen.

Das Modell des Ideen-Management basiert auf dem Spannungspotential zwischen konvergentem und divergentem Denken. Nachdem sich beide Denkstile aus dem lateinischen Verbstamm »vergo« herleiten, das in der Wortableitung »sich winden« oder »ranken« bedeutet, liegt darin eine treffende Versinnbildlichung der dynamischen Entstehung und Nutzung von Ideen.

Aus dem Wechsel von »Hin-Ranken« (konvergent) oder »Weg-Ranken« (divergent) der Gedanken entsteht ein organisch wachsender Leitfaden des Ideen-Management.

Der jeweils optimal einsetzbare Denkstil ist bei diesem Modell den Phasen zugeordnet. Im Laufe der sieben Phasen wird ein mehrfaches Umschalten von konvergentem zu divergentem Denken und umgekehrt vollzogen.

Viele kreative Ideen werden deshalb nicht umgesetzt, weil der eingesetzte Denkstil nicht zur entsprechenden Phase paßt. Manche scheitern bereits im Ansatz, weil der jeweilige Phasenabschnitt nicht bewußt identifiziert wurde und Unklarheit über die Eignung einer bestimmten Technik und ihrer Einsatzmöglichkeit bestand. Somit stand das zur Phase passende und gerade benötigte Technikenrepertoire nicht zur Verfügung. Oder es wurden Techniken zu früh oder gar zu spät eingesetzt, wodurch ihre den Prozeß unterstützende Wirkung verpuffte.

Doch nicht die Technik an sich war falsch, sondern der Zeitpunkt ihres Einsatzes. Die Übersicht auf Seite 66 und 67 ermöglicht Ihnen einen schnellen Überblick und die passende Auswahl der aktuell benötigten Technik. Anstehende Aufgabenstellungen lassen sich immer dann erfolgreich lösen, wenn die angemessene Technik zum richtigen Zeitpunkt eingesetzt wird.

In diesem Kapitel finden Sie eine detaillierte Phasenbeschreibung und Hinweise, was im jeweiligen Abschnitt besonders zu beachten ist sowie konkrete Tips. Einige der angeführten Störfaktoren und Ideenkiller sind bereits im vorangegangenen Kapitel 3.1 charakterisiert.

Phase I: Kreative Unzufriedenheit

Schwerpunkt
Konstruktives Infragestellen von Gewohntem
Vorwiegender Denkstil
divergent
Schlüsselfrage
Was wäre, wenn ..?

Phasenbeschreibung
Sie stellen eine Abweichung zwischen Wunschzustand und derzeitigem Realzustand fest, sind unzufrieden mit der wahrgenommenen Ist-Situation und streben eine Verbesserung an. Dabei greifen Sie meist automatisch auf Ihre Erfahrungen und Wertvorstellungen zurück, die Sie einen Sachverhalt beurteilen lassen. Der empfundene Spannungszustand stellt das für Sie als bedeutend identifizierte Problem und gleichsam eine Herausforderung zur Lösung dar (= Vorhandensein einer subjektiven Problemsensibilität). Häufig läßt sich sogar beobachten, daß das Problem schon weitaus früher unbewußt bekannt ist, als es über das Bewußtsein zugelassen wird. Erkennbar ist dies an einer intuitiv gespürten Unzufriedenheit, die sich allerdings noch nicht genau auf den Punkt bringen läßt. Oftmals wird die innere Stimme verscheucht, da eine Änderung der Ausgangssituation derzeit nicht in den organisierten Plan paßt. Oft wird auch der Aufwand gefürchtet, man will nicht aus der Ruhe gebracht werden. Die Aufforderung zur Veränderung erfolgt dann von außen, z. B. durch einen Auftraggeber, Ihren Vorgesetzten, Kollegen, Freunde, Bekannte. Während Sie noch nicht bereit sind, sich den Herausforderungen eines Veränderungsprozesses zu stellen, treten die anderen Personen möglicherweise als Initiatoren auf. Ein anderes Mal treten Sie selbst als treibende Kraft auf. Dies hängt u. a. vom empfundenen Bedürfnisdruck, der Nähe zum Problem und nicht zuletzt von der persönlichen Verfassung ab.
In dieser Phase überwiegt die rechte Gehirnhälfte als sensible und schnellere Impulsgeberin mit divergentem Denken.

I. Kreative Unzufriedenheit	II. Problemanalyse und Aufgabendefinition	III. Ideen-Findung	IV. Ideen-Strukturierung, -Bewertung und Ideen-Auswahl
Schwerpunkt: Konstruktives Infragestellen von Gewohntem	Schwerpunkt: Auf den Punkt bringen Gemeinsames Problemverständnis	Schwerpunkt: „Alles ist möglich", kontrolliert verrückt sein	Schwerpunkt: Filtern, Entscheiden
· Galerie der Selbstverständlichkeiten · Kreatives Notizbuch	· Mind-Map · Progressive Abstraktion	· Belebtes Bühnen Bild-Technik · bildhafte Synektik · Bionik · Brainstorming · Gift- und Gegengift-Technik · Impulsfragen nach der Osborn-Checkliste · Mind-Map · Morphologischer Kasten · PNP-Technik · 6-3-5-Technik · Reizwortanalyse	· Checklisten · Majaro-Matrix · PNP-Technik · Pro- und Contra Matrix · Quint-Essenz · SWOT-Analyse · Walt-Disney-Technik

Tab. 2: Phasenbezogene Zuordnung der Techniken

V. Ideen-Realisierung	VI. Ideen-Überprüfung	VII. Kreative Unzufriedenheit
Schwerpunkt: Entwickelte Ideen an die Realität anpassen	Schwerpunkt: Feststellen der Soll-Ist-Abweichung Bezug zur Ausgangssituation	Schwerpunkt: Erneutes konstruktives Infragestellen auf höherer Ebene

· Belebtes Bühnen Bild-
  Technik
 	
· Impulsfragen nach der
  Osborn-Checkliste
 	
· Mind-Map
 	
· Morphologischer Kasten
 	
· Quint-Essenz
 	
· Techniken des
  Projekt-Management
	· Checkliste Ideen-Überprüfung
	
	· Majaro-Matrix
	
	· PNP-Technik
	
	· Pro- und Contra-Matrix
	
	· Quint-Essenz
	
	· SWOT-Analyse
	
	· Walt-Disney-Technik
		· Galerie der Selbstverständlich-
		  keiten
		
		· Kreatives Notizbuch

Störfaktoren und Ideenkiller

- Problemdruck und bis zum Frustrationsgefühl gesteigerte Unzufriedenheit, wenn vermutet wird, das Problem sei gar nicht oder nur sehr
langfristig zu lösen
- Bequemlichkeit und Resignation, wenn vermutet wird, daß neue
Ideen langwierig und nur schwierig durchzusetzen sind
- Eine »das-haben-wir-aber-schon-immer-so-gemacht«-Haltung
- die rationalistische Denkfalle »eine schnelle Lösung ist besser als keine
Lösung«, die meist nur zu konventionellen, naheliegenden Lösungsansätzen sowie zu wildem Aktionismus, Hektik und Zeitdruck führt

Tips:

Hören Sie öfter auf Ihr Bauchgefühl, Ihre Intuition, und nehmen Sie
sensibel wahr, wann sich Ihnen der Verdacht aufdrängt, etwas sei nicht in
Ordnung, ließe sich verbessern, müsse überdacht werden. Hier empfiehlt sich die »Galerie der Selbstverständlichkeiten«:

Immer, wenn Ihre innere Stimme sich meldet, dann notieren Sie diesen
Sachverhalt z. B. auf einer Moderationskarte, die Sie an eine speziell
dafür vorgesehene Pinwand heften. Formulieren Sie diese als Frage, z. B.
»Ist die Erde wirklich eine Scheibe?« »Ist es wirklich sinnvoll, daß . . . ?«
Mit der Zeit wächst Ihre »Galerie der Selbstverständlichkeiten«, und
Sie verfügen über eine Sammlung an Gewohntem, das Sie auf diese
Weise in Frage stellen. Sie können gezielt dazu einladen, daß Kollegen
Ergänzungen vornehmen. Eine andere Möglichkeit ist das Führen eines
kreativen Notizbuches als permanenter Begleiter und Themenspeicher.
Selbstverständlich können Sie auch neue Informations- und Kommuni-
kationsmedien nutzen und beispielsweise eine elektronische Austausch-
börse, einen Treffpunkt und Chatroom in der »Intranet-Galerie der
Selbstverständlichkeiten« aufbauen.

Machen Sie es sich zur Gewohnheit, über eingefahrene Gewohnheiten
nachzudenken. Legen Sie hierzu in regelmäßigen Abständen einen Termin für ein »Kreatives Rendez-vous« fest: Einmal im Monat oder alle
vierzehn Tage ziehen Sie sich für eine Stunde zurück, in der Sie in Ruhe
über eine Gewohnheit nachdenken, die Sie zuvor aus Ihrer »Galerie der
Selbstverständlichkeiten« entnommen haben. Wichtig ist dabei, immer
nur ein Thema pro Sitzung auszuwählen.

Hinterfragen Sie diese Faktoren und Fakten, selbst wenn und erst recht
dann, wenn sie Ihnen extrem plausibel und völlig gerechtfertigt erscheinen. Hier verbirgt sich oft der wirkliche Ideenschatz, das wahrhaftige
Ideenpotential!

Phase II: Problemanalyse und Aufgabendefinition

Schwerpunkt
Auf den Punkt bringen
Gemeinsames Problemverständnis
Vorwiegender Denkstil
konvergent
Schlüsselfrage
Welchen Aspekt der »Kreativen Unzufriedenheit« wollen wir bearbeiten?

Phasenbeschreibung
Es gilt, das vorhandene (latente) Problembewußtsein nun zu spezifizieren, ein bisher nur diffuses Gefühl der Unzufriedenheit konkreter werden zu lassen und eine ausführliche Problemanalyse von möglichst vielen Seiten vorzunehmen. Dazu ist es wichtig, daß Sie zunächst mehrere Problemdefinitionen vornehmen, mehrere Hypothesen darüber aufstellen, worin das Problem genauer betrachtet bestehen könnte.
Am Ende dieser Phase sollte ein greifbares Ziel formuliert, der angestrebte Wunschzustand schriftlich festgehalten und die allgemein gültige Aufgabenstellung definiert sein. Dabei sollten Sie die Hauptmerkmale und Dimensionen des Problems erschließen, Präferenzen bilden, wichtigere Aspekte von eher untergeordneten unterscheiden, die wirklichen Ursachen herausfiltern und für ein von allen Beteiligten nachvollziehbares und getragenes Problemverständnis sorgen.
Linkshirndominanz und damit konvergentes Denken herrscht vor: analytisches Denken ist in dieser, oft auch als »logisch« bezeichneten Phase gefragt.

Störfaktoren und Ideenkiller
• Schwierigkeiten, das Problem auf den Punkt zu bringen
• Fehlendes gemeinsames Problembewußtein
• Unklare Trennung von wesentlichen und unwesentlichen Aspekten
• Festhalten an der Einschätzung »Alles ist wichtig«

Tips:
Klären Sie die nachfolgenden Fragen:
Was genau ist es, das Sie hier stört?
Worin liegt das Problem?
Woraus besteht die Problemstruktur?
Welche Zusammenhänge lassen sich erkennen?

Worin sehen Sie den bzw. die Problemverursacher?
Wie dringlich ist die Veränderung der Ist-Situation?
Wie schätzen Kollegen das von Ihnen wahrgenommene Problem ein?

Untersuchen Sie hier sowohl interne (d. h. in Ihnen bestehende) als auch externe Faktoren. Lassen Sie sich vor allem Zeit für eine exakte Problemdefinition, sie bildet die elementare Grundlage für den gesamten nachfolgenden Ideenfindungs- und Entwicklungsprozeß und stellt sicher, daß Mißverständnissen in der individuellen Problemwahrnehmung unterschiedlicher Menschen vorgebeugt werden kann. Ein gemeinsamer Konsens, woraufhin das Team seine Energien einsetzen möchte, ist unverzichtbar für einen erfolgreichen Verlauf des Gesamtprozesses. Ein Zeitraum von 15 bis 30 Minuten kann hier durchaus angemessen sein (je nach Komplexität und Neuartigkeit des Problems auch 45 Minuten). Wenn Sie allerdings noch mehr Zeit vorsehen, steigt die Gefahr des Problemzerredens.

Versetzen Sie sich in die Rolle eines Arztes. Auch er muß sehr sorgfältig diagnostizieren, will er die richtige Behandlung auswählen und die wirklichen Ursachen herausfinden, statt an oberflächlich wahrgenommenen Symptomen »herumzudoktern«. Dazu ist es unabdingbar, so viele Fragen wie möglich zu stellen. Notieren Sie alle W-Fragen (wer, wann, wie, wo, wohin, womit, warum, . . . ?), die Ihnen einfallen, ohne – und dies ist in der momentanen Phase wirklich sehr wichtig – bereits nach Antworten zu suchen.

Häufig führt wilder Aktionismus zu unstrukturiertem Vorgehen, zur Entwicklung von Ideen und Plänen, die nur in Schubladen liegen und niemals verwirklicht wurden.

Diskussionen mit anderen Menschen, Kollegen, im Projektteam erweitern die eigene Perspektive um vielfältige Facetten und ermöglichen eine umfassende Erkenntnis der Problemdimensionen. Überprüfen Sie die anfänglich vorgenommene Problemdefinition, präzisieren Sie das Problem bzw. Ihre Aufgabenstellung gegebenenfalls neu.

Für die Zieldefinition und die Ableitung Ihrer Aufgabenstellung empfehlen wir Ihnen, das Ziel nach den folgenden Richtlinien zu formulieren:
• erstrebenswert und motivierend für die Zukunft
• lebhaft vorstellbar
• schriftlich fixiert
• herausfordernd und gleichzeitig erreichbar
• konkret und meßbar (zumindest so, daß für alle eine Veränderung des Ausgangszustandes feststellbar ist)

- positiv ausgedrückt, d. h.: so, daß der angestrebte Wunschzustand und nicht der zu vermeidende formuliert wird
- ohne bereits einen konkreten Lösungsweg vorzugeben
- mit der Vorgabe eines festgelegten Zeitrahmens
- in der Gegenwartsform, keinesfalls im Konjunktiv mit heimlichen Hintertürchen »würde«, »könnte«, »müßte« . . .
- in der Ich- oder Wir-Form, niemals mit unpersönlichen und unverbindlichen »man«s

Beispiel:
Problemstellung:
Es kaufen zu wenig Jugendliche unser Produkt.

Zielformulierung:
Wie schaffen wir es, daß innerhalb der nächsten sechs Monate doppelt so viel Jugendliche unser Produkt kaufen?

Phase III: Ideen-Findung

Schwerpunkt
»Alles ist möglich«, kontrolliert verrückt sein
Vorwiegender Denkstil
divergent
Schlüsselfrage
Wie können wir erreichen, daß . . . ?

Phasenbeschreibung
Sie haben Ihre Problemstellung in der vorangegangenen Phase klar und für alle in den Entwicklungsprozeß eingebundenen Personen unmißverständlich formuliert. Die schöpferische Periode kann nach einem kurzen »Aufwärmpart« beginnen. Dieser ist wichtig, damit Sie sich voll und ganz auf die kreative Arbeit einlassen und auf die zu bewältigende Aufgabenstellung konzentrieren können. Niemand kann geradezu »aus dem Stand« kreativ sein. In der vorhergehenden Phase der Problemanalyse und -formulierung haben Sie verstärkt linkshirnig gearbeitet. Öffnen Sie nun den Fluß kreativer Ideen durch vorgeschaltete Kurzübungen, die Sie auf die jeweilige Technik und den Einsatz Ihrer rechten Gehirnhälfte einstimmen. Wir haben Ihnen passende Warm Ups in unserem »Kreativparcours« in Kapitel 3.3 zusammengestellt.

Erste Ideen und Teillösungen schwirren Ihnen und Ihren Kollegen bereits durch den Kopf. Befreien Sie sich von den naheliegenden Gedanken, lassen Sie sie heraus, und halten Sie diese Spontanlösungen schriftlich fest. Nur so bekommen Sie einen freien Kopf und können sich ganz auf die Suche weiterer, weniger alltäglicher Lösungsansätze konzentrieren. Durchbrechen Sie herkömmliche Denk- und Verhaltensmuster durch Ausdauer und kreativen Mut. Hilfreich können hierbei die Techniken der Ideen-Findung sein, die wir Ihnen in Kapitel 3.4 vorstellen. Divergentes Denken hat in dieser schöpferischen Phase Vorrang: Träumen, Spinnen, Visionen und Utopien entwickeln, Assoziieren und die Fähigkeit, über den Tellerrand hinauszuschauen, sind gefragt.

Störfaktoren und Ideenkiller
- Routine und Expertenwissen
- Prinzipien und Normen
- zu früh angebrachte und gar destruktive Kritik
- das Versäumnis, allgemein gültige Regeln festzulegen, die für alle verbindlich gelten
- zu schnelles Aufgeben bei auftauchenden Ideenbremsen
- scheinbar zu verarbeitende Informationsberge

Tips:
Nehmen Sie Ihre Umwelt aufmerksam wahr, seien Sie offen für die Vielzahl der sich Ihnen bietenden Anregungen. Ideen lauern überall auf Sie, Sie müssen nur bereit sein, sie auch wahrzunehmen. Setzen Sie in dieser Phase alle Ihre Sinne ein, die Sie mit den speziellen Übungen im Kapitel 2.2 besonders schärfen können.
Verordnen Sie sich und Ihrem Team gemeinsam entwickelte Regeln, die für alle gleichermaßen gelten und für ein ideenfreundliches Klima gemäß dem Motto dieser Phase »Alles ist möglich!« sorgen.
Im Kapitel 3.3 finden Sie die »Goldenen Regeln« zur systematischen Ideenerzeugung in einem kreativitätsfördernden Umfeld. Diese Spielregeln sollten Sie unbedingt an alle aushändigen, sichtbar während der Teamsitzungen anbringen und im Bedarfsfall (also bei Regelverstoß) immer wieder daran erinnern, daß kreative Freiräume Schutzräume sind.

Phase IV: Ideen-Strukturierung, Ideen-Bewertung und Ideen-Auswahl

Schwerpunkt
Filtern, Entscheiden
Vorwiegender Denkstil
konvergent
Schlüsselfragen
Nach welchen Kriterien strukturieren und bewerten wir die Ideen?
Welche Idee wollen wir realisieren?

Phasenbeschreibung
Sie verfügen bereits über eine Fülle von Lösungsansätzen in Ihrem Ideen-pool. Damit Sie nicht in diesem Pool »ins Schwimmen geraten« oder gar in den vielen Ideen »ertrinken«, bietet es sich jetzt an, die einzelnen Ideen- und Gedankenfragmente konkretere Gestalt annehmen zu lassen, sie zu ordnen und zu strukturieren, z. B. ähnliche Ideen zusammenfassen, sie nach ihrer (sofortigen) Umsetzbarkeit oder Kostenverursachung zu hierarchisieren. Hilfreich sind hierbei eingeblendete Ideenbewertungsfil-ter, die es Ihnen ermöglichen, die Ideenvielfalt zu strukturieren sowie entwicklungsfähige Ansätze herauszukristallisieren. Denkbar sind dabei folgende Hauptkriterien, die wir aus zahlreichen Checklisten verdichtet haben: Ressourcenbeanspruchung, Vor- bzw. Nachteile, Realisierbarkeit, Übereinstimmungen, abzuleitende Konsequenzen und To Dos. Im Kapi-tel 3.5 finden Sie passende Evaluationsinstrumente.
Wichtig im Sinne einer ganzheitlichen Ideenbewertung ist die Mischung analytisch-logischer und intuitiver Faktoren. Linke und rechte Gehirn-hälfte sind gemeinsam gefordert, wenn es um eine engere Auswahl der Lösungsansätze und die Bündelung Ihrer Energien im Entscheidungs-prozeß geht. Strukturierte Perspektivenvielfalt verbindet emotionale und ökonomische Kriterien, manche sprechen auch von »harten und weichen Beurteilungsfaktoren«. Außerdem sind Sie nun an dem Punkt der kriti-schen Betrachtung angelangt:
Wie geeignet erscheinen die in der vorherigen Phase entwickelten Lö-sungsansätze in bezug auf die zu erwartenden und zu berücksichtigenden Rahmenbedingungen der Realität? Kritische Distanz und konstruktive Kritik sind in dieser Phase gefragt.
Konvergentes Denken steht hier im Vordergrund, wechselt sich aber zeitweise mit divergentem Denken ab.

Störfaktoren und Ideenkiller
- Engagement und Begeisterung schlagen in »Ideenverliebtheit« um und versperren den Blick für eine kritische Betrachtung der Lösungsansätze
- zu enge Betrachtungsweise und 100%iger Anspruch lassen zunächst alle Ideen als realitätsuntauglich und nicht umsetzbar unter den gegebenen Rahmenbedingungen erscheinen
- Es kann sich eine Tendenz ergeben, daß alle Ideen eine Chance verdienen und daß deshalb keine aussortiert werden darf

Tips:
Klären Sie die nachfolgenden Fragen:
- Welche Bewertungs- und Auswahlkriterien sollen zugrunde gelegt werden?
- Wer soll alles am Bewertungs- und Auswahlprozeß beteiligt werden? Sind die dabei abgeleiteten Urteile gegebenenfalls nach ihrer Bedeutung unterschiedlich zu gewichten?
- Welche Ideen können den vorhandenen Restriktionen standhalten?
- Lassen sich gegebenenfalls einzelne Teile der Idee realisieren, wenn eine hundertprozentige Umsetzung nicht in Frage kommt?
- Wie können Ideenbestandteile sinnvoll und vorteilhaft miteinander kombiniert werden?

Klären Sie diese Fragen mit Kolleginnen und Kollegen.

Phase V: Ideen-Realisierung

Schwerpunkt
entwickelte Ideen an die Realität anpassen
Vorwiegender Denkstil
Divergent mit Anteilen von konvergentem Denken
Schlüsselfrage
Was kann noch verbessert werden?

Phasenbeschreibung
Sie haben die vorhandenen Ideen und Lösungsansätze jetzt sortiert, verfügen über einen strukturierten Überblick und können die Stärken und Schwächen des jeweiligen Ansatzes relativ umfassend durch Pro-Contra-Listen und andere Evaluationsinstrumente einschätzen. Somit kann die

auf der Feinauswahl basierende Realisation der Ideen beginnen. Darüber hinaus haben Sie die so ausgewählte/n Idee(n) sowohl intern als auch möglicherweise abteilungsübergreifend und extern zu vertreten, haben Kritiker zu überzeugen (nicht zu überreden!), Geduld und Durchhaltevermögen zu bewahren, wenn längere Entscheidungswege durchlaufen werden müssen. Kurz gesagt, Sie befinden sich auf dem »Absatzmarkt der Ideen«.

Im Verlauf dieser Phase entwickeln Sie Ihre Idee als Projekt mit Zieldefinition und legen konkrete Maßnahmen, Verantwortlichkeiten und Termine fest. Vertiefende Ausführungen zum Ideen-Realisierungsprozeß im Sinne des Projekt-Management entnehmen Sie bitte Kapitel 3.6. Diese Phase wird bestimmt von einem Zusammenspiel von divergentem und konvergentem Denken. Zunächst wird das zu erreichende Ziel entwickelt, dazu ist ein großer Anteil divergent verlaufender Recherchen notwendig. Diese werden zu konvergent definierten Aufgaben gebündelt. Diese werden wiederum auf divergente Weise umgesetzt.

Divergentes Denken bildet den Schwerpunkt dieses Phasenabschnittes, wobei sich je nach Umfang und Komplexität der Ideenrealisierung einzelne Schleifen von konvergent zu divergent und wieder zu konvergent abspielen.

»Eine solide Planung ist das beste Fundament für eine geniale Improvisation.«   *Jean-Paul Blum*

Störfaktoren und Ideenkiller
- überwiegend externe Kreativitätsvampire, z. B. scharfe Kritiker, Miesmacher und potentielle Verhinderer
- schwindender Mut und Angst vor Veränderungen
- nachlassende Geduld und abnehmendes Durchhaltevermögen
- unprofessionelle Präsentation der Idee
- Realisierungsverschleppung durch unklare Zuständigkeiten und unverbindliche Zeitvorgaben

Tips:
Feilen Sie an Ihrer Präsentationstechnik und Rhetorik.
Arbeiten Sie eine Argumentationsstrategie der Einwandbehandlung aus, damit aus Kritikern und Ablehnern überzeugte Anhänger werden. Diplomatie und Überzeugung sind in dieser Phase mindestens genauso wichtig wie eine gute Idee. Vertiefende Anmerkungen finden Sie im Kapitel 4.2.

Phase VI: Ideen-Überprüfung

Schwerpunkt
Feststellen der Soll/Ist-Abweichung
Bezug zur Ausgangssituation
Vorwiegender Denkstil
konvergent
Schlüsselfrage
Wie bewährt sich die Idee in der Praxis?
Was wollten wir ursprünglich erreichen?

Phasenbeschreibung
Gratulation! Sie haben Ihre Idee erfolgreich umgesetzt und damit zur
Verringerung der Abweichung zwischen Ist und Soll beigetragen.
Möglicherweise ist es Ihnen (und Ihrem Team) sogar gelungen, den angestrebten und herbeigesehnten Idealzustand zu erreichen. Vielleicht
haben Sie auch einen echten Wettbewerbsvorsprung entdeckt und entwickelt.
»Endgültig fertig« sind Sie dennoch nicht! Schließlich leben Sie nicht im
zeitlichen Vakuum einer statischen Welt. Außerdem warten sicherlich
noch viele weitere Problemstellungen darauf, von Ihnen gelöst zu werden.

Störfaktoren und Ideenkiller
• Erschöpfung nach einem kräftezehrenden Projekt kann zu dem
  Wunsch nach Stabilität führen
• Selbstzufriedene Passivität
• Betriebsblindheit, Verschleierung eines sensiblen Frühwarnsystems
  und Problembewußtseins

Tips:
Selbstverständlich können Sie sich nun eine kleine Verschnaufpause
gönnen, falls die Projektumsetzung in ihrer »heißen Phase« verstärkten
Einsatz und Kräfte gekostet hat. Auch sollten Sie ein bewußtes Zeichen
setzen und den Projektabschluß feiern. Gefährlich wäre es allerdings,
wenn Sie nun erschöpft in eine selbstgefällige Passivität verfallen.
Die Konkurrenz schläft nicht, gute Ideen fordern geradezu Nachahmer,
aber auch Verbesserer heraus. Einmal gewonnene Vorsprünge sind nicht
von ewiger Dauer.
Je wettbewerbsintensiver die Märkte sind (und dies gilt heutzutage fast
überall), desto dynamischer ist der Wandel, um so schneller heften sich

Ihnen andere auf die Fersen. Also: Tief durchatmen, das abgeschlossene Projekt verabschieden, dabei ist eine kritische Reflexion anhand einer Checkliste wie im Kapitel 3.7 sehr hilfreich – und schon beginnt der Prozeß erneut, allerdings auf einem höheren Niveau. Erinnern Sie sich an die Wachstumsspirale des Ideen-Management. Immer wieder sollten – auch und gerade – erfolgreiche Ideen in regelmäßigen Abständen (je nach Dynamik der Umweltveränderung) hinterfragt, die damalige Ausgangssituation mit der neuen verglichen werden.

Denken Sie daran: eine Ihnen derzeit veraltet erscheinende Idee war ebenfalls einmal eine alle überzeugende »Lieblingsidee«.

Nicht nur auf Produkte und Märkte läßt sich das in der Ökonomie bekannte Modell des Lebenszyklus anwenden.

Pflegen Sie ihre Ideen, überdenken Sie sie neu, haben Sie den Mut zur Kreativen Unzufriedenheit und permanenten Umgestaltung!

Phase VII: Kreative Unzufriedenheit

Schwerpunkt
Erneutes konstruktives Infragestellen auf höherer Ebene
Vorwiegender Denkstil
divergent
Schlüsselfrage:
Was wäre denn, wenn ...?

Nach sieben Serpentinen sind Sie wieder bei der »Kreativen Unzufriedenheit«, aber auf einer höheren Ebene, angekommen.

Ein sensibles Frühwarnsystem zur permanenten Überprüfung der Ist-Situation ist der beste Antriebsmotor für innovative Ideen im beruflichen wie privaten Alltag.

»Betriebliche Unordnung« in diesem Sinne trägt zum kontinuierlichen Verbesserungsprozeß und zum Aufspüren von Wettbewerbsvorteilen im durch Globalisierung geprägten verschärften Wettbewerb bei.

Überprüfen Sie die Ausgangsfrage und Ihre Zieldefinition erneut und nun auf einer höheren Ebene. Bewahren Sie sich eine kritische Haltung und Problemsensibilität in allen Bereichen Ihres Tuns. Welche vermeintlichen Selbstverständlichkeiten und Gewohnheiten lassen sich durchaus mutig in Frage stellen?

Überwiegend divergentes Denken unterstützt Sie dabei.

Störfaktoren und Ideenkiller
- Selbstgefällige Passivität durch Ideenverliebtheit
- die Haltung »ist doch alles gut so«

Tips:
Verhalten Sie sich wie der unermüdliche, unerbittliche und scharf-sinnige KREATIV Da Capo Al Fine, der permanent nach neuen Aufgaben sucht, denen er sich stellen kann. Näheres zu dieser Verhaltensweise finden Sie im Kapitel 2.3.

Ideen-Management in Sieben Phasen
Fallbeispiel »Mobilität«

Als anschauliches Beispiel für den gezielten Wechsel des Denkstiles in den sieben Phasen des Ideen-Management stellen wir hier die Planung, Entwicklung und Durchführung einer Ausstellung zum Thema »Mobilität« vor, die ein Unternehmen im Bereich Öffentlichkeitsarbeit inszeniert:

Phase I
In der Phase I des Ideen-Management stellen die Beteiligten Gewohntes, Bewährtes und »Eingefahrenes« auf konstruktive Weise in Frage.
Die Kreative Unzufriedenheit kreist um die Frage:
»Wir brauchen wieder eine richtig interessante Ausstellung.
Was wäre, wenn ......?«
Diese Unzufriedenheit äußert sich divergent auf ausschwärmende Weise. Konvergentes Denken ist in dieser Phase kaum hilfreich, da es noch nichts »auf den Punkt zu bringen gibt.«

Ergebnis dieser Phase:
eine nebelhafte Vision einer interessanten Ausstellung

Phase II
In der Phase II soll definiert werden, worum es eigentlich geht. Dazu ist das konvergente Denken bestens geeignet. Divergent ausschwärmendes Denken kann in dieser Phase ablenken. Die Gefahr des divergenten Denkstils besteht in dieser Phase darin, viel zu früh einzelne Ideenansätze auszuarbeiten, bevor die Beteiligten sich auf eine gemeinsame Zielsetzung geeinigt haben.

Am Ende dieser Phase ist durch konvergentes Denken ein greifbares Ziel formuliert, die Problemwahrnehmung ist geschärft und alle Beteiligten gehen von den gleichen Voraussetzungen aus.

Ergebnis dieser Phase:
die konkrete und allen bekannte Aufgabenstellung »Wie können wir das Thema Mobilität, bezogen auf die letzten 1000 Jahre in Europa, anschaulich darstellen?«

Phase III
In der Phase III geht es nun um die Ideen-Findung. Dabei ist es wichtig, unter dem Motto »alles ist möglich« eine Vielzahl von Ideen zu produzieren. Dazu eignet sich das divergent ausschwärmende Denken, besonders wenn für die Ideen-Findung ein kreativer Schutzraum geschaffen wird.
Durch die »Goldenen Regeln zur Ideen-Entwicklung« ist sichergestellt, daß neue Ideen sich frei entwickeln können.
In dieser sensiblen Phase wird das konvergente Denken weitgehend ausgeklammert, da es den strömenden Ideenfluß drosselt.

Ergebnis dieser Phase:
100 Ideen zu Darstellung des Themas Mobilität, beschrieben in Szenarien, wie zum Beispiel
- Autoscooter-Gelände zum Herumfahren
- eine 1000 Meter lange rote Leine mit den wichtigsten Stationen von der Pferdekutsche bis zum Formel 1 Rennwagen
- ein »Trimm-Dich-Mobil«-Lehrpfad
- eine Ausstellung mit Szenarien in Guckkästen
- Interviews von Nomadenvölkern und von hektischen Weihnachtseinkäufern als Film kombiniert
- Ein Theaterstück, das die Geschichte der Mobilität in 100-Jahres-Schritten zeigt, aufgeführt auf einer mobilen Bühne
- Das »Mobilitäts-Set«, bestehend aus Kompaß, Hörkassette und Mobilitäts-Landkarte, mit dem Besucherinnen und Besucher sich selbst in der Ausstellung orientieren können

Phase IV
Hier geht es um den sinnvollen Umgang mit der bunten Fülle phantasievoller Ideen.
Der Schwerpunkt liegt jetzt auf dem systematischen Strukturieren, dem Bewerten und der entschlossenen Auswahl von Ideen.
Hierbei ist der konvergente Denkstil angebracht, um das Schwelgen in

Ideen zu beenden und auf den Punkt zu kommen. Realitätsbedingungen werden eingeblendet, anhand von Checklisten werden die hauptsächlich beeinflussenden Faktoren zugeordnet. Details werden ausformuliert und die ausgewählte Idee als Gesamtkonzept beschrieben.

Dabei ist vorwiegend der konvergente Denkstil gefragt. Wenn man sich nicht disziplinieren kann, von der schwärmerisch divergenten Ideenproduktion auf das strikt konvergente Ideenbewerten umzuschalten, dann läuft man Gefahr, diese Idee niemals wirklich umzusetzen.

Ergebnis dieser Phase
die Entscheidung für eine Idee, als Konzept ausgearbeitet »**1001 Meter Mobilität:** die Entwicklung des Fahrzeugs im Europa des letzten Millenniums«

Die Ausstellung ist als »Zeitstrang« konzipiert. Dieser wird von einem 1001 Meter langen roten Seil dargestellt, welches durch die letzten 1001 Jahre der Fahrzeugentwicklung in Europa führt. Nach jedem Meter ist ein Jahr markiert. Diesem Zeitstrang zugeordnet sind die jeweiligen politischen, soziologischen und technologischen Meilensteine der letzten tausend Jahre als schriftliche und bildliche Information oder dreidimensionales Ausstellungsstück.

Die Ausstellung wird frei in einem Raum als Abwicklung der 1001 Meter inszeniert. Dabei sind mehrere Ausstellungsstationen geplant, an denen »1001 Meter Mobilität« inszeniert wird.

Die Besucherinnen und Besucher »erlaufen« sich auf mobile Weise das Gesamtspektrum der 1000 Jahre Entwicklung. Es ist also eine im wahrsten Sinne »ambulante« Ausstellung.

Phase V
In dieser Phase wird die entwickelte Idee wirklich. Es geht also darum, wie sie an die Realität mit all ihren Facetten anzupassen ist.

Der Denkstil ist dabei vorwiegend divergent, da ja alle in der Phase IV definierten Faktoren auf die tatsächlichen und sich verändernden Rahmenbedingungen angepaßt werden. Die Realisierung von Ideen verläuft oft nach dem Prinzip »Versuch und Irrtum«. Allerdings ist in dieser Phase das konvergente Denken ebenfalls wichtig, da Umfang, Aufwand und Zeitrahmen festgelegt werden. In der Ideen-Realisierung wechseln sich divergente Recherchen ab mit konvergenten Entscheidungen.

Bei der Realisierung der Ausstellung hat das Zeitziel die höchste Priorität. Am allerwichtigsten ist es, daß die Ausstellung termingetreu eröffnet werden kann, da mit zeitlich großem Vorlauf Redner und Gäste eingeladen sind.

Ergebnis dieser Phase:
Die Ausstellung ist mit realitätsbezogenen Anpassungen und geringen inhaltliche Abstrichen zum geplanten Zeitpunkt realisiert, das heißt aufgebaut und eröffnet.

Phase VI

In dieser Phase VI geht es um die neutrale und unbestechliche Überprüfung des Erreichten. Die Soll/Ist-Abweichung wird festgestellt und der Bezug zur Ausgangssituation, das heißt der Kreativen Unzufriedenheit, hergestellt.
Dabei ist der konvergente Denkstil eine wertvolle Hilfe, mit dem sich auf objektive Weise die gebündelten Erkenntnisse aus dem bisherigen Ideen-Management herausfiltern lassen.
Divergentes Denken kann in dieser Phase weit weg vom Thema führen und das konstruktive Bewerten und damit das Lernen aus Fehlern behindern.

Ergebnis dieser Phase:
Festgestellte Soll/Ist-Abweichung, Erkenntnisse über Fehleinschätzungen, Lernen aus Fehlern

Phase VII

Hier geht es nun erneut um das konstruktive Infragestellen des Erreichten, allerdings auf einer weitaus höheren Ebene. Im Verlauf der Phase I bis IV haben die Beteiligten konkretes Know How zum Management einer Ausstellung erworben und können dies in die Planung, Entwicklung, Realisierung und Überprüfung von neuen Ideen investieren. Dabei ist der divergente Denkstil ein wichtiger Impulsgeber. Das konvergente Denken kann in dieser Phase dagegen schnell kreative Träume kappen.
Die Phase VII ist das Sprungbrett zur Kreativen Vision und zum kontinuierlichen Verbesserungsprozeß bei allen Vorgängen im Unternehmen.

Ergebnis dieser Phase:
nebelhafte Vision einer noch attraktiveren Ausstellung.

Und dann kann es weitergehen – nach dem Da Capo Al Fine-Prinzip – in die nächste Runde des Ideen-Management.

3.3 Der Sprung in die Kreativität
Gezieltes Warm Up und Regeln zur Ideen-Entwicklung

▶ Mitten hinein in die Kreativität? Und das so ganz ohne jegliche Vorbereitung? Da sind Sie mit Recht skeptisch. Vergleichbar mit einer sportlichen Leistung, benötigt jeder eine Aufwärmphase für Körper und Geist, die auf die bevorstehenden Aufgaben vorbereitet, die Gedanken bündelt und die Entfaltung der kreativen Potentiale ermöglicht. Folgen Sie den Pfaden des Kreativ-Parcours, und erzeugen Sie durch Regeln zur Schaffung eines kreativen Klimas optimale Voraussetzungen zum »Sprung in die Kreativität«. ◀

Der Kreativ-Parcours

Bei diesem Parcours sollen die schon aus Kapitel 1.4 bekannten Kreativen Potentiale geweckt und aktiviert werden:
- Analogiebildungsfähigkeit
- Assoziationsfähigkeit
- Vorstellungskraft und bildhaftes Denken
- ganzheitliches Denken
- prozeßorientiertes Denken
- Kombinationsfähigkeit
- Improvisationstalent
- Perspektivwechselfähigkeit
- Scharf-Sinnigkeit
- Sowohl-als-auch-Denken
- kreativer Mut
- Vielseitigkeit
- konstruktive Kritikfähigkeit
- kreativer Humor

Vielfältige Übungen zur generellen Einstimmung und Sensibilisierung Ihrer Wahrnehmung finden Sie bereits im Kapitel 2.2.

Die nachfolgend vorgestellten kurzen Übungen dienen als Kreativ-Warm Up dazu, um Sie auf die jeweils von Ihnen ausgewählte Technik einzustimmen und genau diejenigen kreativen Potentiale zu wecken, die Sie anschließend besonders benötigen.

Damit können Sie sich wie in einem sportlichen Parcours auf den
»Sprung in die Kreativität« einstimmen.

Synchron Malen

Nehmen Sie in jede Hand einen dicken Stift unterschiedlicher Farbe,
am besten sind Bunt- oder Wachsstifte. Befestigen Sie ein Blatt Papier
auf Ihrer Schreibunterlage oder benutzen Sie einen Zeichenblock in
DIN A 3-Format oder größer. Von einer gedachten Mitte (nicht etwa
mit Bleistift markierten, das ist wichtig!) ausgehend, zeichnen Sie nun
symmetrische Figuren. Es muß kein gegenständliches Motiv entstehen,
wesentlich ist dabei nur, daß Sie gleichzeitig mit beiden Händen von der
Blattmitte aus zeichnen.

Abb. 5: Synchron Malen

Wirkung
Diese Übung stimuliert beide Seiten Ihres Gehirns und schafft so die
Voraussetzung für ganzheitliches Denken. So wird der Kreative Mut di-
rekt hervorgelockt.

Insbesondere einsetzbar vor
Geeignetes Warm Up vor allen Techniken, besonders für Mind-Map.

Farbiger Spaziergang

Begeben Sie sich gemeinsam mit den am Kreativ-Prozeß Beteiligten auf einen Spaziergang durch farbige Erlebniswelten. Dabei assoziiert jeder reihum passend zum Motto der jeweiligen Runde, was er auf seinem Spaziergang gerade erlebt.

Runde 1: Grün sehen
  Welche grünen Gegenstände gibt es hier in diesem Raum?
  (grüner Kugelschreiber, grüner Ordner, grüner Schraubenzieher ...)
  Welche grünen Gegenstände oder Lebewesen gibt es außerhalb dieses Raumes? Bitte bildlich vorstellen!
  (Granny Smith Apfel, Logo Dresdner Bank, grüngestreifte Krawatte, Grüner Punkt, grüne Zahnbürste, Gurke, Avocado, CNC-Fräsmaschine in der Werkstatt, Pfefferminztee, Kräuterlikör, Grünes Hustenbonbon, Smaragd, Frosch, unreife Banane ...)

Runde 2: Grün spüren
  Wie fühlt es sich an, wenn Sie in Ihrer Vorstellungskraft einen grünen Gegenstand berühren?
  (Grünes Moos, grüner Wackelpudding, Kräuterbutter, Kleeblatt ...)

Runde 3: Grün riechen
  Was riecht grün?
  (Geruch nach Maiglöckchen, nach Pfefferminz, nach Ozon, nach Kräutern ...)

Runde 4: Grün schmecken
  Was schmeckt grün?
  (Kaugummi, Grüne Soße, Pistaziencreme, Waldmeisterbowle ...)

Runde 5: Grün hören
  Was klingt grün?
  (Waldesrauschen, Vogelgezwitscher, Quellengeglucker ...)

Runde 6: Grün sprechen
  Welche Redensarten und Sprichwörter fallen Ihnen ein, in denen Grün vorkommt?
  (das grüne Leuchten, es grünt so grün, grün und blau ärgern, grün ist die Hoffnung, sie ist mir nicht grün, auch ein grünes Huhn findet einmal ein Korn, grün gefreit hat nie gereut ...)

Runde 7: Grün übersetzen
Übersetzen Sie Ihre jetzige Situation, den Einstieg in eine Kreativ-
technik, in einen »grünen« Satz. Dabei können Sie durchaus großzü-
gig mit dem Begriff Grün und kreativ mit der Grammatik umgehen:
»Ich habe die grüne Hoffnung, daß wir konstruktiv zusammen arbeiten«
»Es grünt so grün, wenn unsere Ideen blühen . . .«
»Hier passiert heute ein grünes Wunder«
»Das ist wirklich die Grünung«
»Mir grünt, es wäre . . .«
»Grün, grün, grün sind alle meine Ideen . . .«

Sollten Sie diese Übung häufiger als Warm Up einsetzen, so achten Sie
darauf, daß Sie nicht immer zu derselben Farbe assoziieren. Ein Wechsel
der verwendeten Farbe vermeidet eingeschliffene Gedankenmuster.

Wirkung
Diese Übung trägt zu einem Warm up Ihrer Assoziationsfähigkeit, Ihrer
bildhaften Vorstellungskraft sowie zum Training Ihrer Scharf-Sinnigkeit
auf allen Sinneskanälen bei. Durch die lebhafte Vortragsweise fördert sie
die Vielseitigkeit.

Insbesondere einsetzbar vor
Bildhafter Synektik
Bionik
Belebtes Bühnen Bild-Technik
Gift und Gegengift-Technik

Alltagsgegenstand mit vielen Gesichtern

Finden Sie möglichst viele Verwendungsmöglichkeiten für einen All-
tagsgegenstand. Listen Sie alle Ihnen innerhalb von zwei Minuten einfallenden Gedanken dazu auf. Notieren Sie diese Gedanken zügig.

Beispiel leere Flasche:
als Flaschenpost verschicken, Regal daraus bauen, als transparenten Tresor
verwenden und mit Goldmünzen füllen, daraus trinken, als Blumenvase
nutzen, als Brennglas verwenden, mit Sand gefüllt als Hantel verwenden,
als Orden verleihen . . .

Wirkung
Diese Übung sorgt für eine phantasievolle Anregung Ihrer Assoziations-
und Kombinationsfähigkeit.

Insbesondere einsetzbar vor
Reizwortanalyse
Morphologischem Kasten
Impulsfragen nach der Osborn-Checkliste

Tangram legen

Das Jahrtausende alte chinesische Formenspiel Tangram ist ein geeigneter
Einstieg in Kreativprozesse, den Sie im Team und auch gut allein spie-
lend vollziehen können.
Mit nur sieben Spielsteinen (einem Quadrat, einem Parallelogramm und
fünf Dreiecken) können Sie unterschiedlichste Figuren in tausendfachen
Varianten bilden.
Legen Sie vor dem Einstieg in eine Kreativtechnik drei Tangram-Figu-
ren in sich steigernden Schwierigkeitsgraden.

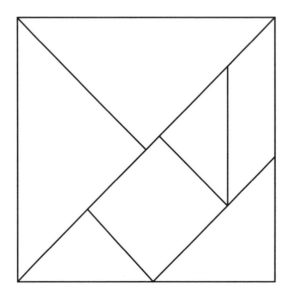

Abb. 6: Tangram

Wirkung

Die kreative Herausforderung bildet dabei die Synthese scheinbar unvereinbarer Elemente. Dadurch werden die bildhafte Vorstellungskraft gefördert sowie die Kombinationsfähigkeit und das Sowohl-als auch-Denken.

Insbesondere einsetzbar vor

Mind-Map
Gift und Gegengift-Technik
Morphologischem Kasten
Belebtes Bühnen Bild-Technik

Kreuz und Quer im Buchstaben-Dickicht

Besorgen Sie sich einen Rätselband mit Wortsuch-Rätseln. Finden Sie möglichst schnell heraus, wo sich die in der Wort-Suchliste angeführten Begriffe im »Buchstaben-Dickicht« befinden. Dazu markieren Sie die entdeckten Worte am besten mit einem Farbstift im Buchstabengitter. Da die Worte vorwärts, rückwärts, vertikal, horizontal, diagonal oder ineinander übergehend angeordnet sind, müssen Sie Ihre Wahrnehmung in alle Richtungen lenken, also vom gewohnten Leseverhalten Abstand nehmen.

```
A S R E B M U S T E R S P E T
D P Z W G A U F T G L O F R E
K I W U U T B M S F R E U D E
G R I A W E D M A N D R E A I
V A S S C M U A R I E R F K T E
D L B Z J H C A A T Z I W Y D N
F E N N I D S B E E T Q U E R S I
T U M A U S T U M E K N O L E I
F L P F L I Z L U C S A C M U O L
H A N Z E U D A M E L I S E M K
```

Abb. 7: Buchstabenrätsel

Wirkung
Diese Übung regt Ihre Perspektivwechselfähigkeit an. Sie veranlaßt Sie, gewohnte Wahrnehmungs- und Verhaltensmuster zu verlassen und dabei neue Strukturen zu erkennen. Auch das prozeßorientierte Denken wird dadurch gefördert.

Insbesondere einsetzbar vor
Reizwortanalyse
Bildhafter Synektik
Morphologischem Kasten

Buchstaben–Cocktail

Stellen Sie sich einen Buchstaben-Cocktail zusammen, der alle Buchstaben Ihres Vor- und Nachnamens oder Ihrer Straße und Ihres Wohnortes enthält. Maximal 15 Buchstaben sind ideal. Versuchen Sie jetzt, innerhalb von 5 Minuten möglichst viele Worte aus Ihrem Cocktail zu schöpfen. Sie dürfen die Buchstaben auch mehrfach verwenden, Groß- und Kleinschreibung werden nicht beachtet.

Wirkung
Dieser Cocktail belebt Ihre Kombinations- und Assoziationsfähigkeit.

Insbesondere einsetzbar vor
Impulsfragen nach der Osborn-Checkliste
Morphologischem Kasten
Reizwortanalyse
6-3-5-Technik

Maxi-Puzzle

Selbstverständlich können Sie ein kommerziell erworbenes Puzzle benutzen. Doch wo bleibt da die Kreativität? Besorgen Sie sich ein Kunstdruckposter (günstig als ehemaliges Ausstellungsplakat zu erstehen). Kleben Sie es auf dickeren Karton und zerschneiden es dann anschließend. Bei einem DIN A 0-Plakat empfiehlt sich als Richtwert eine Teilegröße von ca. DIN A 5. Die Stücke sollten keine zu komplizierte Form haben. Rechtecke reichen meist schon aus. In diesem Format ist das Puzzle dann auch im Team einsetzbar. Puzzeln Sie im Team, so entsteht eine weitere Dimension des Perspektivwechsels: Werden die Puzzle-Stücke auf einem Tisch ausgelegt, um den sich die Teilnehmer anordnen, so ergeben sich bereits aus den einzelnen Standorten unterschiedliche Betrachtungswinkel. Einige Teammitglieder müssen die Teile auf dem Kopf liegend wahrnehmen.

Wirkung

Sowohl allein als auch im Team regt dieses Warm Up Ihre Perspektivwechselfähigkeit und Ihr bildhaftes Denken sowie Ihre Vorstellungskraft an. Darüber hinaus müssen Sie hier Teile zu einem Ganzen verbinden, Strukturen erkennen. Im Team durchgeführt, trägt die Übung zusätzlich zur Stärkung der Gruppe bei.

Insbesondere einsetzbar vor
Bildhafter Synektik
Belebtes Bühnen Bild-Technik
Gift und Gegengift-Technik

Wort-Kette

Setzen Sie sich in kreisförmiger Formation, und reichen Sie Doppelworte in verbaler Form als nicht abreißende Kette herum. Jeder bekommt vom Vorgänger einen aus zwei Hauptworten zusammengesetzten Begriff. Nun greift er das letzte Wort auf und verbindet es mit einem anderen Hauptwort zu einem neuen Begriff. Lassen Sie die Wortkette mindestens dreimal reihum kreisen.

Beispiel:
Wort-Kette
Ketten-Säge
Säge-Blatt
Blatt-Gold
Gold-Medaille ...

Wirkung
Diese Übung fördert die Assoziationsfähigkeit und das Improvisationstalent. Durch die Vieldeutigkeiten einzelner Worte unterstützt sie das Sowohl-als-auch Denken.

Insbesondere einsetzbar vor
Reizwortanalyse
Bildhafter Synektik
PNP-Technik
Gift und Gegengift-Technik

Kreative Weisheiten

Sicherlich kennen Sie zahlreiche Sprichworte und Redewendungen wie
z. B.:
A »Je später der Abend, desto schöner die Gäste.«
B »Morgenstund hat Gold im Mund.«
C »Es ist noch kein Meister vom Himmel gefallen.«

Nun sind Sie an der Reihe:
Verfremden, verdrehen, verändern Sie allgemein bekannte Aussprüche
und Lebensweisheiten. Aus den oben angeführten könnte z. B. folgendes
entstehen:

A »Je schöner die Gäste, desto später der Morgen.«
B »Abendstund hat Gold im Mund.
     »Mittagsstund hat Platin im Schlund.«
C »Es ist noch kein Lehrling in die Hölle gekommen«

Für Fortgeschrittene:
Haben Sie bereits einige Übung im Verfremden allgemein bekannter
Sprichworte und Redensarten gewonnen, so können Sie sich an die
zweite Stufe des Warm Ups wagen:

Bilden Sie zu einem Begriff wie »Freunde« nun Ihre eigene Lebensweis-
heit nach dem Analogie-Muster »... ist wie ... bzw. ... sind wie ...« z. B.:
»Freunde sind wie Perlen an einer Schnur – sie hängen zusammen.«
»Freunde sind wie Spatzen – immer da, wenn es etwas zu essen gibt.«
»Freunde sind wie Regenschirme – sie halten uns ständig in Spannung.«

Gerne können Sie sich auch an einem prägnanten Ausspruch wie diesem
orientieren:
»Ideale sind wie Sterne: Man kann sie nicht erreichen, aber man kann sich
an ihnen orientieren.«

Wirkung
Diese Übung ist in erster Linie ein Warm Up Ihrer Analogiebildungsfähigkeit. Sie fördert darüber hinaus die konstruktive Kritikfähigkeit und
den Kreativen Humor.

Insbesondere einsetzbar vor
Reizwortanalyse
Bildhafter Synektik
PNP-Technik
Gift und Gegengift-Technik

Schaffen eines kreativitätsfördernden Klimas

Gründlich aufgewärmt, geht es an die Entwicklung von Ideen. Um ein
dafür günstiges Klima zu schaffen, ist es wichtig, bestimmte Spielregeln
zu beachten. Dazu erhalten Sie hier eine Empfehlung zur Anwendung
der 10 Goldenen Regeln zur Ideen-Entwicklung.
Die folgenden Empfehlungen basieren auf den Grundregeln des Brainstorming, die Alexander Osborn zur effizienteren Besprechungs-
moderation entwickelt hat. Diese wurden mit unserer Erfahrung aus
Kreativprozessen kontinuierlich weiterentwickelt und systematisch
verbessert sowie auf die Anwendung bei weiteren Kreativitätstechniken
übertragen.
Es geht darum, einen »kreativen Schutzraum« zu schaffen, damit sich
die zarten Pflänzchen »neue Ideen« ungehindert in einem kritikfreien
Rahmen entfalten können.
Die hier vorgestellten 10 Goldenen Regeln sind unerläßlich zum strukturierten Vorgehen bei der Ideenfindung. Sie bilden das solide Fundament zur verläßlichen Anwendung jeder Ideenfindungstechnik.
Geeignet sind die 10 Goldenen Regeln sowohl bei der Arbeit im Team als
auch bei der Einzelarbeit. Wenn Sie auf sich allein gestellt mit Kreativtechniken arbeiten, so sollten Sie das nicht »eben mal zwischendrin« tun.
Empfehlenswert ist ein »Kreatives Rendez-vous«, das Sie mit sich selbst
vereinbaren (und an dessen Rahmenbedingungen Sie sich halten – genau
wie in der Gruppenarbeit).
Bitte stellen Sie vor der Anwendung der Kreativitätstechnik sicher, daß
alle Beteiligten diese Regeln kennen und vollständig akzeptieren.
Ab diesem Punkt haben Sie eine der wichtigsten Weichenstellungen im
Kreativprozeß vollzogen und können Ihre Ideen sprießen lassen.

Die 10 Goldenen Regeln zur Ideen-Entwicklung

Schaffung eines kreativitätsfördernden Umfeld zur systematischen Ideen-erzeugung

1. Sie stellen eine Arbeitsgruppe mit einer bestimmten Anzahl von Personen zusammen, je nach der zu bearbeitenden Aufgabe.
In dieser Arbeitsgruppe wird Hierarchiefreiheit und Gleichberechti-gung vereinbart, da dies die Basis für eine erfolgreiche Ideen-Ent-wicklung in der Gruppe ist. Hierarchiefreiheit bedeutet hier, daß alle Beteiligten aufgefordert sind, ihre Ideen frei einzubringen. Gleichbe-rechtigung bedeutet in diesem Zusammenhang, daß alle Ideen als gleich wertvoll behandelt werden.

2. Sie setzen für die Bearbeitung der Aufgabe einen Zeitrahmen fest und halten diesen auch ein. Empfehlenswert ist die Bestimmung eines Zeitnehmers.

3. Sie sorgen für Freiraum zum Arbeiten, d. h. freie Flächen, Platz zum Ausbreiten, die Möglichkeit, ungestört zu arbeiten.

4. Sie vereinbaren, daß das Ziel der Arbeitsgruppe die »Produktion« von möglichst vielen Ideen ist.
Grundsätzlich gilt dafür: Jede Idee ist willkommen!
Die Ideen formulieren Sie nach der »K und K-Formel«:
Kurz   = auf den Punkt gebracht, im Telegrammstil
Konkret= klar, deutlich, möglichst bildhaft
Nichts ist zu banal, nichts ist zu selbstverständlich, nichts ist zu ver-rückt, um es als Idee zu nennen.

5. Sie sind bereit, während der Anwendung der Kreativitätstechnik die von Ihnen formulierten Ideen mit anderen zu teilen und die Ideen der anderen Teilnehmer aufzugreifen und weiterzuentwickeln.

6. Während der Anwendung der Kreativitätstechnik schaffen Sie eine kritikfreie Zone und verpflichten sich, jede Form von Kritik zu unter-lassen, wie z. B. :
verbale Kritik   = durch Getuschel, Zwischenrufe, Killerphrasen
akustische Kritik = durch Getrappel, Geknülle, Geraschel
mimische Kritik = durch Gesichtverziehen, Augenverdrehen
gestische Kritik = durch abfällige Gesten jeder Art

7. Sie treffen die Vereinbarung, daß eine Person während der Anwen-dung der Kreativitätstechnik neutral moderiert, ohne selber Ideen beizusteuern. Der Moderator leitet die Diskussion, bündelt die Bei-träge und stellt die Einhaltung des formalen Rahmens und der verein-barten Spielregeln sicher.

Diese Rolle kann bei nacheinander verwendeten Kreativtechniken auch von verschiedenen Personen übernommen werden.

8. Sie einigen sich, wer in der Arbeitsgruppe die Ideen protokolliert und wie diese visualisiert werden (Moderator oder andere Person).

9. Sie vereinbaren verbindlich, daß die nach der Anwendung der Kreativitätstechniken vorhandenen Ideen allen gemeinsam gehören und von allen Beteiligten genutzt werden können.

10. Sie entscheiden nach der Anwendung der Kreativitätstechnik gemeinsam darüber, nach welchen Kriterien Sie die Ideen bewerten und mit welcher Vorgehensweise Sie diese Ideen verwirklichen.

3.4 Auswahl geeigneter Instrumente zur Ideen-Findung
Bewährte und neue Kreativitätstechniken mit praxisnahen Empfehlungen

▶ Auf neue Ideen kommen und Problemstellungen des Alltags auf originelle Weise bewältigen? Das sagt sich oft leichter, als es ist! Dennoch lassen sich mit geeigneten Instrumenten zur Ideen-Findung vielfältige Gedanken- und Lösungsansätze generieren. Erleben Sie in diesem Kapitel, wie Sie Ihre Gedanken systematisch kreativ entfalten können und es Ihnen gelingt, ein Ideenfeuerwerk zu entzünden. ◀

Zahlreiche kreative Prozesse scheitern nicht allein am fehlenden Mut zur Umsetzung neuer und unkonventioneller Ideen oder an anderen Kreativitätsvampiren, sondern bereits viel früher: in der Phase der Ideen-Findung. Häufig liegen die Ursachen für das Mißlingen in unpassend gewählten oder falsch angewandten Kreativitätstechniken. Nicht jedes Instrument kreativer Ideensammlung eignet sich für jede Aufgabe. Insbesondere auf den richtigen Einsatz der Technik im jeweiligen Abschnitt des Spiralprozesses ist zu achten. Auch müssen das »Handwerkszeug«, z.B. benötigtes Material sowie vereinbarte Spielregeln als Basis einer erfolgreichen Durchführung und sinnvollen Anwendung allen Beteiligten bekannt und verständlich sein.

Im Kapitel 3.3 finden Sie die »10 Goldenen Regeln« zur systematischen Ideen-Entwicklung in einem kreativitätsfördernden Umfeld. Diese Spielregeln sollten Sie unbedingt an alle Beteiligten aushändigen, sichtbar während der Teamsitzungen anbringen und im Bedarfsfall (also bei Regelverstoß) immer wieder daran erinnern, daß kreative Freiräume Schutzräume sind.

In der offenen Phase der Ideen-Findung sollten Sie das Sammelbecken der Ideen reichhaltig anfüllen, Quantität geht hier vor Qualität. Der bevorzugt eingesetzte Denkstil ist hier divergent. Vermeiden Sie vorschnelle Be- bzw. Abwertungen. Sorgen Sie dafür, daß möglichst viele und auch unkonventionelle Ideen entstehen. Es ist immer leichter, aus einem reichhaltigen Ideenfundus auszuwählen, dabei auch verrückt erscheinende Ideen zurechtzustutzen, als aus wenigen, eher langweiligen Gedanken noch etwas zu machen.

Die Entwicklung von Ideen verläuft in einer Assoziationskurve mit
Höhen und Tiefen.

Zunächst setzt ein regelrechtes Ideenfeuerwerk ein: viele Ideen sprudeln
wie von allein. Dabei entstehen am Anfang der Ideen-Findung oft Ideen,
die bereits bekannt erscheinen oder denen es an Originalität mangelt. Es
ist wichtig, diese Ideen zuzulassen und ohne Bewertung zu dokumentieren, denn damit ebnet sich der Weg für die nachwachsenden originellen
Ideen. Diese sprudeln nach dem Herauslassen der »offensichtlichen« und
banalen Lösungen dann um so lebendiger. Dann verlangsamt sich dieses
Ideenfeuerwerk, es stellt sich das Gefühl ein, stecken zu bleiben, nicht
mehr weiter zu wissen. Sie haben den Eindruck »die Luft ist raus« (1. Tal
der Assoziationskurve).

Jetzt ist es besonders wichtig, daß Sie durchhalten, denn wenn Sie
weiter am Thema bleiben, fließen auch die Assoziationen weiter. Ein
zweiter gedanklicher »Höhenflug« setzt ein, und es kommen noch weitaus mehr und auch interessante Ideen. Das Durchhalten in dieser kreativen
Durststrecke lohnt sich also. Nach dem ergiebigen zweiten »Ideenhoch«
beginnen die Ideen dann langsam zu versiegen (2. Tal der Assoziationskurve).

Achten Sie darauf, daß die Ideenfindung nicht zum Marathon wird.
Insgesamt sollte die dafür angesetzte Zeit zwischen 45 und 60 Minuten
liegen, keinesfalls darüber.

Auch wenn Ihnen einige Ideen bereits geeignet erscheinen, brechen Sie
den Ideen-Findungsprozeß keinesfalls zu früh ab! Suchen Sie weiter nach
Lösungsmöglichkeiten.

Dazu können Sie in einem zweiten Durchlauf eine zusätzliche Ideenfindungstechnik anwenden, die sich besonders zum Knacken festgefahrener
Gedanken eignet. Gehen Sie davon aus, daß andere – möglicherweise
auch Ihre Mitbewerber – bereits auf die naheliegenden Ideen gekommen
sind.

Die Fachliteratur zum Themengebiet »Kreativitätsförderung« führt zahlreiche Techniken und Instrumente an. Je nach Feingliederung lassen sich
bis zu 200 unterschiedliche Techniken finden, von denen viele allerdings
in Unternehmen weder bekannt sind noch angewandt werden. Man erhält den Eindruck, es gäbe unzählige verschiedene Methoden und Techniken, unter denen man nun die »Qual der Wahl« hat und bereits im Vorfeld in der – durchaus kreativen – Namensgebung ertrinkt. Bei genauerer
Betrachtung reduziert sich die Vielzahl der Haupttechniken. Oft ist zu
beobachten, daß bereits geringfügige Varianten unter neuem Namen
geführt werden.

Wir haben Ihnen die von uns bevorzugt eingesetzten Techniken in diesem Kapitel zusammengestellt. Dabei haben wir uns auf die Basisformen bereits existierender und seit Jahren effektiv angewandter Techniken beschränkt. Darüber hinaus präsentieren wir Ihnen einige von uns selbst entwickelte Methoden, die aus den Anforderungen und Erfahrungen spezifischer, von uns begleiteter Ideen-Findungsprozesse erwachsen sind.

Die Auswahl an Kreativitätstechniken zur Ideen-Findung:
- Brainstorming
- Gift und Gegengift-Technik
- 6-3-5-Technik
- PNP-Technik
- Mind-Map
- Bildhafte Synektik
- Reizwortanalyse
- Bionik
- Impulsfragen nach der Osborn-Checkliste
- Belebtes Bühnen Bild-Technik
- Morphologischer Kasten
- Progressive Abstraktion

Die Anwendungsbeispiele der Techniken sind aus verschiedenen Beratungsprozessen und Seminaren entnommen und praxisnah dokumentiert.

Die Kreativitätstechniken sind nach Auswahlkriterien zusammengestellt, die sich daran orientieren, welche Informationen für Sie in der Praxis relevant sind. Somit können Sie jederzeit das für Ihre Bedürfnisse, die allgemeinen Rahmenbedingungen und die spezielle Problemstellung passende Instrument in der entsprechenden Phase des Spiralprozesses finden.

Die Techniken sind wie folgt beschrieben:
- Unter »Einsatzzeitpunkt« wird erklärt, in welcher Phase des Ideen-Management diese Technik anwendbar ist.
- Der Punkt »Zeitbudget« nennt Ihnen einen Rahmen dafür, welche zeitlichen Ressourcen Sie für den Einsatz dieser Technik einplanen sollten. Pausen werden dabei nicht mitgerechnet, da sie individuell an das jeweilige Team anzupassen sind.
- Unter »Personenanzahl« wird empfohlen, mit wie vielen Personen diese Technik optimal anwendbar ist.
- Die »Vorgehensweise« beschreibt, wie Sie diese Technik in der Praxis durchführen können.

- Als »Anwendungsbeispiel« wird eine praxisbezogene Aufgabenlösung dargestellt.
- Unter »Empfehlungen« sind die Besonderheiten der jeweiligen Technik bewertet und zusammengefaßt.

Brainstorming

Brainstorming wurde in den 50er Jahren als Assoziationstechnik von dem amerikanischen Werbefachmann Alexander Osborn entwickelt. Damit wollte er negatives Besprechungs- und Konferenzverhalten in einer kreativitätsfeindlichen Atmosphäre abschaffen und eine produktivere Gruppenarbeit ermöglichen.

Dies erreichte er durch die konsequente Trennung der Ideenfindung und der anschließenden Ideenbewertung.

Brainstorming (engl. »Sturm der Ideen«) bezieht sich darauf, daß unsere Denkinhalte einmal gründlich durchgewirbelt werden. Es ist also eine Einladung, richtig »stürmisch« Ideen zu entwickeln.

Brainstorming ist – zumindest dem Namen nach – die in Unternehmen am meisten verwendete Methode. Oft wird das Brainstorming im Sprachgebrauch sogar als generelles Synonym für Kreativitätstechnik verwendet.

1. Einsatzpunkt
Phase III des Ideen-Management = Ideen-Findung

2. Zeitbudget
Sie benötigen für die Ideensammlung mit dieser Technik 30 bis 45 Minuten. Für die Auswertung sollten Sie nochmals 45 Minuten ansetzen. Die Gesamtdauer beträgt somit 75 bis 90 Minuten.

3. Personenanzahl
Diese Technik ist geeignet für Teamarbeit bei einer Teamgröße von 3 bis 8 Personen, weniger für einen »kreativen Alleingang«.

4. Vorgehensweise
Sammeln Sie mögliche Ideen zu einer allen bekannten Fragestellung und visualisieren Sie diese Ideen deutlich sichtbar für alle. Dabei werden die Ideen von den Beteiligten laut ausgesprochen. Somit entsteht ein Ideen-Pool, der wieder auf die Beteiligten zurückwirkt und sie auf neue Ideen bringt.

5. Anwendungsbeispiel

In Projekten an einer Universität sollen die Beteiligten motiviert werden. Dazu sollen neue Lösungsansätze erarbeitet werden.

Aufgabenstellung:
»Mit welchen Aktionen und Maßnahmen können wir die Beteiligten an Projekten motivieren?«

Kreativ-Team:
Angehörige des Instituts für Informatik, des Personaldezernats, der Organisationsabteilung, der Haushaltsabteilung, des Instituts für Physik, die Frauenbeauftragte, externe Beraterin

Gesammelte Ideen:
Entlastung durch Verstärkung · Meckerecke · Entfernen von Unfähigen · Arbeitsplatzausstattung · Weiterbildungsseminare · Bildungsurlaub projektbezogen · Festanstellung · Projekträume · Meeting im Taunus · Sauna · Urlaub · Überlebenstraining im Team · Meeting mit Laugenbrezeln · Krawattenfreie Zone · Meilenstein Parties · »Open Space« · Projektkrawatte · Projekt T-Shirt · Projekt Center · Teeküche · Croissants · 10-Gänge-Menüs · Bares Geld · mit 40 in Rente · Glanz durch Öffentlichkeitsarbeit · Freikarten zu Auftritt · Internet · Schlüssel zu Vorstandstoilette · Sonderurlaub · Ernennungsschreiben vom Präsidenten · Dienstwagen mit Fahrer · Arbeitsplatzgestaltung · Incentives · Lob · Essen mit Präsidenten · Fahrt nach Venedig · persönliches Lob durch Präsidenten · Karriere Kick · Fleißkärtchen · Projekt-Zeitung · Ideenverwirklichungsgarantie · persönliche Perspektiven im Projekt ...

6. Empfehlungen

Brainstorming ist eine klassische Ideenfindungstechnik, die bei professioneller Anwendung eine Vielzahl an Ideen hervorlocken kann. Sie eignet sich besonders für konkrete Fragestellungen. Eine wesentliche Voraussetzung ist, daß das Kreativ-Team für diese verbale Interaktion eingestimmt ist und daß sich keine »Viel- oder Langredner« hervorheben.

An dieser Stelle sei allerdings erwähnt, daß nicht alle, die behaupten, ein Brainstorming durchzuführen, dieses auch tatsächlich tun. Die Technik Brainstorming verlockt tatsächlich dazu, sie »eben mal zwischendurch« anzuwenden. Demzufolge werden häufig Anwendungsfehler gemacht, welche die Technik dann erheblich in ihrer Effektivität schwächen.

Brainstorming kann ohne professionelle Moderation leicht ins Uferlose geraten, ohne auf den Punkt zu kommen. Auch die dabei freigesetzten Energien sind manchmal kaum zu bändigen.

Für die selbstorganisierte Anwendung ist daher eine gebündelte Variante des Brainstorming wie die nun folgende Technik eher geeignet.

Gift und Gegengift-Technik

Diese Technik ist eine spezielle Variante des Brainstorming, die auf der Fähigkeit zum Perspektivwechsel beruht. Die Autorinnen haben diese Technik entwickelt, um das herkömmliche Brainstorming zielgenauer einsetzen zu können.

»Gift und Gegengift« basiert auf dem allopathischen Grundsatz (Allopathie = Heilverfahren, das Krankheiten mit entgegengesetzt wirkenden Mitteln zu behandeln versucht).

Der Grundsatz besagt, daß es zu jeder Substanz eine ihr entgegenwirkende gibt. Dieses Prinzip wird hier eingesetzt, um grundsätzlich neue Blickwinkel auf ein bekanntes Problem zu erzeugen.

Bei der Gift und Gegengift-Technik wird systematisch »verrückt« vorgegangen, Sachverhalte werden vollkommen verfremdet und das Problem wird gezielt unter veränderten Voraussetzungen betrachtet.

1. Einsatzpunkt
Phase III des Ideen-Management = Ideen-Findung

2. Zeitbudget
Sie benötigen für den Verfremdungspart dieser Technik 45 Minuten und für die Umkehrung der Verfremdung ebenfalls. Für die Auswertung sollten Sie nochmals 45 Minuten ansetzen. Die Gesamtdauer beträgt somit 135 Minuten.

3. Personenanzahl
Diese Technik können Sie gut im Team verwenden, bei einer Gruppengröße von 3 bis 8 Personen. Auch im Alleingang können Sie bei einem »Kreativen Rendez-Vous« mit sich selbst mit dieser Technik beachtliche Resultate erzielen.

4. Vorgehensweise
Die zu bearbeitende Aufgabe wird zunächst vorgestellt und dann konsequent in ihr Gegenteil umformuliert. Dabei entstehen ungewohnte,

scheinbar destruktive und vollkommen »verrückte« Fragestellungen. Diese Fragen werden aus dem verfremdeten Blickwinkel bearbeitet, d. h. es werden Ideen gesammelt, die auf die veränderte Perspektive passen.

Durch einen solchen Perspektivwechsel erzeugen die Teilnehmenden sozusagen »giftige« Ideen. Die destruktiven, zerstörerischen, aggressiven und oft auch unsinnigen Ideen werden gesammelt.

Danach werden sie nach dem Prinzip »Gegengift neutralisiert das Gift« wieder umgewandelt. Nun stehen genauso viele »entgiftete« Lösungsmöglichkeiten zur Verfügung.

So entstehen wirksame Ideen für den »Normalbereich«, welche nach der Rückspiegelung konstruktiv, praktikabel und freundlich erscheinen, die den Teilnehmenden aber ohne den Verfremdungseffekt nicht eingefallen wären.

5. Anwendungsbeispiel

Es sollen mit einer Kreativtechnik Lösungsansätze gefunden werden, wie in einem Unternehmen der Informationsfluß verbessert werden kann.

Diese Aufgabenstellung ist für die Beteiligten nicht neu, sie wurde bereits mehrfach diskutiert – jedes Mal ohne konstruktive Ansatzpunkte. Deshalb ist »Gift und Gegengift« eine geeignete Technik, um diese eingefahrene Situation unter anderem Blickwinkel zu betrachten.

Die Aufgabe »Wie können wir den Informationsfluß in unserer Abteilung verbessern?« wird umformuliert zu: »Wie können wir erreichen, daß niemand in unserer Abteilung überhaupt etwas erfährt?« oder noch extremer »Wie können wir verhindern, daß es in unserer Abteilung zu Informationsfluß kommt?«

Das klingt dann so, als wäre Informationsfluß eine ansteckende Krankheit, deren Übertragung wir verhüten wollen.

Nun beinhaltet die Technik, daß diese »verrückte« Perspektive konsequent eingenommen wird. Es werden ganz ernsthaft Ideen entwickelt, wie dieses ungewöhnliche Ziel zu erreichen sei.

Die Ideen sollen dabei radikal, also »richtig giftig« formuliert werden.

Nach einer kurzen Phase der Umgewöhnung fließen die Ideen auch, meist mit einer zunehmenden Lust am Unsinn und Spaß an einer neuen Perspektive, die auch als Ventil für Wut und Frust wirken kann.

Wenn genügend »verrückte« Ideen vorhanden sind, können sie nach einer kurzen Pause ins Gegenteil umformuliert werden. Diese mit »Gegengift« behandelten Gifte sind nun konstruktive Lösungsansätze, die im Alltag der Abteilung durchaus ihre Anwendung finden können.

Beispiele für Ideen aus »Gift-Perspektive«	Beispiele für ins Gegenteil umformulierte Ideen »Gegengift-Perspektive«
»Wie können wir verhindern, daß es zu Informationsfluß kommt?«	»Wie können wir den Informationsfluß fördern?«
A „Wir stellen Leute an den Pranger, die miteinander reden."	**A** „Wir zeichnen die Leute aus, die sich besonders kommunikativ verhalten."
B „Wir schreiben die Informationen so klein, daß sie niemand ohne Lupe lesen kann."	**B** „Wir achten darauf, daß Informationen immer deutlich, groß geschrieben und übersichtlich präsentiert werden."
C „Wir verleihen einen betriebsinternen Oscar für die längste Verweildauer einer Akte auf einem Schreibtisch."	**C** „Wir vergeben eine Auszeichnung für die schnellste Vorgangsbearbeitung."
D „Wenn jemand seinen Arbeitsplatz verläßt, deckt er eine lichtundurchlässige Haube über seinen gesamten Schreibtisch."	**D** „Wir vereinbaren, daß Informationen immer offen auf dem Schreibtisch liegen und daß jeder darauf schauen kann."
E „Wir schalten um 16 Uhr den Strom ab, damit niemand mehr E-Mails verschicken kann."	**E** „Wir sorgen dafür, daß Informationen 24 Stunden am Tag fließen können."
F „Wir lassen niemals zwei oder mehr Leute zusammen in die Teeküche."	**F** „Wir richten eine Sitzecke in der Teeküche ein, um schnellen Informationsaustausch in einer Pause zu fördern."
G „Wir hängen schwarze Vorhänge an alle Außenfenster."	**G** „Wir bemühen uns um Transparenz."
H „Wir arbeiten rund um die Uhr im Schichtdienst, weil wir uns doch sowieso nicht alle persönlich zu sehen brauchen."	**H** „Wir definieren eine Informations-Kernzeit, zu der alle da sein sollen, um bei Rückfragen direkt antworten zu können."
I „Wir flüstern nur noch."	**I** „Wir bemühen uns, deutlich und klar zu sprechen, wenn wir Informationen austauschen."
J „Wir stecken alle Infos in Kuverts und kleben sie mehrfach zu."	**J** „Wir sorgen dafür, daß Informationen für alle gut sichtbar und zugänglich sind."

Tab. 3: Beispiel Gift und Gegengift-Technik

Kreativ-Team:
Geschäftsführung, Büroassistenz, Facility Management, Kundenservice, Telefonzentrale, externe Beraterin

6. Empfehlungen

Die Gift und Gegengift-Technik eignet sich für Probleme, die sich verhärtet haben, bei denen eine Portion Distanz fehlt und die schon (fast) aufgegeben wurden. Verknotete Kommunikationsstrukturen und »verrannte« Situationen mit Denkblockaden können mit dieser Technik noch zu neuen Lösungsansätzen entwickelt werden.

Weniger geeignet ist diese Technik für schnelle »Allerweltsaufgaben« sowie für Probleme, die unter Zeitdruck gelöst werden sollen.

Durch den Gift-Effekt entsteht ein wirksamer Abstand. Dabei treten die Denkblockaden und die eingefahrenen Sichtweisen zutage, die Lösungsansätze auf der »Normalebene« blockiert haben. Das zu lösende Problem wird von verschiedenen Seiten beleuchtet, dadurch erwachsen neue Lösungsmöglichkeiten.

Wir empfehlen, diese Technik mit Gruppen zu verwenden, die möglichst miteinander vertraut sind und die für eine spielerische Herangehensweise motivierbar sind.

Die »verrückte« Fragestellung kann amüsieren und das Schwelgen in »giftigen« Ideen kann als Phantasiereise für eine Gruppe mit gewissem Frustrationspegel durchaus ein gruppendynamischer Profit sein.

6-3-5-Technik

Diese Technik gehört zu den Brainwriting-Techniken, die den Grundgedanken des Brainstorming aufgreifen, allerdings werden hier Ideen von jedem einzelnen Teilnehmer schriftlich festgehalten. Bei den Brainwriting-Techniken kann während der Anwendung weitgehend auf verbale Kommunikation verzichtet werden.

Die bekannteste Technik ist die 6-3-5, welche 1969 von dem Unternehmensberater B. Rohrbach entwickelt wurde. Der Name dieser Technik bezieht sich darauf, daß insgesamt 6 Personen jeweils 3 Ideen im 5-Minutentakt notieren.

1. Einsatzzeitpunkt
Phase III des Ideen-Management = Ideen-Findung

2. Zeitbudget

Für jeden der sechs Durchgänge werden 5 Minuten benötigt, d. h. ein Gesamtdurchlauf dauert 30 Minuten.

Um Kombinationen aus den einzelnen Lösungsansätzen zu entwerfen, sollten 30 Minuten angesetzt werden und für die Gesamtauswertung nochmals 30 Minuten.

Die Gesamtdauer beträgt somit 90 Minuten.

3. Personenanzahl

Die Technik ist in dieser Form nur im Team anwendbar; im eigentlichen Sinne nur mit 6 Personen. Sie kann aber durchaus auch mit 5 oder 7 Personen eingesetzt werden.

4. Vorgehensweise

Das Problem wird klar formuliert und von jedem Teammitglied im gleichen Wortlaut auf ein vorbereitetes Formular geschrieben (siehe Muster). Das Lösungsformular sollte am besten in DIN A3- oder mindestens DIN A4-Format vorliegen, damit die Teilnehmer ihre Ideen nicht in viel zu enge Kästchen klemmen müssen; ein beengendes Gefühl schnürt auch den Ideenfluß ein!

Anschließend schreiben sechs (6) Personen jeweils drei (3) Gedanken bzw. möglichst detaillierte Lösungsansätze zur beschriebenen Problemstellung in fünf (5) Minuten auf. Der gut leserlich (!) ausgefüllte Arbeitsbogen wird an den Teamnachbarn weitergereicht. Dieser reflektiert die drei Ideen des »Vordenkers« und fügt seine individuellen Gedanken weiter ein.

Dabei können Sie vereinbaren, daß jeder Ausfüllende versucht, zu jeder der drei Ideen des Vorgängers eine direkte Weiterentwicklung zu finden.

Oder Sie lassen die Ideen einfach auf sich wirken und neue Ideen entstehen, die indirekt durch die vorangegangenen Ideen inspiriert sind.

Der Vorgang wird so lange wiederholt, bis alle Teilnehmer des Brainwriting ihre Gedanken formuliert haben. Gespräche, Diskussionen und ähnliche Äußerungen sollen während des gesamten Prozesses unterbleiben. Die entstandenen Lösungsansätze aller Formulare werden gemeinsam betrachtet und ausgewertet, mögliche Teillösungen auf Kombinierbarkeit überprüft.

Tip:

Bestimmen Sie einen Zeitnehmer, der auf die exakte Einhaltung des jeweiligen Durchgangs achtet. Eine Abwandlung besteht darin, daß Sie die Dauer des Durchgangs ab der 4. Runde auf ca. 7 Minuten steigern, da nun mehrere Vorgängeransätze hintereinander gelesen und durchdacht werden müssen.

Zur Auswertung der Ergebnisse empfiehlt sich das »Formular-Memory«: Kopieren Sie die sechs ausgefüllten Bögen und zerschneiden Sie dann den kompletten Kopiensatz. So haben Sie bis zu 108 Ideenkärtchen, die Sie sortieren und zuordnen können.

5. Anwendungsbeispiel

Ein Interessenverband von Diabetikern möchte die Wiederverwendungsrate der Injektionsnadeln für Insulin senken. Umfragen haben ergeben, daß die Nadeln von den betroffenen Patienten mehrfach benutzt werden. Darin liegt allerdings ein verstärktes Infektions- und Verletzungsrisiko, da die Nadeln bereits nach einmaligem Gebrauch erheblich verbogen sind. Deswegen soll die Zielgruppe Diabetiker darüber aufgeklärt und zu einer Verhaltensänderung bewegt werden.

Aufgabenstellung:
»Wie können wir Diabetes-Patienten dazu bewegen, ihre Injektionsnadeln nur noch einmalig zu verwenden?«

Kreativ-Team:
Produkt-Managerin, Leiterin Marketing-Abteilung, zwei Diabetes-Patienten, Vertriebsleiter, Marketing-Assistenz, externe Beraterin

6. Empfehlungen

Wirkungsvoll läßt sich diese Technik einsetzen in eher redefreudigen Gruppen mit dem Hang, alles ausdiskutieren zu müssen. Vielredner können so sehr konstruktiv »gebändigt« werden. Redeschüchterne Analytiker sind ebenfalls in den Assoziationsprozeß eingebunden. Die Technik verhindert somit ein Zerreden und Ausufern sowie »Ja, aber-Phrasen« und andere Killermentalitäten in der Phase der Ideen-Findung. Die Kritikphase wird also konsequent von der Ideensammlungsphase getrennt. Ebenso hilfreich ist das 6-3-5-Brainwriting in Gruppen, in denen Spannungen und Konflikte bestehen.

Es empfiehlt sich aus unserer Erfahrung, die Technik insbesondere für gut abgegrenzte Problemstellungen mit klarer Zielformulierung anzuwenden, z. B. Namensgebung.

Schwierigkeiten beim kontinuierlichen Fortführen der Gedankenfelder können dann entstehen, wenn Mißverständnisse über die in vorhergehenden Feldern notierten Aspekte bestehen, Rückfragen aber nicht möglich

Ergebnisse des Kreativ-Teams:

Idee Schmidt	*Idee Schmidt*	*Idee Schmidt*
Aktion mit Händlern: „Schicken Sie uns ein Stachelschwein in … Tagen" Stichtag muß genau ausgerechnet sein, daß Nadeln dann nur 1 x benutzt werden	Plakat-Kampagne: Personen aller Altersstufen in unterschiedlichen Lebenszusammenhängen repräsentieren	Print-Kampagne mit Analogien zur Altagswelt: „Würden Sie Ihr Brot mit diesem rostigen Messer schneiden …?
Idee Huber	*Idee Huber*	*Idee Huber*
Sammelboxen für Einweg-Systeme (wie Sammelmarken / Rabattmarken)	Plakatkampagne „Es ist Ihr eigener Körper"	In Krankenhäusern, Diabeteskliniken, etc. Workshops und Vorträge halten. Selbst mikroskopieren
Idee Walter	*Idee Walter*	*Idee Walter*
Prämien vergeben für Sammeln von Nadeln	Informations-CD versenden / Packungen beifügen und Video-Demoband zur Info in Apotheken und Arztpraxen	
Idee Wegner	*Idee Wegner*	*Idee Wegner*
„Nadel-Lotterie" als Tombola am Info-Tag	CDs als Give aways versenden, Story im „soap opera"-Format einbrennen	Preisausschreiben mit Zielfrage: „Wieso nur 1-Mal?"
Idee Müller	*Idee Müller*	*Idee Müller*
Ausstellung „Nadelobjekte" mit Aufklärungsvortrag kombinieren	Aufklärungspersonen einsetzen, z. B. Ärzte	Homepage mit Chat einrichten: www.1x.de
Idee Maier	*Idee Maier*	*Idee Maier*
Fühlmobil für Nadelabnutzung: Modell bauen in entsprechender Vergrößerung	„Fliegende Krankenschwester" kommt bei Patienten zu Hause vorbei	Kampagne mit Plakat etc. nur zu sehen: www.1x.de

Tab. 4: Beispiel 6-3-5-Technik

sind. So kann es vorkommen, daß Denkprozesse abbrechen oder aber ähnliche Ideen mehrfach auftauchen, da jeder Teilnehmer immer nur den aktuellen Stand der ihm gerade vorliegenden Lösungsansätze kennt.

Führt man die Technik in sechs Runden durch, so können Ermüdungserscheinungen bei den Teilnehmern auftreten, da das Ausfüllen der Formulare und ein permanentes Hineinversetzen in Ideenbausteine unterschiedlichster Perspektive (und Handschriften) anstrengend sein kann. Auch bietet das Formular dem Gehirn wenig optischen Anreize.

Tip:
Wenn ein Teilnehmer bei einem Durchgang nicht 3 Ideen nach 5 Minuten formuliert hat, wird einfach weitergegangen. Es kommen im Verlauf der Anwendung noch genügend weitere Ideen.

Variante Brainwriting-Pool:
Da nicht alle Menschen gleich schnell Ideen entwickeln und ihre Gedanken im synchronen Tempo formulieren können, kommt es bei strikter Zeiteinhaltung des 5-Minuten-Taktes zuweilen zu abbrechenden Assoziationsketten. Um dieses zu vermeiden und um die Technik zu dynamisieren, bietet sich die Brainwriting-Pool Variante an. Dabei werden bereits in einer Runde ausgefüllte Formulare auf einen für alle zugänglichen Tisch gesammelt. Jeder, der bereits das ihm vorliegende Formular ausgefüllt hat, greift sich nun ein neues, noch nicht bearbeitetes heraus.
Durch dieses Sprengen der strikten 5-Minuten-Vorgabe sind mehr als sechs Formulare im Umlauf. Dadurch wird auch die Ideensammlung ertragreicher.

Besteht Ihr Team aus Personen, die schwierig terminlich zu koordinieren sind (meist trifft dies z. B. auf Personen im Außendienst zu), so können Sie die 6-3-5-Technik in der modernen IT-Variante als Brainwriting-Pool im Intranet bzw. als »Laptop-Chat« benutzen.
Das Besondere an der 6-3-5-Technik besteht darin, vielfältige Sichtweisen sofort miteinander durch den Formularaustausch und gemeinsames Ausfüllen der Lösungsfelder zu kombinieren. Jeder wird weitestgehend gleichermaßen aktiviert und an der Entwicklung von Lösungsansätzen beteiligt, wodurch eine mögliche Ablehnung durch Zurückhaltung und eine »das ist ja gar nicht mein Gedanke« – »da habe ich gar nicht mitgewirkt«-Einstellung frühzeitig eingedämmt wird. Das Ergebnis entsteht simultan als Formular-Protokoll. In relativ kurzer Zeit gewinnen Sie viele Lösungsansätze; die strikte Zeitvorgabe regt dabei spontane Gedanken an und erzeugt produktiven Streß.

PNP-Technik

Die PNP-Technik ist ein Mix aus Basismethoden und wurde von den Autorinnen im Rahmen eines Kreativitätstrainings entwickelt. Sie kombiniert den Grundgedanken der 6-3-5-Technik als Brainwriting-Instrument mit dem Ansatz des Perspektivwechsels im Sinne einer ganzheitlichen, möglichst facettenreichen Betrachtung eines Meinungsgegenstandes. Der Name leitet sich her aus dem gezielten Perspektivwechsel von Positiv über Negativ zu Positiv. Die PNP-Technik verbindet die Vorzüge der jeweiligen Techniken. Dabei werden mögliche Schwächen der Reinformen durch den gezielten Mix und die methodisch-didaktische Weiterentwicklung reduziert.

Die PNP-Technik dient der kreativen Findung von Lösungen durch Bewertung der gedanklichen Leistungen der jeweils vorgeschalteten Teammitglieder. Der permanente Wechsel der Betrachtungsweisen rhythmisiert das Denken im kreativen Prozeß: latente Kritikpunkte müssen nicht unterdrückt werden, bis sie zu einem weitaus späteren Zeitpunkt geäußert werden dürfen.

1. Einsatzzeitpunkt

Phase III des Ideen-Management   =   Ideen-Findung
Phase IV des Ideen-Management   =   Ideen-Strukturierung,
                                                                Ideen-Bewertung und
                                                                Ideen-Auswahl

2. Zeitbudget

Sie benötigen für 3 Durchläufe dieser Technik 15 Minuten und für 7 Durchläufe 35 Minuten. Für die Kombinationen der Lösungsansätze sollten Sie 30 Minuten ansetzen und für die Auswertung ebenfalls 30 Minuten. Die Gesamtdauer beträgt somit zwischen 75 und 105 Minuten.

3. Personenanzahl

Die Technik ist effektiv im Team von maximal sechs bis sieben Personen; dennoch prinzipiell mit etwas Übung auch allein einsetzbar, allerdings reduziert sich dann die Anzahl der Lösungsansätze erheblich.

4. Vorgehensweise

Die Problemstellung wird klar formuliert und von allen Teilnehmern im gleichen Wortlaut auf ihr jeweiliges Ausgangsformular geschrieben (siehe Muster). Das Lösungsformular sollte am besten in DIN A3- oder mindestens DIN A4-Format vorliegen, damit die Teilnehmer ihre Ideen nicht in viel zu enge Kästchen einzwängen müssen, denn ein beengendes Gefühl kann auch den Ideenfluß drosseln!

Im ersten Durchgang **P** notieren die Teilnehmer jeweils drei **positive** Gedanken oder Ideen zur Fragestellung und reichen das gut lesbar (!) ausgefüllte Formular an den Teamnachbarn weiter. Dieser überprüft nun die erarbeiteten Lösungsansätze und wandelt sie dabei in einen negativen Gedanken um. Auf den »Miesmacherblinkwinkel« im Durchgang **N** wie **negativ** folgt erneut ein Durchgang **P** mit **positivem** Blickwinkel. Die Übung kann so lange wiederholt werden, bis alle Teilnehmer ihre positiven und negativen Gedanken formuliert haben. Dabei ist es im Sinne einer motivierenden Grundstimmung im Rahmen des Ideensammlungsprozesses wichtig, mit der positiven Sichtweise zu beginnen und ebenso mit ihr zu enden. Die Ergebnisformulare werden diskutiert und ausgewertet. Es empfiehlt sich, die anschließende Kombinations- und Strukturierungsphase durch einen deutlichen Einschnitt, z. B. eine für alle Teammitglieder geltende Pause, von der Entwicklung der Lösungsansätze zu trennen.

5. Anwendungsbeispiel
In einem Unternehmen ist eine hohe Fluktuationsrate festzustellen. Sehr oft wandern neu hinzugekommene Mitarbeiterinnen und Mitarbeiter wieder ab.

Aufgabenstellung:
»Was können wir tun, um die Abwanderungsquote im Unternehmen zu verringern?

Kreativ-Team:
Qualitätsbeauftragter, Vertreter/innen der Revisionsabteilung, Frauenbeauftragte, Sachbearbeiter, externe Beraterin

6. Empfehlungen
Der Vorteil dieser Methode ist, daß der gemeinsam zurückgelegte Weg des Teams von ersten Lösungsansätzen und ihrer sukzessiven Verbesserung eine hohe Akzeptanz im Team schafft. Insbesondere Skeptiker werden so mit eingebunden. Die Veränderung der Perspektive zwingt zum bewußten Richtungswechsel und ermöglicht ein frühzeitiges Erkennen potentieller Hindernisse auf konstruktive Weise. Da jeder Teilnehmer mehrfach in die Situation kommt, Ideen zu generieren, dann jedoch einen vorliegenden Ideenbaustein aus dem negativen Blickwinkel zu kritisieren und wiederum einen durch Miesmacherargumente unterbrochenen Lösungsweg unter Einbindung des verwertbaren kritischen Aspekts

Ergebnisse des Kreativ-Teams:

Idee Müller	Idee Müller	Idee Müller
Änderung des Entgeltsystems.	Verbesserung der Entwicklungsmöglichkeiten.	Analyse der Beweggründe durch Arbeitsgruppe vor alle weiteren Maßnahmen stellen.
Reaktion Maier	*Reaktion Maier*	*Reaktion Maier*
Bezahlung ist schon hoch, das ist zu teuer.	Bessere Förder- und Weiterbildungsmöglichkeiten sind zu teuer.	Das dauert in der Regel sehr lange. Wir müssen sofort etwas tun, um gegenzusteuern.
Reaktion Schulze	*Reaktion Schulze*	*Reaktion Schulze*
Änderung des Systems muß nicht zwangsläufig teuer sein; z. B. Erhöhung leistungsfähiger Vergütung, dafür aber Reduzierung nichtleistungsfähiger Anteile.	auch Fluktuation sowie Besetzung von Positionen durch Externe sind teuer. Voraussetzungen schaffen durch Verbesserung der internen Kommunikation, besseren Führungsstil und so zu mehr Mitarbeiterzufriedenheit beitragen.	Kann in Workshop-Form mit straffer Projektorganisation innerhalb von zwei Tagen erfolgen. Das ist besser als blinder Aktionismus.
Reaktion Schmidt	*Reaktion Schmidt*	*Reaktion Schmidt*
Starke Konzentration auf leistungsorientierte Vergütung führt zu noch größerer Abwanderung, da der Mensch so ausschließlich auf einen Produktionsfaktor reduziert wird.	Eingefahrene Kommunikations- und Verhaltensmuster lassen sich nicht so einfach verändern. Hohe Erwartungen werden geweckt und dann sind die Mitarbeiter um so enttäuschter, wenn alles beim Alten bleibt, der neue Stil nicht wirklich gelebt wird.	Teilnehmer der Arbeitsgruppe stellen nur einen kleinen Kreis, sind nicht repräsentativ für alle Mitarbeiter des Unternehmens.
Reaktion Bauer	*Reaktion Bauer*	*Reaktion Bauer*
Leistungsabhängige Vergütung muß transparent gemacht werden, damit dies als gerechtes und unterstützendes Entlohnungssystem mit hohem individuellen Anteil verstanden wird.	Personalabteilung muß selbstverständliches zweiseitiges Regelwerk werden – nicht nur Beurteilung der Mitarbeiter durch den Vorgesetzten, sondern auch Fragebogen zur Beurteilung der Führungsqualität.	Datenbasis nutzen, die bereits durch Mitarbeiterbefragungen vorhanden ist. Informationsmittel sinnvoll kombinieren.

Tab. 5: Beispiel PNP-Technik

weiterentwickeln muß, wird unmittelbar erlebt, wie schwierig es ist, in einer frühen Ideensammlungsphase, bereits auf Bewertungen produktiv zu reagieren. In dieser Vorgehensweise liegt eine bewußte Regelveränderung des sonst geltenden Grundsatzes »Trenne die Ideenfindung von der Ideenbewertung!«, die das Einfühlungsvermögen und den geistigen Perspektivwechsel aller Teammitglieder trainieren.

PNP ist als fehlerfreundlicher Ansatz der Ideenfindung zu verstehen: die »Kinderkrankheiten« von Ideen werden als Chancen zur Verbesserung begriffen und können parallel zur Entwicklung in einem schrittweise vollführten »kontinuierlichen Verbesserungsprozeß« ausgeräumt werden. Mögliche Einwände werden durch die Aufforderung zur Negativ-Sichtweise aufgespürt. Ihnen kann sowohl argumentativ als auch durch vorbeugende Maßnahmen zur Ausräumung der Schwachpunkte begegnet werden.

Im permanenten Umschalten liegt allerdings auch die Schwierigkeit für noch ungeübte Teilnehmer. Planen Sie eine ausreichende Ausprobier- und Eingewöhnungsphase ein, in der das Team die Gelegenheit erhält, die Spielregeln der Technik genau kennenzulernen und zu erproben.

Besteht Ihr Team aus zehn bis zwölf Personen, so bietet sich der simultane Einsatz von PNP und 6-3-5 in zwei Teilarbeitsgruppen an. Bei dieser Variante sollte die Zeitvorgabe pro Durchlauf gleich sein.

Mind-Map

Diese in den 70er Jahren von Tony Buzan entwickelte Technik kann die unterschiedlichen Arten des Denkens verbinden.

Die Assoziationstechnik Mind-Map (Landkarte der Gedanken) folgt den Erkenntnissen gehirnfreundlichen Denkens und Lernens, welches sich nicht ausschließlich linear und analytisch vollzieht.

Gedanken werden bei dieser Technik als Landkarte abgebildet, und dies geschieht genauso sprunghaft und spontan, wie Assoziationen und Impulse in kreativen Prozessen entstehen.

1. Einsatzzeitpunkt

Besonders geeignet ist ihr Einsatz als Strukturierungshilfe und Situationsanalyse-Instrument in Phase II »Problemanalyse und Aufgabendefinition« sowie in Phase III »Ideen-Findung« des Ideen-Management. Prozeßbegleitend bietet sie die Möglichkeit zur Visualisierung individueller Denkstrukturen und läßt sich hervorragend mit einem Brainstorming, der Progressiven Abstraktion oder der Reizwortanalyse kombinieren.

Auch in der Phase IV bei der Ideen-Realisierung ist Mind-Map hilfreich.

2. Zeitbudget

Je nach Komplexität der Fragestellung benötigen Sie mindestens 30 bis 60 Minuten. An komplexen Mind-Maps kann in Gruppen auch bis zu 3 Stunden oder länger gearbeitet werden.

Tip:

Mind-Maps sind »lebendige Organismen« und verändern sich genauso wie Projekte ständig. Dies liegt daran, daß Ihr Gehirn unbewußt weiter nach Lösungen sucht, auch wenn Sie sich nicht bewußt mit der Fragestellung beschäftigen. Deshalb können Sie sich eine Mind-Map nach einer Ruhezeit von 1 oder 2 Wochen durchaus wieder vornehmen. Sie werden sehen – sie wächst weiter.

3. Personenanzahl

Die Technik ist hervorragend allein einsetzbar. Genauso geeignet ist Mind-Map für kleine Gruppen mit 4 – 6 Personen. Gemeinschafts-Mind-Maps sind auch in Gruppen bis maximal 20 Personen durchführbar. Allerdings benötigt man hierzu einen geübten Moderator, der die Mind-Map aus den Gruppenassoziationen entstehen läßt.

4. Vorgehensweise

Benutzen Sie mindestens DIN A3-Papier. Mind-Maps können Sie gut auf Flipchartpapier, auf Moderationspostern und auch auf noch größeren Formaten (z. B. Packpapierrolle) anlegen. Das Papier soll nicht kariert oder liniert sein, dies würde den Gedankenfluß ablenken. Schreiben Sie eine prägnant formulierte, kurze Schlüsselfrage oder ein Schlüsselwort zu der Aufgabenstellung, die Sie lösen wollen, in die Mitte des Papiers, und ziehen Sie dann einen Kreis darum. Je knapper die Frage, desto ungehinderter kommt der Assoziationsfluß in Gang. Schreiben Sie ausschließlich in Versalien (großen Druckbuchstaben), dieses regt die Vorstellungskraft zusätzlich an. Davon ausgehend zeichnen Sie eine Gedankenlandkarte. Alles, was mit der Aufgabenstellung zu tun hat, bekommt eine eigene »Straße« auf der Landkarte und wird mit einem Schlüsselbegriff benannt. Legen Sie dabei zunächst die Hauptstraßen an und lassen Sie davon nach und nach Nebenstraßen abzweigen (siehe Muster auf Seite 114) So erkennen Sie, was die Aufgabe beinhaltet und wie die einzelnen Aspekte zusammenhängen. Wenn Ihnen ein neuer Aspekt einfällt, ergänzen Sie Ihre Mind-Map. Farbmarkierungen helfen Ihnen, die Aspekte zu sortieren oder in ihren unterschiedlichen Bedeutungen darzustellen (z. B.: Was unklar ist, mit einem Fragezeichen markieren. Was konkret getan werden kann, ebenfalls farbig hervorheben.) Achten Sie auf Lesbarkeit Ihrer Schrift. Die gewonnenen Themenstränge können in einem vertiefenden Schritt ebenfalls den Ausgangspunkt einer detaillierteren Mind-Map bilden.

Tip:
Wählen Sie für Ihre Mind-Map ein Papier, das nicht schon durch sein entweder in die Länge oder Breite gedehntes Format (DIN Format) die Aufmerksamkeit in eine bestimmte Richtung lenkt.
In unseren Seminaren verwenden wir quadratisches Papier, das beim Beschreiben systematisch um den eigenen Mittelpunkt gedreht werden kann. Pastellfarbenes Papier ist für Mind-Maps besonders geeignet, weil es das ganzheitliche Denken durch Farbimpulse unterstützt und ein deutliches und wohltuendes optisches Gegengewicht zur sonst im Berufsalltag verwendeten schwarzen Schrift auf weißem Papier bildet.

5. Anwendungsbeispiel
Beispiel für eine Mind-Map, die in Einzelarbeit entstanden ist
Subjektive Interpretation eines Seminarteilnehmers von »Wachstum«

Aufgabenstellung:
»Was bedeutet für mich Wachstum?«

Vorbereitendes Warm Up für Mind-Maps:
Schreiben Sie auf ein Blatt Ihren Schlüsselbegriff, in diesem Fall »Wachstum«. Zeichnen Sie mit der linken Hand alles auf, was Ihnen zu diesem Begriff einfällt. Die linke Hand gilt als verbunden mit der rechten Gehirnhemisphäre. Damit aktivieren Sie Ihre bildliche Vorstellungskraft. Dann wechseln Sie den Stift in die rechte Hand und schreiben auf ein anderes Papier die Worte auf, die Ihnen zu dem Schlüsselbegriff einfallen. So nehmen Sie Kontakt auf mit Ihrer linken Gehirnhälfte. (vgl. Abb. 8) Diese beiden Blätter visualisieren, was in der Mind-Map geschehen soll: die Zusammenführung der Bild- und Sprachebene in ein Ganzes. In der Kombination der zwei Blätter wirkt es wie zwei vollkommen verschiedene Welten. Wenn Sie eine Mind-Map zum Thema »Wachstum« anfertigen, wachsen diese beiden Welten tatsächlich zusammen.

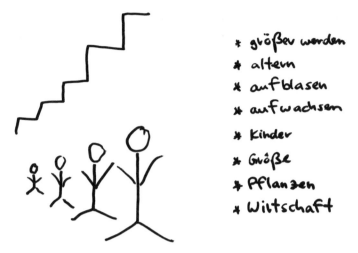

Abb. 8: Mind-Map Vorübung eines Seminarteilnehmers zu »Wachstum«

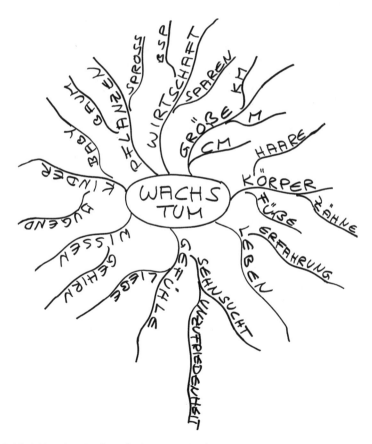

Abb. 9: Mind-Map eines Seminarteilnehmers zu »Wachstum«

Anwendungsbeispiel für eine gemeinsam erarbeitete Mind-Map:
In einem Unternehmen steht die Jubiläumsfeier an und soll systematisch
vorbereitet werden.

Aufgabenstellung:
»Wie organisieren wir ein Firmenjubiläum?«

Kreativ-Team:
Mitarbeiter der Marketing-Abteilung, Büroassistentin, Mitarbeiterin der
Betriebskantine, Praktikant, Hausmeister, externe Beraterin

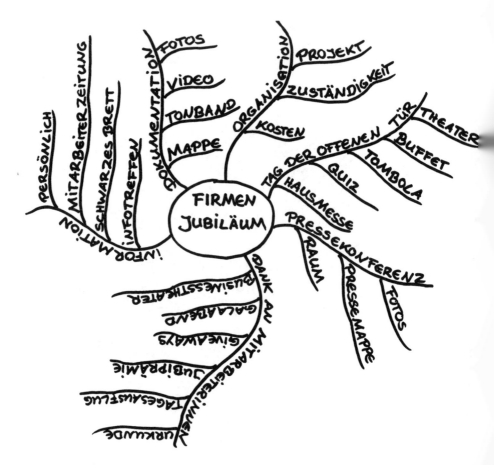

Abb. 10: Beispiel Mind-Map »Firmenjubiläum«

6. Empfehlungen

Die Mind-Map gilt als universell anwendbares Protokollier- und Mode-
rationsverfahren. Als Visualisierungs- und Dokumentationstechnik stellt
sie z. B. bei Teamsitzungen und Tagungen eine übergeordnete Bespre-
chungstechnik dar.

Mittels Mind-Map läßt sich eine gehirnfreundliche und ganzheitliche
Lösungssuche unterstützen, die wesentlich zur Konzentrationssteigerung
beiträgt.

Die Kreativtechnik Brainstorming wird durch Protokollieren mit Mind-
Map weitaus effektiver. Die visualisierten Verknüpfungen ermöglichen
eine facettenreiche Betrachtung des Problemfeldes und tragen wirkungsvoll zur Problemsensibilisierung und -strukturierung bei.

Als sehr flexibles Instrument ist diese leicht erlernbare Technik universell
einsetzbar. Verschiedene (Lern-) und Denktypen werden gemeinsam in
den Analyse- und Entwicklungsprozeß eingebunden. Um die Übersichtlichkeit auch bei komplexen, stark verzweigten Gedanken-Landkarten zu
garantieren, möchten wir noch einmal betonen, wie wichtig eine
großzügige Formatwahl, deutliche Schrift in Großbuchstaben und farbig
systematische Hervorhebungen sind. Planen Sie auch bei dieser Technik
eine Warm Up Phase ein, um sich mit der anfangs ungewohnten Abbil-
dungsweise vertraut machen zu können.

Mind-Map gilt als die einzige Technik, die bezüglich ihrer Visualisie-
rungsgeschwindigkeit bei dem Feuerwerk der rasant sprießenden Ideen
überhaupt mithalten kann.

Synektik

»Jener hat Verstand, der die Ähnlichkeit zwischen unterschiedlichen Dingen und die Unterschiede zwischen gleichen Dingen sieht.«

Madame de Stael

Synektik leitet sich aus dem Griechischen ab und bedeutet »scheinbar Zusammenhangloses in Verbindung bringen«.
Synektik folgt dabei zwei Grundregeln:
- Fremdes vertraut machen und
- Vertrautes verfremden.

Die Klassische Synektik wurde von William J. Gordon als Sitzungsinstrument in den 40er Jahren in Amerika entwickelt.
Mit der Synektik gelingt es eindrucksvoll, eingeschliffene Denkmuster zu verlassen. Gewohnte Denk-Pfade werden durch bewußte Inspiration erweitert, dies unterstützt divergentes Denken. Gedanklich werden Sprünge vollzogen, um möglichst vielfältige Perspektiven als Startposition einzubeziehen. Problemstellungen werden unter systematisch planvollem Einsatz unkonventioneller oder scheinbar (!) unlogischer Techniken gelöst. Bekannt ist diese Vorgehensweise mittlerweile in vielen Bereichen der Produktentwicklung sowie in der Forschung.
Es existieren zahlreiche Unterformen, z. B. die Bildhafte Synektik, die Reizwortanalyse und die Bionik.

Bildhafte Synektik

Die Bildhafte Synektik folgt dem Grundgedanken der Übertragung problemfremder Strukturen auf eine Ausgangsfragestellung. Als Analogietechnik sorgt sie dafür, daß der eher unbewußt ablaufende Inkubationsprozeß bewußt provoziert und systematisch nachvollzogen werden kann.

1. Einsatzpunkt
Phase III des Ideen-Management: Ideen-Findung, insbesondere wenn sich mittels anderer Techniken nur herkömmliche, dem Gewohnten nahe Lösungen eingestellt haben.

2. Zeitbudget

Sie benötigen für einen Durchlauf dieser Technik mit 5 Bildern 30 Minuten. Für die differenzierte Bildanalyse aller 5 Bilder sollten Sie 30 Minuten ansetzen, für den Transfer auf die Problemstellung nochmals 40 bis 50 Minuten. Die Gesamtdauer beträgt somit zwischen 100 bis 110 Minuten.

3. Personenanzahl

Die Technik ist effektiver im Team, da so Assoziationsketten durch Gedanken anderer Teilnehmer neue Impulse bekommen und der Prozeß schneller abläuft, aber sie ist durchaus auch erfolgreich allein anwendbar.

4. Vorgehensweise

Sie benötigen Bildmaterial in Form von Fotos, Dias, Collagen, Kunstplakaten oder eine umfangreiche Bildsammelmappe, deren Motive Sie von Zeit zu Zeit austauschen. Damit vermeiden Sie Abnutzungseffekte im Rahmen der Entstehung von Assoziationsketten. Die Gefahr, bei gleichen Bildern immer auf dieselben Gedankenketten aus Ihrer Erinnerung zu gelangen, ist groß und stellt eine Blockade beim Verlassen eingeschliffener Denkmuster dar. Assoziieren Sie nie zu einem Bild, das Sie bereits eingesetzt haben, um derartige Abnutzungseffekte zu vermeiden.

Die Motive sollten ästhetisch ansprechend und detailreich sein, sie müssen nicht zwingend gegenständlichen Charakter besitzen. Allerdings sollten sie von einem Format sein, das alle Beteiligten gut und bequem wahrnehmen können.

Alle Teilnehmer (maximal 12 Personen) sollten die Problemstellung verinnerlicht haben. Nacheinander werden drei bis maximal fünf Bilder nach dem Zufallsprinzip ausgewählt und für alle gut sichtbar gezeigt. Jeder Teilnehmer beschreibt und interpretiert das gerade im Mittelpunkt der Betrachtung stehende Bild. Gefühle, spontane Ideen und freie Assoziationen zu den Bildinhalten sind dabei besonders wichtig. Diese werden vom Moderator festgehalten. Im Team wird dann im nächsten Schritt gemeinsam versucht, aus den vorgenommenen Bildbeschreibungen Strukturähnlichkeiten und Lösungsansätze zum Problem abzuleiten. Übertragen Sie nun die spontanen Äußerungen und erkannten Strukturmuster auf das Ausgangsproblem, und prüfen Sie die Verwertbarkeit der gefundenen Analogien. Dabei können einzelne Bilder noch einmal zur Inspiration hinzugezogen werden. Achten Sie darauf, daß nach einer Phase der freien Assoziation nun wieder das Problem und seine Lösung im Vordergrund stehen. Die entstandenen Lösungsideen können sofort oder mit zeitlichem Abstand bewertet und weiterentwickelt werden.

5. Anwendungsbeispiel

Eine Unternehmensberatung in Gründung will ihre bereits angedachten, aber noch nicht auf den Punkt gebrachten Werte und Ziele als Leitmotive formulieren.

Basis jedes professionellen Außenauftritts ist ein unverwechselbares und klares Unternehmensprofil. Damit dieses gegenüber Adressaten der Öffentlichkeit wie z. B. Kunden und Kooperationspartnern wirkungsvoll vertreten werden kann, muß zunächst ein einheitliches, von allen Mitarbeitern getragenes Selbstverständnis – die Corporate Identity – abgeleitet werden.

Aufgabenstellung:
»Welches sind die Leitmotive unserer Unternehmensberatung?«

Kreativ-Team:
Inhaberin, Inhaber, externe Beraterin

Aus einer Bildmappe werden nach dem Zufallsprinzip 5 Bilder ausgewählt. Zu diesen Bildern wird frei assoziiert. Jede spontane Äußerung wird festgehalten.

Äußerungen zu Bild 1: (Landschaft mit Feld)

* »ich sehe einen **Acker**, der gerade bearbeitet wurde«
* »die einzelnen Furchen sind ganz deutlich zu sehen«
* »ein Wechsel von brauner Erde ohne Vegetation zur Wiese, wo alles grün ist«
* »heißer Sommertag, bestimmt **26 Grad Celsius**«
* »es sieht alles so friedlich und ruhig aus«
* »die **Perspektive** geht ganz weit in den Horizont hinein«
* »das Bild erinnert mich an einen Sandkuchen«
* »**blauer Himmel** darüber«
* »Himmel mit **Wolken**«
* »die braune Erde erinnert mich an **Mousse au Chocolat**«

Anschließend werden aus dieser Menge der spontanen Äußerungen Bilder bzw. Bildteile ausgesucht, die in bezug auf die Aufgabenstellung interpretiert werden.

Übertragung dieser Äußerungen zu Bild 1 auf die Leitmotive für eine Unternehmensberatung:

Acker:
interpretiert als »**Arbeitsfeld**«
>»wir be-ackern die Kunden und ihre Feldbestellung = Probleme«

26 Grad Celsius:
interpretiert als »**Wärme**«
>»wir sorgen bei uns für ein angenehmes Betriebsklima«

Perspektive:
interpretiert als »**Zentralperspektive mit Fluchtpunkt**«
>»wir arbeiten zielgerichtet, und wir sehen unsere Aufgabe darin, Perspektiven zu vermitteln«

Himmel:
interpretiert als »**Blaues Himmelszelt**«
>»über allem schwebt die Unternehmens-Philosophie wie das Himmelszelt«
>»wir wollen unsere Kunden schützen, fördern und in ihrer Entwicklung unterstützen«
>»Blau bedeutet gegenseitiges Vertrauen«

Wolken:
interpretiert als »**dahinziehende Wolken**«
>»wir wollen Ideen auch mal einfach so dahinziehen lassen«
>»die Ideen sollen hochfliegen!«

Mousse au Chocolat:
interpretiert als »**Genuß, Kalorien, Nahrung, Melange**«
>»wir genießen unsere Arbeit«
>»wir liefern Kalorien = Brennstoff = Wärme, d.h. wir liefern Energie«
>»unsere Spezialität ist die richtige Mischung von Talent und Know-How, genauso wie bei Mousse au Chocolat die Mischung aus Kakao und Schlagsahne besteht.«

Äußerungen zu Bild 2 (Landschaft mit Fluß und Menschen)

- »im Spiegelbild im Wasser wachsen die Bäume ja **nach unten**.«
- »es ist Herbst, es liegt Laub herum«
- »die Farbe des Laubes erinnert mich an **Bernstein**«
- »da sitzen zwei Menschen, die angeln«
- »das Wasser **fließt** einfach ruhig dahin«
- »riesiger **Mühlstein** mit exaktem Mittelpunkt«
- »der Mühlstein **dreht sich**«

Übertragung dieser Äußerungen zu Bild 2 auf die Leitmotive für eine Unternehmensberatung:

nach unten:
interpretiert als »**scheinbar verkehrt herum**«
»wir können auch mal anders an die Sache herangehen«
»Infragestellen des Gewohnten als Antriebsmotor, wir verfallen nicht in Routine«

Bernstein:
interpretiert als »**umschließt Wesentliches sicher und macht es dabei noch sichtbar**«
»die Betriebsgeheimnisse unserer Kunden sind bei uns sicher, wie von Bernstein umschlossen, aber dabei immer abrufbar«

fließt:
interpretiert als »**strömt ununterbrochen**«
»die Kommunikation mit unseren Kunden bleibt immer lebendig und reißt nie ab«

Mühlstein:
interpretiert als »**dreht sich unermüdlich**«
»wir arbeiten konstant und bleiben am Thema und am Kunden«

dreht sich:
interpretiert als »**Bewegung um einem Punkt**«
»bei uns dreht sich alles um die Kunden«
»Wir bleiben in Bewegung«

6. Empfehlungen

Diese Technik eignet sich besonders dann, wenn alle anderen Techniken zu eher konventionellen oder noch nicht befriedigenden Lösungen geführt haben, wenn außergewöhnliche Ideen aber vonnöten sind. Ebenfalls stellt sie unserer Erfahrung nach ein wirkungsvolles Instrument dar, wenn es gilt, routinierte Experten und versierte Problemlöseteams aus gewohnten Fahrwassern zu geleiten. Der Haupteffekt liegt im bildhaften Arbeiten als Unterstützung einer ganzheitlichen Problemlösung. Da diese Vorgehensweise jedoch den meisten Menschen im Alltag nicht als Problemlöseverfahren bekannt bzw. bewußt ist, sollte unbedingt eine längere Eingewöhnungsphase eingeplant werden. Empfehlenswert sind einige gezielte Kreativ Warm Ups, die das assoziative Denken und andere kreative Potentiale in Fluß bringen und die auch die Akzeptanz für eher unkonventionelles Vorgehen vorbereiten. Eine erfahrene Moderation führt zur Fragestellung zurück auf den Ausgangspunkt und sichert so den konsequenten Transfer der Ideen auf die Ausgangsproblematik. Auch diese Methode ist, wie alle synektischen Methoden, vorbereitungs- und zeitintensiv. Somit bleibt im Einzelfall zu entscheiden, ob Sie sie dennoch unter eng vorgegebenen Rahmenbedingungen nutzen wollen, weil Sie die durch diese Technik freigesetzten erweiterten Blickwinkel schätzen gelernt haben.

Reizwortanalyse

In ihrer Urform wurde diese Technik von Prof. Horst Geschka entwickelt. Die Reizwortanalyse verwendet problemfremde Wortassoziationen, die durch zufällig ausgewählte Reizworte entstehen.

1. Einsatzzeitpunkt

Phase III des Ideen-Management: Ideen-Findung, insbesondere wenn sich mittels anderer Techniken nur herkömmliche, dem Gewohnten nahe Lösungen eingestellt haben.

2. Zeitbudget

Sie benötigen für einen Durchlauf dieser Technik mit 5 Reizworten 25 Minuten. Für die differenzierte Wortanalyse sollten Sie 25 Minuten ansetzen, für den Transfer auf die Problemstellung nochmals 60 Minuten. Die Gesamtdauer beträgt somit 110 Minuten.

3. Personenzahl

Die Technik ist effektiver im Team, da so Assoziationsketten durch Gedanken anderer Teilnehmer neue Impulse bekommen und der Prozeß schneller abläuft. Dennoch ist sie auch allein erfolgreich anwendbar.

4. Vorgehensweise

Sie benötigen ein Lexikon, Wörterbuch oder ein anderes Wortverzeichnis als Zufallsgenerator der Wortauswahl. Im Team (maximal bis zu 12 Teilnehmer) oder allein wählen Sie maximal 5 Wörter aus. Sie finden die Wörter, indem Sie (Seiten-) zahlen benennen, auf denen Sie dann das erste Hauptwort auswählen, das Ihnen spontan in den Blick fällt. Das auf diese Art erhaltene Reizwort muß für alle Teilnehmenden gut sichtbar sein. Lassen Sie Ihren Assoziationen pro Wort 5 Minuten freien Lauf. Wichtig sind die spontan einfallenden Gedanken, die beim flüchtigen Lesen der Worte bemerkt werden. Alle Gedanken sind schriftlich festzuhalten, am besten mittels einer Mind-Map pro Reizwort.

Übertragen Sie nun die spontanen Äußerungen und erkannten Strukturmuster auf das Ausgangsproblem und prüfen Sie die Verwertbarkeit der gefundenen Analogien.

Dabei können Sie die Begriffe nach Prinzipien, Merkmalen, Strukturen, Gestaltausprägungen und Unterelementen untersuchen.

Richtungsweisende Fragen sind dabei:

* Prinzipien (Welche Funktionen erfüllt es?)
* Merkmale (Was macht das Besondere daran aus?)
* Strukturen (Wie ist es aufgebaut?)
* Gestaltausprägungen (Wie sieht es aus?)

Achten Sie darauf, daß nach einer Phase der freien Assoziation wieder das Problem und seine Lösung im Vordergrund stehen

Die entstandenen Lösungsideen können sofort oder mit zeitlichem Abstand bewertet und weiterentwickelt werden.

Tip:

Wechseln Sie die Reizworte regelmäßig, legen Sie sich dazu eine Reizwortliste an. Diese können Sie aus verschiedenen Nachschlagewerken zusammenstellen. Damit vermeiden Sie Abnutzungseffekte im Rahmen der Entstehung von Assoziationsketten. Die Gefahr, bei gleichen Worten immer auf dieselben Wortketten aus Ihrer Erinnerung zu gelangen, ist groß und stellt eine Blockade beim Verlassen eingeschliffener Denkmuster dar. Deshalb empfehlen wir die Zufallsauswahl im Lexikon für jede Anwendung der Technik.

5. Anwendungsbeispiel
Das Tagesgeschäft wird oft überschattet von einer Vielzahl an Routine-aufgaben, die sich zu Energie- und Zeitfressern entwickeln.

Aufgabenstellung:
»Wie können wir erreichen, daß die Alltagsroutine im Büro weniger Energie kostet?«

Kreativ-Team:
Büroassistenz, Sachbearbeitung, Vertrieb, Telefonzentrale sowie externe Beraterin

Reizworte (gefunden im Lexikon):
Schmetterling
Nebel
Märchen
Bett
Öl

Assoziationen zu »Schmetterling«

hat 2 Fühler · ist ganz leicht · fliegt in der Luft · hat Staub auf seinen Flügeln · Flügel abstauben · er trinkt Nektar · er hat bunte Muster · er schaukelt in der Luft · **Leichtigkeit** des Seins · flattert von Blume zu Blume · Sommer · warm · Spiel und Träume · Verwandlung von Raupe zu Schmetterling · er **wird aufgespießt** · Freude spenden · wird tot-geschlagen · rumms fällt er runter · Absturz · Kindertraum · Transparenz · besitzt 2 Flügel · synchroner Flügelschlag · blitzartiger Flügelschlag · aus-rollbare Nektarzunge · Spirale . . .

Differenzierte Wortanalyse »Leichtigkeit«
A ich schwebe auf einem fliegenden Teppich durch das Büro
B ich jongliere mit den Routinejobs
C Heinzelmännchen schaffen nachts, und morgens ist alles getan
D ich wünsche mir eine leichte Wolke zum Ausruhen

Übertragung auf die Ist-Situation:
A ich bemühe mich jetzt um Übersicht von oben = Transparenz
B ich jongliere mit den Routinejobs und wechsle über zu einer ande-ren Art, wenn mir etwas zu langweilig wird

C wir beantragen externe Entlastung, die »übernacht« überschaubare
   Routinearbeiten bearbeitet
E die Pausen werden intensiver zur Erholung genutzt, dann geht die
   Routine auch leichter von der Hand

Differenzierte Wortanalyse »aufgespießt«:
A ich fühle mich selber aufgespießt von der Alltagsroutine
B Routine nagelt mich fest, raubt mir die Freiheit, bringt mich um
C Ich habe einen Spieß im Rücken
D Der Spieß ist scharf und schmerzhaft

Übertragung auf die Ist-Situation:
A den Spieß rumdrehen
   (das Verursacherprinzip anwenden »Wer hat diese Mehrarbeit verur-
   sacht?«)
B jemanden anders aufspießen
   (Routinearbeiten auch an andere verteilen)
C den Spieß rausziehen
   (überprüfen, was wirklich notwendig ist bzw. was tatsächlich unnötig
   ist)
D den Spieß entschärfen
   (Spaß mit gemeinsamen Routine-Parties, wo alle genauso wie eine
   »Putzkolonne« die Routinejobs systematisch wegarbeiten)

Assoziationen zu »Märchen«

Alles wird gut · Märchen sind richtig romantisch · klare Gegensätze von
gut und böse · es gibt Fabelwesen · die Heldin hat unsere Sympathie ·
der Prinz ist ein Held und ist schön und klug · **die Hauptfigur erlebt
Abenteuer** · Märchen müssen erlebt werden · Inszenierung im Kopf · es
wird gekämpft · grausame Strafen · verursachen schlechte Träume · die
Welt ist in Ordnung · das Gute siegt immer · mit Zauber und Magie weg
vom Alltag · **prächtige Königskrone** · wertestabil · Gesetze, die befolgt
werden müssen · wer sie beachtet, wird belohnt · Märchenbuch mit
luxuriösem Einband · der Zauber einer persönlichen Erzählung · Märchenerzählen wird zum gesellschaftlichen Ereignis · Märchenerzählen
in Traumwelt · wir vergessen Raum und Zeit · wir versinken in der
Märchenwelt …

Differenzierte Wortanalyse zu »Abenteuer erleben«:

A immer wach sein und auf Herausforderungen eingestellt

B sich ausrüsten mit Pferd, Proviant und Werkzeugen

C kämpfen mit Ungeheuer, Drachen, Monstern, wann immer sie auftauchen

D die Abenteuer genießen

E davon am Lagerfeuer erzählen, wo ein großer Topf Suppe brodelt

F unterwegs viele Leute, Tiere, Feen, Elfen, Kobolde treffen

Übertragung auf die Ist-Situation:

A ich will auch bei der scheinbar langweiligen Alltagsroutine wach sein und sehe sie als Herausforderung an

B ich rüste mich für die Routineaufgaben mit passendem Werkzeug aus, mache aber auch Pausen und genieße den Proviant

C ich bin mir nicht zu schade, mich mit den Routineaufgaben »herumzuschlagen«

D ich bemühe mich, in den täglichen Anforderungen ein kleines Abenteuer zu entdecken, ich variiere die Vorgehensweise spielerisch und versuche Neues, Interessantes daran zu entdecken

E vielleicht können die vielen kleinen Aufgaben in einem großen »Kochtopf« zusammengerührt werden.

F wir sollten uns auch mit anderen Abteilungen austauschen, wie diese mit der Routine umgehen

Differenzierte Wortanalyse zu »Prächtige Königskrone«:

A die Krone ist wertvoll

B die Krone wiegt schwer

C die Krone ist für den König/die Königin maßangepaßt

D die Krone schmückt mich

Übertragung auf die Ist-Situation:

A es ist für unser Unternehmen von unschätzbarem Wert, daß die Routineaufgaben effizient abgewickelt werden, also sollten wir ihnen auch mehr Wert-Schätzung entgegenbringen

B es hätte schwer-wiegende Konsequenzen für das Unternehmen, wenn wir die Routineaufgaben vernachlässigen, also sollten wir mehr auf die alltäglichen Arbeiten achten

C die Routineaufgabe sollte für die jeweilige ausführende Person maßgeschneidert sein, wir sollten genau analysieren, wer was gut kann

D ich schmücke mich mit meiner Kompetenz, Routineaufgaben hervorragend und effizient zu lösen

6. Empfehlungen

Das Besondere der Technik liegt im Verblüffungseffekt. Dieser trägt zum wirkungsvollen Durchbrechen starrer Denk- und Lösungsmuster bei. Das Motto der Reizwortanalyse »kontrolliert verrückt sein« basiert auf den Erkenntnissen der Gehirnforschung über Informationsverarbeitungsprozesse von logischen Systemen.

Da diese Vorgehensweise uns jedoch oft im Alltag nicht als Problemlöseverfahren zur Verfügung steht, sollte unbedingt eine längere Eingewöhnungsphase eingeplant werden.

Empfehlenswert sind einige gezielte Kreativ Warm Ups, die einerseits das Denken und andere kreative Potentiale in Fluß bringen. Weiter bereiten sie auch die Akzeptanz von unkonventionellem Vorgehen vor.

Zwar ist diese Technik vorbereitungsintensiver als andere, doch haben wir in zahlreichen Seminaren und bei vielfältigen Anwendungsfragen die Erfahrung gemacht, daß mittels Reizwortanalyse und durch die Aktivierung unbewußter Denkprozesse neue Aspekte die zuvor gewonnenen Lösungsansätze bereicherten. Dies gilt in besonderem Maße für Teams mit eher wissenschaftlichem, technischem Hintergrund. Straffe Moderation in der Phase des Rücktransfers verhindert ein zu starkes Abdriften der Beiträge ins Uferlose.

Die Reizwortanalyse als anspruchsvolle Technik mit facettenreichen Lösungsansätzen stimuliert kreatives Potential bei sonst unergiebigen Fragestellungen und vermittelt neue, überraschende und dabei auch praxisorientierte Blickwinkel.

Bionik

Der Begriff »Bionik« wurde 1960 auf einem Kongreß in Dayton, Ohio, von J. Steele geprägt. Sinngemäß läßt sich diese Verbindung aus **Bio**-logie und Tech-**nik** als »Lernen aus der Natur für die Technik« interpretieren. Dabei werden in der gesamten Biologie (organische Elemente, Pflanzen, Tiere usw.) Strukturen, Funktionen und Wirkungszusammenhänge gesucht, die sich übertragen lassen auf die Lösung technischer Probleme.

Durch Analogien aus der Natur lassen sich vielfältige Probleme genial einfach oder einfach genial lösen, z. B. ist die Idee des Schieferdaches von den Schuppen des Tannenzapfens inspiriert.

Die Autorinnen haben den Anwendungsbereich für das synektische Prinzip der Bionik erweitert und Wirkungsmechanismen der Natur auf soziale Systeme menschlicher Lebenswelten übertragen.

Somit lassen sich nun mittels dieser erweiterten Bionik auch Aufgabenstellungen aus gesellschaftlichen, gesellschaftspolitischen und kommunikativen Bereichen kreativ behandeln.

1. Einsatzzeitpunkt
Phase III des Ideen-Management = Ideen-Findung

2. Zeitbudget
Sie benötigen für einen ersten Durchlauf dieser Technik 60 Minuten.
Für die differenzierte Betrachtung der gesammelten Naturphänomene
sollten Sie einen Zeitraum von wiederum 60 Minuten ansetzen. Der
Transfer auf die Ausgangsfrage nimmt dann nochmals 60 Minuten in
Anspruch. Die Gesamtdauer ist jedoch in starkem Maße von der Kom-
plexität der Problemstellung sowie von Ihrem Anspruch auf Tiefenbe-
handlung des Themas abhängig. Sie sollten auf jeden Fall insgesamt 180
Minuten veranschlagen.

3. Personenanzahl
Diese anspruchsvolle synektische Technik ist effektiver im Team, da so
unterschiedliche Kenntnisse über naturwissenschaftliche Phänomene
auch von Nicht-Experten dieses Gebietes zusammen genutzt werden
können. Auf einer niedrigeren Konkretionsstufe oder falls Sie selbst über
fundierte naturwissenschaftliche Kenntnisse oder Nachschlagewerke verfügen, ist sie auch allein erfolgreich anwendbar. Das Team sollte maximal
aus 5 Personen bestehen.

4. Vorgehensweise
Zu einer in der Problemanalyse konkretisierten Fragestellung aus der
»Normalwelt« werden in einem ersten Schritt Analogien aus der Natur,
also der »Bionischen Welt« gesammelt und später wieder auf die »Normalwelt« transferiert.
Bei den Untersuchungen in der »Bionischen Welt« folgt das Team immer
der übergeordneten Filterfrage »Wie regelt die Natur eine ähnliche Aufgabenstellung?« bzw. »Welche bekannten Naturphänomene lösen ein
ähnliches Problem«?
Sinnvoll ist dabei eine Verknüpfung von Brainstorming und Mind-Map
zur Visualisierung der Gedanken. Ebenso hilfreich beim Aufspüren von
Analogien kann die Kombination der Bionik mit der bildhaften Synektik sein. Sie benötigen dazu eine Bildmappe mit Naturmotiven (Tiere
bzw. Pflanzen). Es gelten hier dieselben Regeln und Empfehlungen zur

Auswahl der Motive, wie bereits unter »Bildhafter Synektik« nachzulesen.

Mit dieser Vorgehensweise können Sie die anregende Kraft visueller Impulse zur Freisetzung naturbezogener Assoziationen nutzen. Als Zwischenstufe sollten Sie dann mit einem Kurztransfer der Analogien beginnen. Das dient auch dazu, interessante, weiterzuverfolgende Naturphänomene herauszufinden.

Um nun tatsächliche Lösungsansätze für die eigene Fragestellung abzuleiten, ist ein zweiter, vertiefender Durchlauf notwendig. Hier werden die im Brainstorming gesammelten beobachtbaren Wirkungs- und Konstruktionsprinzipien aus Fauna und Flora näher beleuchtet. Im Zentrum steht nun die Frage »Wie im Detail löst die Natur das betrachtete Problem?«

In diesem Schritt ist es notwendig, naturwissenschaftliche Grundlagen einzubeziehen, um Aufschluß über die Mechanismen zu erhalten. Entweder besetzen Sie Ihr interdisziplinäres Kreativteam auch mit Personen mit naturwissenschaftlichem Hintergrund, oder Sie nehmen an dieser Stelle ein naturwissenschaftliches Lexikon zur Hand. Die Tiefe der naturwissenschaftlichen Betrachtung ist dabei abhängig von der Komplexität Ihrer Fragestellung und dem Bedürfnis des Teams nach möglichst naturgenauer Imitation der Mechanismen.

Wie bei allen synektischen Methoden ist es auch bei der Bionik wichtig, die aus der Natur gewonnenen Erkenntnisse, also aus der »Bionischen Welt« und Ihre Assoziationen dazu zielgerichtet auf Ihre Ausgangsproblemstellung der »Normalwelt« rückzubinden sowie die Verwertbarkeit der gefundenen Analogien zu prüfen.

Wie schaffen Sie sich nun ein »Repertoire« an bionischen Lösungen? Legen Sie sich ein »bionisches Notizbuch« an. In diesem sammeln Sie sämtliche, Ihnen interessant und verwertbar erscheinende Naturphänomene. Dabei können Sie zwei bewährte Gliederungsprinzipien zugrunde legen:

Gliederung nach Themen bzw. Problembereichen:
Hier sortieren Sie nach Stichworten, die Sie beruflich bzw. privat interessieren, z. B. Schutz vor Nässe.

Wenn Sie diesem Gliederungsprinzip folgen, sammeln Sie nun anschließend alle Ihnen bekannten Lösungen, die Fauna und Flora zum Thema Nässeschutz anbieten, z. B. Fettschicht der Enten, dichter Haarwuchs bei Wölfen, Luftblase unter Wasser bei Spinnenarten, mehrere übereinander gelegte Hautschichten, Kokonspinnerei der Seidenraupen, überlappendes Blattwerk im Wald.

Diese Gliederung ist in erster Linie problemorientiert und bietet sich für eine effiziente, zielgerichtete Lösungssuche bei eindeutig formulierbaren und eventuell häufiger wiederkehrenden Problemstellungen an. Vorrangig ist also das Sammeln verschiedener Lösungsansätze zu diesem bestimmten Themenbereich.

Gliederung nach Naturphänomenen:
Hierbei sammeln Sie Beobachtungen zu Pflanzen und Tieren und notieren gemäß einer Funktionsanalyse sämtliche Aspekte, die Ihnen zu dem ausgewählten Objekt einfallen. Leitfragen hierzu sind:
»Welche Funktionen erfüllt er/sie/es?«
»Was macht das Besondere an ihm/ihr/aus?«
»Wie ist er/sie/es aufgebaut?«
»Wie sieht er/sie/es aus?«

z. B.: Funktionsanalyse zum Objekt »Champignon«
* Champignons bilden ein unsichtbares Netzwerk von Wurzeln unter der Erde.
* Der Champignon bildet als Nässeschutz im oberen Teil einen Schirm aus.
* Lamellen versteifen den Schirm des Champignons und sparen so Material.
* Eine lederartige Haut gibt dem schwammigen Gewebe Halt.
* Champignons haben mit einer hellbraunen Tönung die Farbe ihrer Umgebung.

Wenn Sie dem Gliederungsprinzip nach Naturphänomenen folgen, dann erhalten Sie eine Sammlung von genauestens nach unterschiedlichsten Funktionen und Problemlösestrategien aufgeschlüsselten Naturobjekten. Im Falle einer konkreten Aufgabenstellung müssen Sie nun alle in Ihrem »bionischen Notizbuch« zusammengestellten Naturobjekte durchforsten, ob sich Anregungen bzw. Lösungsansätze zur aktuellen Fragestellung finden lassen. Somit ist dieses Gliederungsprinzip im Bedarfsfall etwas aufwendiger auszuwerten, insgesamt jedoch durch sein stark divergentes Vorgehen geeignet, um kreative Denkprozesse in frühen Projektphasen zu unterstützen. Weiterhin stellt diese Vorgehensweise eine Möglichkeit dar, im beruflichen und privaten Alltag brauchbare Ideen aus anderen Bereichen in einem kreativen Ideenspeicher wachsen zu lassen.
Sofern Sie sich dazu entscheiden, Ihr »bionisches Notizbuch« als Datenbank anzulegen, entschärfen Sie dadurch mögliche Schwierigkeiten

beim Wiederfinden einzelner Phänomene. Strukturierungs- und Sortierfilter erleichtern die Suche im konkreten Bedarfsfall.

5. Anwendungsbeispiel

Ein mittelständisches Unternehmen leidet darunter, daß bei weiblichen Führungskräften eine schwangerschaftsbedingte Abwanderung von firmenspezifischem Know-How stattfindet.

Zwar wird für weibliche Führungskräfte gesetzlich ein dreijähriger Erziehungsurlaub mit anschließender Rückkehr an einen vergleichbaren Arbeitsplatz garantiert, doch erweist sich dieses Modell für viele Mitarbeiterinnen und Firmen oft als unzureichend. Häufig ist der zeitweise Verlust einer engagierten weiblichen Führungskraft mit Projektverantwortung nicht in gleichem Maße durch eine (ebenfalls qualifizierte) Schwangerschaftsvertretung zu ersetzen, vor allen Dingen nicht ohne Reibungsverluste.

Viele weibliche Führungskräfte suchen nach Lösungen, um Mutterschaft und Berufsleben möglichst bald und befriedigend vereinen zu können. Diese Führungskräfte wollen oder müssen früher als erst nach drei Jahren wieder in ihren Beruf zurück. Was sie davon abhält, sind meist unterlegene Arbeitszeitmodelle und nicht mehr zeitgemäße Gestaltungsformen des Arbeitslebens einer modernen Gesellschaft.

Eine zunehmende Anzahl sehr gut ausgebildeter Mitarbeiterinnen strebt einerseits nach Führungspositionen, will andererseits aber nicht mehr zwischen den Alternativen »Kind« oder »Karriere« entscheiden. Hilfreich wären hier allerdings auch kreative Konzepte, die nicht nur an der Frau als hauptverantwortlicher Bezugsperson des Kleinkindes in den ersten 12 Monaten ansetzen, sondern kreative Gestaltungsfreiräume ebenso für Männer anbieten.

Aus dem geschilderten Sachverhalt leitet sich die nachfolgende Ausgangsfragestellung der »Normalwelt« ab:

»Wie schaffen wir ein teilzeitfreundliches und somit familienfreundliches Arbeitsumfeld, um der Abwanderung qualifizierter Mitarbeiterinnen und Mitarbeiter vorzubeugen?«

Fragestellung für die bionischen Betrachtungen (»Bionische Welt«):
Wie regeln Pflanzen und Tiere ihre Lebenserhaltung?
Kreativ-Team:
Leitung Personalabteilung, weibliche und männliche Führungskräfte unterschiedlichster Abteilungen, externe Beraterin

1. Schritt (»Bionische Welt«)
Brainstorming zur Frage
»Wie regeln Pflanzen und Tiere ihre Lebenserhaltung?

A   Wüstenkakteen speichern Wasser, um in Dürrezeiten ihren
    Wasserbedarf zu decken.
B   Kakteen haben Stacheln, um nicht gefressen zu werden.
C   Das Chamäleon ist Meister im Tarnen und Anpassen an die
    Umgebung.
D   Das Chamäleon verfügt über einen 180 Grad Blickwinkel.
E   Spinnen siedeln sich immer an Haupteinflugschneisen von Insekten
    an und weben ein Netz in »einladendem Ambiente«, wo sie dann auf
    »Besuch« lauern.
F   Tausendfüßler schweben über den Erdboden, ohne dabei zu stolpern.

2. Schritt (»Normalwelt«)
Zwischenrunde: Übertragen auf die Ausgangsfragestellung:
»Wie schaffen wir ein teilzeitfreundliches und somit familienfreundliches
Arbeitsumfeld, um der Abwanderung qualifizierter Mitarbeiterinnen
und Mitarbeiter vorzubeugen?«

A   Wasser = Personal der Unternehmung – Personal soll nicht verdun-
    sten, konstanter Personalbestand im Reservoir nötig – Wasserspeicher
    = Zeitkonten, Zeitguthaben ansparen und bedarfsbezogen abrufen.
B   (Selbst-)schutzprogramme z. B. gegen Mobbing aktivieren: Trainings,
    Schulungen z. B. für Teams zum Thema soziale und kommunikative
    Kompetenz – bessere Ausbildung / Weiterbildung der Führungskräfte
C   Die Bedürfnisse der Mitarbeiter »färben« auf das Zeitsystem ab,
    welches nicht den Arbeitsfluß stören soll, sondern angepaßt werden
    muß auf die Bedürfnisse der Mitarbeiter.
D   Einen Rundumblickwinkel einnehmen: alle Lebensbereiche der Mit-
    arbeiter berücksichtigen und bei der Gestaltung einbinden
E   Das Unternehmen muß sich ebenfalls attraktiv machen, damit die
    Mitarbeiter auch wirklich »ins Netz gehen« und »im Netz kleben blei-
    ben« – Netzstrukturen aufbauen – Mitarbeiterpotentiale und Lebens-
    bereiche netzartig miteinander verweben
F   Voraussetzung für die Einführung eines familienfreundlichen Zeit-
    modells: Koordination mit »allen Füßen«, d. h.: mit allen Mitarbeitern
    und Beteiligten auf allen Ebenen – viele kleine Schritte durchführen,
    um nicht zu stolpern – kontinuierlicher Verbesserungsprozeß – Bela-
    stungen auf viele Beine gleichmäßig verteilen

Das Kreativ-Team entschließt sich nach dieser Zwischenrunde dafür, das Naturphänomen Kakteen einer vertiefenden Detailbetrachtung zu unterziehen.

3. Schritt Detailbetrachtung Kakteen (»Bionische Welt«)

Folgende Informationen konnten aus dem Internet und aus naturwissenschaftlichen Nachschlagewerken gewonnen werden:

»... Kakteen gehören zu den Sukkulenten der Steppen- und Wüstengebiete. Sie nehmen in der kurzen Regenzeit reichlich Wasser auf, speichern es im Innern und geben es während der Trockenzeit nur sehr sparsam wieder ab. Für alle kennzeichnend ist die weitgehende Verkleinerung der verdunstenden Oberfläche. So hat z.B. ein Kugelkaktus im Vergleich zu einer Schlingpflanze gleichen Gewichts ein wesentlich günstigeres Verdunstungsverhältnis.

Die in den Kakteen gespeicherten Wassermengen können erheblich sein. So enthalten Kugelkakteen von über 2 Meter Höhe und rund 3 Meter Umfang bei einem Gewicht von 1000 kg und über 80% Wassergehalt etwa 800 l Wasser. Vielfach sind sie durch scharfe Säfte oder Stacheln und Dornen als Schutzmittel gegen Tierfraß ausgerüstet ...«

4. Schritt (»Normalwelt«)

Transfer auf die Ausgangsfragestellung
»Wie schaffen wir ein teilzeitfreundliches und somit familienfreundliches Arbeitsumfeld, um der Abwanderung qualifizierter Mitarbeiterinnen und Mitarbeiter vorzubeugen?«

Anregungen aus der Detailbetrachtung Kakteen

Mitarbeiter, hier insbesondere betrachtet Nachwuchsführungskräfte und Führungskräfte, sind ein wichtiges Kapital der Organisation, um dem eigentlichen Betriebszweck systematisch und nach ökonomischen Gesetzmäßigkeiten nachgehen zu können. Das heutige Organisationsumfeld ist stark geprägt von intensiven Wettbewerbsdynamiken durch Konzentrationstendenzen in fast allen Branchen sowie zunehmender Sättigung der Märkte. Überleben unter diesen Umständen gleicht manchmal einem Überleben unter härtesten Bedingungen, wie sie für Kakteen in Wüstenlandschaften gelten. Lebensnotwendig ist ein ausreichendes und »nahrhaftes« Reservoir an qualifizierten Mitarbeiterinnen und Mitarbeitern, die möglichst nicht »verdunsten«, also abwandern, sollten. Wie kann eine Organisation dafür sorgen, diese Nährstoffe zu speichern, sich vor Außenangriffen (z.B. aggressive Abwerbestrategien anderer Unternehmen, Headhuntern) zu schützen und immer – auch in

Dürrezeiten – gut zu überleben? Kakteen regeln diese anspruchsvolle Aufgabe durch ein dickes, meist auch stachliges Blattwerk, Zellen mit enormer Speicherkapazität bei insgesamt dichtbesiedelter Beschaffenheit zur Verkleinerung der Oberfläche. Übertragen auf die Ausgangsfragestellung »Wie schaffen wir ein teilzeitfreundliches und somit familienfreundliches Arbeitsumfeld, um der Abwanderung qualifizierter Mitarbeiterinnen und Mitarbeiter vorzubeugen?« bedeutet dies: Personalbedarf ebenfalls mit Reservoir planen, um ausreichend versorgt zu sein, wenn Familienplanungen anstehen. Der Personalbestand sollte so beschaffen sein, daß teilzeitbezogen gearbeitet werden kann. D. h.: Es muß immer eine bestimmte Anzahl an »Speicherkapazität« von Arbeitskraft in Führungspositionen vorhanden sein. Einen Arbeitsplatz könnten sich mehrere Personen im Job-Sharing teilen. Somit wird dem Prinzip der Oberflächenverkleinerung gefolgt: kompakte Arbeitsteams, die zeitweise (z. B. in den ersten zwölf Monaten nach der Entbindung) durch eine Vielzahl kleinerer Zellen besetzt sind, welche aber durchaus nach und nach wieder zu ihrer vollen Aufnahmekapazität anwachsen können. Oberflächenverkleinerung in diesem Sinne könnte auch bedeuten, die gesamte Organisation straffer zu strukturieren, Hierarchieebenen herauszunehmen, junge Nachwuchsteams zu etablieren, die anderen Zellen, also Führungskräften, projektbezogen zuarbeiten. Darüber hinaus könnten Elternteile, die den gesetzlichen Erziehungsurlaub in Anspruch nehmen, als »Reservoir« betrachtet werden, welches man im Bedarfsfall schnell und unproblematisch anzapfen kann, sofern die Personen sich vorher in einer individuellen Vereinbarung dazu bereit erklärt haben.

6. Empfehlungen

Das Besondere der Technik liegt im wirksamen Durchbrechen eingefahrener Denkstrukturen.

Empfehlenswert sind einige gezielte Kreativ Warm Ups, die das assoziative Denken und andere kreative Potentiale in Fluß bringen.

Einerseits ist diese Technik vorbereitungsintensiver als andere, doch andererseits haben wir in zahlreichen Seminaren und bei vielfältigen Anwendungsfragen die Erfahrung gemacht, daß die Bionik durch die Vielfalt natürlicher Strategien, die die Natur bereithält, ein unerschöpfliches Inspirationspotential darstellt.

Je komplexer bzw. abstrakter die Fragestellungen, die es mittels Bionik zu lösen gilt, um so fundierter sollten die im Team zur Verfügung stehenden naturwissenschaftlichen Kenntnisse sein. Damit gehört die Bionik eindeutig, erst recht in ihrer erweiterten Anwendungsform, zu den anspruchsvolleren synektischen Techniken.

Impulsfragen nach der Osborn-Checkliste

Diese Checkliste wurde vom Werbefachmann Alexander Osborn in den frühen 60er Jahren als Verfahren der Ideensuche entwickelt. Die Checkliste mit impulsgebenden Fragen vermittelt einen blitzartigen mehrfachen Perspektivwechsel, bündelt den Gedankenfluß und verbindet assoziative Elemente des klassischen Brainstormings mit zielgerichtetem, strukturiertem Vorgehen.

1. Einsatzpunkt
Phase III des Ideen-Management = Ideen-Findung
Phase V des Ideen-Management = zur praxisbezogenen Ausarbeitung von Ideen während der Ideen-Realisierung

2. Zeitbudget
Sie benötigen für einen Durchlauf dieser Technik 30 Minuten.
Für das Konzipieren von aus den Einzellösungen bestehenden Kombinationen sollten Sie 30 Minuten ansetzen und für die Gesamtauswertung nochmals 30 Minuten. Die Gesamtdauer beträgt somit 90 Minuten.

3. Personenanzahl
Die Osborn-Checkliste dient als Diskussionsgrundlage beim Überprüfen und Entwerfen von Lösungsansätzen, was Teamarbeit voraussetzt. Sie eignet sich bis zu einer Gruppengröße von 12 Personen, effektiver ist sie in Gruppen von 4 bis maximal 8 Personen, da sich eher stille Teammitglieder in Gruppen ab 10 Personen bereits verstärkt zurücknehmen.
Allein empfiehlt sich die Verwendung der Checkliste dann, wenn die Vorgehensweise bereits in der Gruppe trainiert wurde und die Möglichkeiten der einzelnen Impulsfragen schon bekannt sind.

4. Vorgehensweise
Bilden Sie ein Team, das mit der Aufgabenstellung bestens vertraut ist und formulieren Sie gemeinsam die Aufgabenstellung. Die Teilnehmer äußern jetzt ihre durch die in der Liste angeführten Impulsfragen (siehe Muster auf S. 135–138) inspirierten Gedanken. Durch die Fragen wird ein dauernder Perspektivwechsel ausgelöst. Die durch die Fragen entwickelten Ideen werden für jeden sichtbar festgehalten und bilden somit ein strukturiertes »Ideenbuffet«, dessen Bestandteile untereinander kombinierbar sind.

Die Liste beruht auf einer gedanklichen Behandlung der Aufgabe oder des Problems nach den folgenden Aspekten:

- Anders nutzen
- Anpassen
- Verändern
- Vergrößern
- Verkleinern
- Neu anordnen
- Umkehren
- Übertragen
- Kombinieren

Die Ausgangslage zur Anwendung der Osborn-Checkliste ist zunächst ein greifbarer Zustand, ein tatsächlicher Gegenstand, ein gegebener Sachverhalt oder ein bestehendes Angebot.
Diese vorhandene Situation wird als Einstieg benutzt und dann systematisch verändert.
Die Impulsfragen ermöglichen ein Nachdenken, was mit dem Gegenstand bzw. dem Objekt bzw. dem Sachverhalt geschieht. Wie verändert er/es sich, wenn er/es z. B. der Behandlung »Anders nutzen« unterzogen wird?
Diese Fragen werden durchlaufend beantwortet, wobei sie zunächst wirklich wörtlich genommen werden, dann aber immer freier oder in einem sehr übertragenen und zuletzt grenzenlosen Sinne interpretiert werden.

Impulsfragen nach der Osborn-Checkliste

Anders nutzen

Was geschieht, wenn wir es anders verwenden?
Gibt es zusätzliche Gebrauchsmöglichkeiten?
Läßt es sich für andere Zwecke einsetzen?
Ist es für eine andere Zielgruppe einsetzbar?

Anpassen

Was gibt es Ähnliches?
Gibt es Parallelbeispiele oder Musterfälle?
Was können wir davon übernehmen?
Was können wir kopieren?
Wem können wir nacheifern?

Was können wir zum Vorbild nehmen?
Welche Erlebniswelten sind übertragbar?
Was gibt es, wo wir uns wohl fühlen?

Verändern

Was geschieht, wenn wir es verändern bezüglich der Farbe?
Bezüglich Material, Form, Klang, Geruch, Geschmack?
Was passiert, wenn es eine andere Bedeutung bekommt?
Welche weiteren Veränderungen sind möglich?

Vergrößern

Was geschieht, wenn wir es vergrößern hinsichtlich Länge, Breite, Höhe?
Was passiert, wenn es dicker, stärker, furchteinflößender wird?
Was geschieht, wenn der Wert, die Zeitdauer, die Häufigkeit oder Geschwindigkeit vergrößert werden?
Können wir eine weitere Zutat hinzufügen?
Was geschieht, wenn wir es übertreiben, multiplizieren, vervielfältigen, zusammenfügen ?
Wenn wir mehr Service, mehr Aufmerksamkeit, mehr Kundenorientierung anstreben?

Verkleinern

Was geschieht, wenn wir es verkleinern, z. B. niedriger, dünner, kürzer werden lassen?
Was ist daran entbehrlich?
Was passiert, wenn wir etwas weglassen, wenn wir untertreiben?
Wenn wir es heller oder leichter machen?
Wenn wir die Kalorienzahl verringern?
Wenn der Luftwiderstand verkleinert wird?
Was passiert, wenn aufgespalten, zerschnitten oder in Einzelteile zerlegt wird?
Wenn es als Miniaturausführung gemacht wird?

Austauschen

Was geschieht, wenn wir etwas daran austauschen?
Womit könnte es ersetzt werden?
Gibt es einen anderen Prozeß, neue Bedingungen, neue Energiequellen oder eine andere Tonlage?
Können wir beim Austausch Elemente aus anderen Ländern verwenden?

Gibt es Elemente aus anderen Zeiten, die verwendbar sind?
Sind Personen austauschbar?
Gibt es einen anderen Standort?

Neu anordnen
Was geschieht, wenn wir dafür eine andere Struktur verwenden?
Wenn wir eine andere Reihenfolge wählen?
Wenn wir Ursache und Wirkung vertauschen?

Umkehren
Was geschieht, wenn wir es ins Gegenteil umkehren?
Wenn wir rückwärts statt vorwärts, negativ statt positiv, oben statt
unten anstreben?
Wenn wir einen Rollentausch vornehmen?
Wenn wir den Feind zum Freund machen?
Wenn wir die Idee spiegeln, um 180 Grad drehen, gegen den Uhr-
zeigersinn laufen lassen, in die Vergangenheit?
Was geschieht, wenn wir in die Schuhe eines anderen schlüpfen?

Übertragen
Was geschieht, wenn wir die Idee vollkommen umwandeln?
In eine andere Realität, Dimension oder Erscheinungsform über-
tragen, z. B. verflüssigen, durchsichtig machen, tiefkühlen, in Gas
verwandeln?
Was geschieht, wenn wir es ins Unendliche dehnen?

Kombinieren
Was geschieht, wenn wir verschiedene Blickwinkel miteinander
kombinieren?
Wenn wir Ideen und Personen kombinieren?
Was passiert, wenn wir verschiedene Absichten miteinander in Ver-
bindung bringen?
Wenn wir mischen, vernetzen, in ein größeres Ganzes integrieren?
Wenn wir eine Legierung erzeugen?
Wenn wir Wirkungen kombinieren?
Wenn wir verschiedene Ziele kombinieren?
Was geschieht, wenn wir verschiedene Ideen miteinander
kombinieren?

Tip:
Legen Sie sich eine Kurzform der Osborn-Checkliste auf Ihren Schreibtisch und holen Sie sich nützliche Impulse daraus bei verschiedenen
alltäglichen Aufgaben und Problemen oder wenn Sie einen ins Stocken
geratenen Ideenfluß wieder zum Laufen bekommen wollen.

5. Anwendungsbeispiel

Ein Versicherungsunternehmen hat durch Umfragen ermittelt, daß die
bestehende Mitarbeiterzeitung als uninteressant empfunden und kaum
gelesen wird.

Aufgabenstellung:
»Wie können wir die Mitarbeiterzeitung interessanter gestalten?«

Kreativ-Team:
Geschäftsführer, Außendienstmitarbeiterin, Mitarbeiter Customer Service, Vertreterin Redaktion, Mitarbeiter Personalabteilung, externe Beraterin

Bearbeitung mit den Impulsfragen der Osborn-Checkliste:

Anders Nutzen
  als Aktie verwendbar
  mit Heiratsvermittlungs-Service
  als Fortsetzungsroman
  als Platzdeckchen in der Kantine
  als Kalender nutzbar

Anpassen
  Zeitung speziell für Frauen
  Zeitung speziell für Männer
  gute Lesbarkeit von Boulevardblättern übernehmen
  inhaltlichen Anspruch von Sachbüchern übernehmen
  prägnantes Layout von Fachzeitschriften

Verändern
Sprachstil vereinheitlichen
von Schwarzweiß auf Farbdruck
besser zu bedruckendes Papier
Zeitung parfümieren
mehr Fotos

Vergrößern
Zeitung als Poster herausbringen
als langes Faltblatt
Erscheinungsfrequenz erhöhen
mehrsprachige Zeitung
Aktualität erhöhen

Verkleinern
Werbungsanteil verkleinern
Druckfehlerquote verringern
Kosten verringern
als Daumenkino herausbringen
nur noch Überschriften

Austauschen
Nostalgiezeitung wie vor 100 Jahren
Zeitung wird von Herold in allen Abteilungen vorgelesen
Zeitung auf Holzstab wickeln wie im alten Ägypten
die Mitglieder der freiwilligen Redaktion austauschen
Fühlbilder statt geschriebenem Text

Neu anordnen
Zeitung persönlich ausliefern
Reihenfolge der Artikel verändern
Auslieferung umstellen
Zeitung verstecken
Zeitung nur gegen Gutschein herausgeben

Umkehren
Titelblatt hinten
von Sie-Ansprache auf Du-Ansprache wechseln
Zusammenschluß mit der Zeitung der Konkurrenz
die Auszubildenden übernehmen die Redaktion
wer die Zeitung abholt, bekommt eine Prämie

Übertragen

Zeitung im Intranet
Zeitungsartikel auf T-Shirt
Zeitung auf Mikrochip
Zeitung als Hörkassette
Zeitung auf Luftballons

Kombinieren

Fusionierung mit dem Wochenblatt der Stadt
jede Abteilung liefert Beiträge für eine Doppelseite
Zeitung wird rotierend von Teams gestaltet
Zeitung wird mit den Grundsätzen der Corporate Identity vereinigt

Die einzelnen Ideen der Hauptaspekte werden daraufhin zu möglichen Gesamtlösungen verknüpft.

Ein ausführliches Anwendungsbeispiel zu dieser Technik finden Sie auf Seite 156–157 bei der Verzahnung verschiedener Kreativitätstechniken.

6. Empfehlungen

Diese Checkliste vergegenwärtigt das Prinzip der Kreativen Unzufriedenheit sehr deutlich. Zunächst wirkt die Liste unscheinbar, ihr Potential entfaltet sich erst beim tatsächlichen Anwenden. Allerdings sind Interpretation und Hilfestellung durch erfahrene Moderation beim Einstieg notwendig, insbesondere da die Technik auf bildhafte Darstellungen verzichtet und der jeweilige Perspektivwechsel ausschließlich in der Phantasie der Teilnehmer stattfindet.

Oft zeigt sich in der Praxis, daß manche Impulsfragen als überlappend empfunden werden, bzw. daß die Zuordnung in Kategorien Schwierigkeiten bereitet.

In diesem Falle ist die Empfehlung der Autorinnen, die als doppelt empfundenen Aspekte einfach auszuklammern oder notfalls einen Aspekt zu übergehen. Es ist auch zu tolerieren, wenn die Grenzen zwischen den einzelnen Aspekten verschwimmen. Die Osborn-Checkliste vermittelt auch unter diesen Voraussetzung noch eine enorme Fülle von wertvollen Ideen.

Die Qualität der Osborn-Checkliste liegt im inhaltlich tiefschürfenden und dabei systematischen Recherchieren der zu behandelnden Aufgabe. Die Impulsfragen stellen sicher, daß die allgemeine »kreative Begeisterung« sich nicht nur auf einige Aspekte konzentriert und dabei wichtige andere außer acht läßt.

Wie ein Roter Faden führt diese Technik durch das Labyrinth der unzähligen Aspekte und vermittelt dabei neue Blickwinkel und bisher nicht wahrgenommene Möglichkeiten und Chancen.

Belebtes Bühnen Bild-Technik

Diese Technik wurde von den Autorinnen entwickelt aus bewährten Prinzipien der Zukunftswerkstatt und der Zukunftskonferenz sowie aus der Erfahrung zahlreicher Seminare und Beratungen.
Es zeigte sich, daß in der Praxis Bedarf ist für eine Technik, welche die klare Strukturiertheit z. B. des Morphologischen Kastens verbindet mit freiem Assoziieren wie beispielsweise beim Brainstorming.
So können, ähnlich wie beim Mind-Map, beide Gehirnhälften aktiv einbezogen werden. Elementar wichtig dabei ist, daß bei dieser Technik alle Sinneskanäle beteiligt sind.

1. Einsatzzeitpunkt
Phase III des Ideen-Management: Ideen-Findung
Phase IV des Ideen-Management: Ideen-Realisierung

2. Zeitbudget
Für das Entwerfen der Bühnen Bilder werden 45 Minuten benötigt, für die Bewertung und Strukturierung der einzelnen Lösungsansätze nochmals 45 Minuten. Die Gesamtdauer beträgt somit 90 Minuten.

3. Personenanzahl
Die Technik kann effektiv in Gruppen von 3 bis 6 Personen pro Team eingesetzt werden. Sie eignet sich genauso gut für Einzelarbeit.

4. Vorgehensweise
Nachdem die Aufgabe mit allen Beteiligten klar definiert ist, werden zu einer Fragestellung ca. 4 bis 8 gleichberechtigte virtuelle »Bühnenbilder« unterschiedlicher Ausrichtung konzipiert, die dann zur Auswertung nebeneinander stehen. Diese Bühnenbilder dienen dazu, den Blickwinkel zu erweitern und bestimmte Gedankengänge konsequent zu Ende zu denken. Wenn die Belebten Bühnen Bilder formuliert sind (idealer Weise auf jeweils einem Flipchartpapier), können sie von den Beteiligten in eine Rangfolge gebracht werden.
Die Bühnenbilder, welche die höchste Überzeugungskraft besitzen, können wiederum miteinander kombiniert werden.

Es geht bei dieser Technik also darum, »imaginäre Szenarien« aufzu-
bauen und sie sich so echt und farbig wie möglich »vor Augen« zu
führen. Über den visuellen Kanal hinaus werden aber auch die anderen
Sinne mit einbezogen.

Jedes Bühnenbild wird belebt, d. h. nicht nur »eingerichtet«, sondern
auch detailliert beschrieben inklusive der Geräusche bzw. Musik, des Geruchs, des Geschmacks der Speisen und Getränke und der Beschaffenheit
der Oberfläche bzw. anderer Fühlerlebnisse. Auch weitere Größen wie
die Menschen im Bild, Eigenschaften und Vorlieben werden phantasiert
und protokolliert.

Für jedes Bühnenbild wird jeweils ein Motto als Überbegriff definiert.
Die einzelnen Motto-Ausrichtungen sollen möglichst unterschiedlich
sein. Auch Ausrichtungen, die den Teilnehmern nicht unbedingt sehr
nahe sind, sollen systematisch zu Ende konzipiert werden. Durch diese
Technik wird die bildhafte Vorstellungskraft aktiviert und es entstehen
überzeugende Alternativen und verblüffende Konstellationen, an die zuvor niemand gedacht hatte.

5. Anwendungsbeispiel
Für eine Studie zum Büro der Zukunft sollen visionäre Ansätze der Arbeitsplatzgestaltung gefunden werden.

Aufgabenstellung:
»Welche Alternativen zum Großraumbüro sind vorstellbar?«

Kreativ-Team:
Mitarbeiter/innen aller Ebenen (Empfang, Sekretariat, Vertrieb, Reini-
gungspersonal, Kantine) und externe Beraterin

Zunächst werden die bestimmenden Größen eines Büroarbeitsraumes
definiert. Als ausschlaggebende Größen werden erarbeitet:
• Raumbeschaffenheit (Länge, Breite, Höhe)
• Lichteinfall, Beleuchtung
• Raumausstattung, Objekte, Materialien und Farben
• Fühlerlebnisse
• Geruch
• Lebewesen
• Menschen/Umgangsformen
• Geschmack/Bewirtung
• Zugang/Ausgang
• Einbindung in Gesamtkomplex des Gebäudes

Das Belebte Bühnen Bild wird jetzt an szenarischen Anwendungsbeispielen durchgespielt.

Diese Begriffe werden abgeleitet mittels einer Funktionsanalyse. Dabei fragen Sie sich, welche wesentlichen Aufgaben ein Büro erfüllen sollte bzw. welche Aspekte insgesamt ein Büro ausmachen. Durch diese Reduktion auf das Wesentliche an einem Büro erhalten Sie die »Essenz«.

Welche Funktionen erfüllt ein Büro ?

- Es läßt Informationen und Serviceleistungen wachsen (»Garten«)
- Es bietet Schutz vor Witterung (»Höhle«)
- Es ermöglicht das Aufbewahren von Geheimnissen (»Tresor«)
- Es begünstigt den Austausch von Informationen (»Marktplatz«)
- Es ermöglicht das Reifen von Konzepten (»Weinkeller«)
- Es archiviert Wissen (»Museum«)

Anwendungsbeispiel für »Garten«:

Raumbeschaffenheit (Länge, Breite, Höhe)
weitläufiger großer Raum, große Raumhöhe, in transparentem Glas

Lichteinfall, Beleuchtung
Tageslichteinfall von oben,
wanderndes Oberlicht, dem Sonnenverlauf folgend

Raumausstattung, Objekte, Materialien und Farben
frisches, buntes Mobiliar wie Gartenmöbel
Möbel wie Inseln verstreut,
einzelne Arbeitsbereiche wie Beete im Garten, aber ohne Zaun
Materialien Holz, glatter Kunststoff,
fröhliche Farben
Ruhezonen mit Gartenbank, von Moos umgeben

Fühlerlebnisse
vielfältige Eindrücke, rauhe Gartenbank, glatte Schreibtische
Die einzelnen Zonen sind unterschiedlich warm, (individuell regelbar)
Frischluftzufuhr, kühle Brise

Geruch
frühlingsfrisch, nach gemähtem Gras
Blumenduft

Lebewesen

viele Pflanzen sorgen für Sauerstoff
einzelne Partien sind mit Moos und Rasen ausgelegt
Haustiere können mitgebracht werden (Hunde, Mäuse, Vögel)
Kuscheltiere wie Teddys und Dinos sitzen auf und neben dem
Computer

Menschen / Umgangsformen

alle fühlen sich als Gärtner im Garten, sie pflegen ihr Büro
alle Gärtner sind gleichberechtigt, haben aber spezielle »Pflege-
gebiete«
alle Gäste sind im Garten willkommen
von Zeit zu Zeit kommen »Touristen« und machen eine Tour durch
den Garten

Geschmack/Bewirtung

Überall Schalen mit frischem Obst,
Quellen, Wassertankstellen
In der Ruhezone ist der Picknickplatz
Grillplatz

Zugang/Ausgang

Gartenzaun um den Garten (innen – außen) mit prächtigem Tor
Zugang über eine Brücke, die einen Bach überquert

Einbindung in Gesamtkomplex des Gebäudes

Der Garten ist im obersten Stockwerk nahe am Tageslicht
Das »Gartenbüro« ist der Stolz der Firma

Anwendungsbeispiel »Höhle«:

Raumbeschaffenheit (Länge, Breite, Höhe)

klein, niedrig, abgeschlossen

Lichteinfall, Beleuchtung

Licht über die gesamte Deckenfläche, kein Tageslicht,
kleines Oberlicht am Höhleneingang

Raumausstattung, Objekte, Materialien und Farben

erdig warme Farben

Möbel sind »in die Wand gehauen«, nichts steht frei
Wände, Decke und Fußboden sind mit dem gleichen weichen
Material überzogen
in der Wand ist ein Computerterminal mit großem Bildschirm

Fühlerlebnisse
Die Wände und der Boden fühlen sich weich und samtig an
die Höhlen sind warm
die Benutzer können ohne Schuhe herumlaufen

Geruch
nach Gewürzen wie Ingwer, Zimt
Frischluftzufuhr und Pfefferminz

Lebewesen
als Topfpflanzen spezielle höhlentaugliche Moose und Farne
ein elektronischer Grottenolm kommt in unregelmäßigen Abständen
vorbei
An der Decke sind lichtspeichernde Bakterien angesiedelt

Menschen/Umgangsformen
jeder Mensch hat seine eigene Höhle und kann ganz konzentriert
arbeiten
Kurze Besprechungen per Intranet, E-Mail und am Bildschirm
Besucher aus anderen Höhlen melden sich per Terminal an und
verabreden sich mit dem Höhlen-User im Besprechungsraum
Es gilt: »My Cave is my Castle.«

Geschmack/Bewirtung
An einem kleinen Terminal kann der Höhlen-User Getränke
bekommen (Wasser und warme Getränke).
Nahrungsmittel werden außerhalb des Büros im Höhlencasino
eingenommen.

Zugang/Ausgang
Jede Höhle hat nur einen Zugang, der auch der Ausgang ist.

Einbindung in Gesamtkomplex des Gebäudes
Mehrere Höhlen gut isoliert nebeneinander, dazwischen
Besprechungsräume, Frischzellen, Ruhezone außerhalb,
Höhlencasino

Beide sehr unterschiedlichen Belebten Bühnen Bilder zeigen bereits verwertbare Motive für die zukünftige Alternative zum Großraumbüro.
Bei der Anwendung dieser Technik werden insgesamt 4 bis 8 unterschiedliche Belebte Bühnen Bilder entwickelt. Ihre Bestandteile werden danach weiter untereinander kombiniert, bis sich 2 – 3 Hauptszenarien abzeichnen. Diese werden dann in der Ideen-Realisierungsphase weiterbearbeitet.
Ein ausführliches Beispiel für diese Technik finden Sie auf Seite 157 und 158 bei der Verzahnung verschiedener Kreativitätstechniken.

6. Empfehlungen

Diese Technik eignet sich besonders für Aufgaben, die sich mit tatsächlichen Räumen bzw. Gebäuden oder Events oder im übertragenen Sinne mit Szenarien beschäftigen wie z. B. Tag der offenen Tür, Messestand, Sommerfest.
Die Belebtes Bühnen Bild-Technik ist empfehlenswert für Aufgaben, bei denen schon eine Lösung festzustehen scheint, weil durch die Vielfalt der Alternativen automatisch neue Gedanken auftauchen. Aufgaben, bei denen nur diffuse Vorstellungen bestehen, können durch diese Technik wohltuend konkretisiert werden.
Das Besondere an der Technik ist die positive Vernetzung von Sprache und bildlicher Vorstellungskraft. Auf diese Weise werden ganzheitliche Lösungen produziert.

Morphologischer Kasten

Der Astrophysiker Fritz Zwicky entwickelte dieses bekannte Basisinstrument. Es existieren davon zahlreiche Unterformen und Abwandlungen, die alle dem Grundgedanken der mehrdimensionalen Problemanalyse und -strukturierung unter Anwendung eines Ordnungsrasters zur Lösungsfindung folgen.
»Morph«, der griechische Wortstamm, bedeutet Gestalt. Auf die Ideenfindung übertragen, bedeutet Morphologie die Lehre vom geordneten Denken und vom Analysieren, also von Aufbau- und Ordnungsprinzipien.
Der Morphologische Kasten zerlegt jedes Problem in einzelne Bestandteile. Zunächst werden in der vertikalen Spalte »Funktionselemente« oder »Merkmale« des Problems definiert. Diesen Merkmalen werden dann in der horizontalen Spalte verschiedene denkbare Ausprägungen, d. h. »be-

kannte und mögliche Lösungen« zugeordnet. Durch Verknüpfen der verschiedenen Ausprägungen entsteht auf eine systematische Art und Weise eine Vielzahl von Alternativen und Neukombinationen – ein »gut gegliedertes Ideenbuffet«.

1. Einsatzzeitpunkt

Phase III des Ideen-Management = Ideen-Findung
Phase V des Ideen-Management = Ideen-Realisierung

2. Zeitbudget

Für das Erstellen des Morphologischen Kastens benötigen Sie 45 bis 60 Minuten, für die Kombinationen der Lösungsansätze sollten Sie 30 Minuten ansetzen und für die Auswertung nochmals 30 Minuten. Die Gesamtdauer beträgt somit 105 bis 120 Minuten.

3. Personenanzahl

Der Morphologische Kasten läßt sich mit 4 bis 8 Personen anwenden. Wenn Sie über tiefergehendes Know-How zur Lösung der Aufgabenstellung verfügen, können Sie den Morphologischen Kasten durchaus auch allein konzipieren. Vielschichtiger und meistens auch facettenreicher ist das Erstellen des Kastens im Team. Besonders geeignet ist der Einsatz dieser Technik in einem interdisziplinären Team.

4. Vorgehensweise

Nachdem die zu bearbeitende Aufgabe für alle Teammitglieder deutlich formuliert und im Umfang klar umrissen ist, stellen Sie fest, welches die wichtigsten Funktionselemente bzw. Merkmale sind. Diese sollten nach den Kriterien logische Unabhängigkeit voneinander, allgemeine Gültigkeit und Relevanz für die zu lösende Aufgabe zusammengestellt sein. Schreiben Sie die Merkmale senkrecht untereinander. Definieren Sie nun zu jedem Merkmal mögliche Ausprägungen (Erscheinungsformen und Varianten) und ordnen Sie sie den Merkmalen in einem Raster waagerecht zu. Das Matrixmuster auf Seite 149 verdeutlicht Ihnen die Vorgehensweise. Erleichternd ist es, wenn Sie leere Formulare auf DIN A3-Papier bereitstellen. Am besten unterstützt hier ein auf Packpapier vorbereitetes Leer-Raster die Arbeit im Team. Zur Verknüpfung einzelner Bausteine verbinden Sie dann die Felder im Raster und formulieren auf diese Weise die so gefundenen Lösungsalternativen.

5. Anwendungsbeispiel

Für die Zentrale eines umweltfreundlichen Versandhandels soll für eine Aktion eine Geschenkverpackung mit eßbaren Gummifiguren (Analogie zu »Gummibärchen«, aber origineller) entwickelt werden.

Aufgabenstellung:
»Welche Möglichkeiten für eßbare Gummifiguren und ihre Verpackung gibt es?«

Kreativ-Team:
Geschäftsführung, Vertriebsleitung, Zentraleinkauf, Endverbraucherinnen, externe Beraterin

Ergebnisse des Kreativ-Teams:

erkmale	Ausprägungen				
rm der juren	Tiere aus heißen Ländern: Löwe, Giraffe, Elefant	Tiere aus kalten Ländern: Eisbär, Pinguin Seelöwe	Buchstaben	Werkzeuge: Hammer, Zange	Pflanzen: Blüten, Blätter Dornen
öße der juren	max. 20 cm	alle 1 cm	ganz unterschiedliche Größen	alle 5 cm	alle 2 cm
rbe der juren	uni bunt	transparent	gestreift	gepunktet	Verlauf von 2 Farben
schmack r Figuren	süß exotisch	süß-sauer	wie Eiskonfekt	nach Pfefferminz	bitter
erfläche r Figuren	fest wie Lakritze	weich wie Pudding	klebrig	„labbrig"	rauh strukturiert
räusche im Kauen r Figuren	Knistern	Krachen	Knatschen	Schmatzen	Schnalzen
ebnis beim inbeißen in e Figuren	Flüssige Füllung	Prickeln wie Brausepulver	Biß ins Leere	Feste Füllung	Splittern wie Blätterkrokant
ruch der uren	zitronig frisch	schokoladig	weihnachtlich nach Zimt	obstig	süß
imischung r Figuren	Süßstoff (zuckerfrei)	Agar Agar (gelatinefrei)	vollkommen beimischungsfrei	Vitamine	Koffein
ßen-packung die Figuren	Pappbox	Metallschachtel	Pop-Up Box	Pralinenschachtel	Käfigschachtel mit Gitter
zahl der uren pro packung	1	100	12	6	24

Tab. 6: Beispiel Morphologischer Kasten

Daraus kombinierte Varianten (Auszug):

Person 1:
- Eisbär, 6 cm groß, zweifarbig in weiß und gelb, Geschmack nach Zitrone, als Unikat in Schachtel aus Metall
- Fledermaus, 2 cm, einfarbig schwarz, labbrig, Koffeinbeimischung, damit sie nachts wach bleibt, Schachtel in Höhlenform
- Stoßzahn eines Elefanten zum Aufstellen auf Schreibtisch, 20 cm hoch, weiß/gelb, feste knackige Beschaffenheit, mit Calciumzusatz
- Primatengruppe in Gitterbox, verschiedene Größen, jeweils Jungtiere und Alttiere, verschiedene Körperhaltungen, verschiedene Geschmacksrichtungen, verschiedene Farben

Person 2:
- Löwe, 5 cm, mit Körper aus Plastik, der Kopf ist aus eßbarem Gummi, weichfeste Konsistenz, Geschmack nach Zitrone, Beimengung von Vitaminen, verpackt in Metallschachtel mit Gitter
- »Kalender« mit 12 Gummitieren, jeweils 2 cm groß, farbstoffrei, verschiedene Geschmacksrichtungen, knisterndes Geräusch
- Pinguine mit Geschmack nach Eiskonfekt und Minze in Pralinenschachtel, pur und zuckerfrei
- Buchstabensuppe aus Gummibuchstaben, die Buchstaben können bestimmte Worte ergeben, z. B. Name der Stadt, des Versandhandels, oder »UAHHHH«, Biß mit Flüssigkeit, an der Suppenschachtel ist eine Angel befestigt zum Herausfischen der Buchstaben
- Arbeitsutensilien wie Hammer oder Zange oder Tierfütterkorb, 5 cm groß, in Werkzeugkasten

Person 3:
- 12 Pinguine, die »knatschen« in 2 Farben weiß/blau, 2 cm groß, exotischer Geschmack
- 5 Löwen, die knistern, mit bitterem Geschmack, feste Oberfläche, in Käfigschachtel, Beimengung von Koffein,
- 20 Figuren in Form von Pflanzenblättern, die knacken, einfarbig knallbunt, bitterer Geschmack, zuckerfrei, bißfest

6. Empfehlungen

Der Morphologische Kasten stellt ein solides Werkzeug zur Ideenkonkretisierung durch Aufsplittung der Hauptfaktoren und zur Überprüfung bereits vorhandener Lösungsansätze dar.

Die Technik setzt fundiertes Fachwissen voraus, um die Merkmale und ihre jeweiligen Ausprägungen gemäß des empfohlenen Kriterienkatalogs herauszufiltern.

Durch die stark strukturierende Vorgehensweise vermittelt der morphologische Kasten Sicherheit und kommt insbesondere Analytikern und Angehörigen technischer Berufe entgegen. Gerade hierin kann sich allerdings ein Kreativitätsvampir verbergen: Wissenschaftlicher Perfektionismus und Expertenwissen können das Loslösen von eher konventionellen Problemlösestrategien verhindern.

Die hohe Übersichtlichkeit und parallel entstehende Protokollierung der Ideenfindung stellen Vorteile der – zugegebenermaßen anspruchsvollen – Technik dar. Aufgrund der strikt einzuhaltenden kausalen und technologischen Unabhängigkeiten der Parameter empfehlen wir diese Methode nur bei klar abgegrenzten Problemstellungen von geringer Komplexität. Es gilt: Je konkreter das Problem definiert ist, um so wirkungsvoller läßt sich der Morphologische Kasten einsetzen.

Progressive Abstraktion

Bei der progressiven Abstraktion handelt es sich um eine von Prof. Horst Geschka entwickelte systematische Diagnosetechnik. Es wird versucht, das eigentliche Problem bzw. die ausschlaggebende Ursache einer Problemstellung herauszufinden, indem die jeweils nächsthöhere, weiter abstrahierte Ebene herausgefiltert wird.

Dabei bedeutet Abstraktion die gedankliche Verallgemeinerung einer Situation oder Problemstellung. Das Wesentliche wird vom Unwesentlichen getrennt.

Mittels progressiver Abstraktion kann man von einer ungenau formulierten Problemauffassung zu einer detaillierten und zielbezogenen Formulierung gelangen, zum tatsächlichen Kern der Aufgabenstellung.

1. Einsatzzeitpunkt
Phase II des Ideen-Management = Problemanalyse und Aufgabenstellung

2. Zeitbudget
Je nach Komplexität der Fragestellung werden für einen Durchlauf insgesamt 30 bis 60 Minuten benötigt.

3. Personenanzahl

Diese Technik ist allein und im Team mit bis zu 10 Personen anwendbar. Gerade für Teams stellt diese Technik eine wertvolle Hilfe im Zusammenhang mit einer einheitlichen und für alle Mitglieder transparenten Problemformulierung dar.

4. Vorgehensweise

Die Schlüsselfrage der Progressiven Abstraktion ist: »Worum geht es hier eigentlich?«
Die bisher formulierte Problemstellung wird mit dieser Frage hinterfragt und in Betrachtungsebenen unterschiedlichen Abstraktionsniveaus zergliedert. Das allen zu Beginn vorliegende Grundproblem wird als Symptom bestimmter Ursachen betrachtet, welche als Teilprobleme anzusehen sind, die ihrerseits dahinterliegende tiefere Ursachen aufdecken. Durch die Unterscheidung von Ursache und Symptom gelingt die inhaltliche Durchdringung des Problems.
Die schrittweise Abstraktion geschieht in nachfolgendem Zyklus:

- Frage: »Worum geht es hier eigentlich?«
- Formulieren möglicher Lösungen mittels Kurzbrainstorming
- Bewerten der gefundenen Lösungen (Stärken? Schwächen?)
- Frage »Worauf kommt es hier eigentlich an?«, auf höherem Abstraktionsniveau, bezogen auf diese Lösungen

Diese Abfolge wird so lange (»da capo al fine«) wiederholt, bis für alle am Lösungsprozeß Beteiligten eine befriedigende Problemdurchdringung erreicht und ein für alle passendes Abstraktionsniveau definiert ist, mit dem die Aufgabe nachvollziehbar umrissen werden kann.

5. Anwendungsbeispiel

Eine Hauseigentümergemeinschaft steht vor der Aufgabe, für eine leerstehende Wohnung einen Mieter zu suchen.

Aufgabenstellung:
»Wie finden wir einen Mieter?«

Kreativ-Team:
4 Vertreterinnen und Vertreter einer Hauseigentümergemeinschaft, externe Beraterin

Zunächst wird die ursprünglich gestellte Frage »Wie finden wir einen Mieter?« durch den »Worum-geht-es-hier-eigentlich-Filter« betrachtet.

Dies ergibt die Interpretation:

> **»Wie schaffen wir es, aus einer Vielzahl von Personen, die alle diese Wohnung wollen, die passende Person auszuwählen?«**

Spontanlösungen:
- durch unsere Menschenkenntnis
- durch Vorstellungsgespräche
- durch gezielte Fragen

Das erneute Stellen der Frage »Worum geht es hier eigentlich?«
ergibt
> **»Wie finden wir Kriterien dafür, ob jemand paßt?«**

Spontanlösungen dazu:
- Alter ist wichtig
- hat die Person Haustiere?
- die Person soll freundlich sein
- wir brauchen eine Schnell-Diagnose

Das erneute Stellen der Frage »Worum geht es hier eigentlich?«
ergibt
> **»Wie finden wir eine Person, die keine Probleme macht?«**

Spontanlösungen dazu:
- die Person soll zuverlässig sein
- es soll nicht schon wieder zum Streit kommen
- es ist wichtig, daß die Person mit allen anderen Mietern gut auskommt

Das erneute Stellen der Frage »Worum geht es hier eigentlich?«
ergibt
> **»Wie finden wir eine Person, die sich harmonisch ins Wohnumfeld einfügt?«**

Damit ist ein Abstraktionsniveau definiert, das für alle Beteiligten die Aufgabe nachvollziehbar zusammenfaßt.
Die Frage ist positiv und zukunftsgerichtet formuliert und stellt so die Weichen für eine ergiebige Bearbeitung des Problems.
Es wird eine Checkliste erarbeitet:
»Was ist uns wichtig für gute Nachbarschaft und eine positive Atmosphäre im Haus?«

6. Empfehlungen

Die Progressive Abstraktion bewährt sich als effektive Technik, die schnell Wesentliches von Unwesentlichem trennt. Sie läßt sich durchaus vor jede andere Kreativ-Technik schalten, also in der Phase II der Problemdefinition zur Konkretisierung einsetzen.

Als »Filter zum Erfolg« screent die Progressive Abstraktion mögliche Problembestandteile und sensibilisiert für ein »detektivisches Vorgehen«. Durch intensives Hinterfragen verringert diese Technik das Risiko des wilden Aktionismus, durch welchen meist nur auf den ersten Blick wesentliche Symptome auf eventuellen Nebenschauplätzen behandelt werden. Außerdem macht sie individuelle Interpretationen und subjektive Meinungen sichtbar – noch bevor jeder einzelne mangels Abstimmung und Einigung auf eine gemeinsame Sichtweise an jeweils anderen Aufgabenstellungen arbeitet. Damit spart diese Technik Teamressourcen wie Aufwand und Zeit und trägt zur Verringerung von Konflikten durch Mißverständnisse bei.

Beispiel für die Verzahnung von Kreativtechniken

Das folgende Fallbeispiel für den Einsatz von strukturierter Kreativität zeigt das verzahnte Hintereinanderschalten der bereits vorgestellten Techniken. Dieses Beispiel veranschaulicht, daß Ergebnisse durchaus »auf Knopfdruck« produzierbar sind, wenn die 10 Goldenen Regeln zur Ideen-Entwicklung eingehalten werden. Allerdings konnte diese Aufgabenstellung nicht »im Vorübergehen« gelöst werden, sondern sie wurde systematisch und mit einer bestimmten Zeitinvestition von einem eigens dafür zusammengestellten Kreativ-Team und mit Beratung durch die Autorinnen bearbeitet.

Namensfindung für ein Café-Restaurant (Filiale der Bäckerei Heidinger) in Frankfurt am Main

Ausgangssituation:
Es besteht akuter Zeitdruck, die Eröffnung ist in zwei Monaten geplant. Allerdings besteht derzeit noch kein konkretes Konzept des Cafés.
Das Alleinstellungsmerkmal des Cafés (die »Spezialität«, welche Mitbewerber nicht anbieten) ist noch nicht definiert.
So läßt sich auch noch kein Name für das Café-Restaurant formulieren.

Aus diesem Grund können weder die Inneneinrichtung bestellt noch Geschäftsunterlagen wie Briefpapier, Visitenkarten sowie Schilder und Außenwerbung angefertigt werden.

Räume im Euro-Tower sind vorhanden und eine Vorstellung über die potentiellen Zielpersonen besteht. Allerdings ist die Konzeption des Angebotes derzeit noch diffus. Es soll »im Prinzip alles« abgedeckt werden, vom Café über das Bistro und das Restaurant und den Szene-Treffpunkt bis zur Nachtbar.

Das Besondere und Einzigartige an dem Café-Restaurant kann aber noch nicht definiert werden.

Ziel des Namensfindungs-Workshops:
Es geht darum, in einem zunächst zu formulierenden Geschäftskonzept die Kernkompetenz im Konditoreibereich herauszustellen, diese mit einem dafür passenden Namen zu kombinieren und dabei den Imagetransfer von der bekannten Bäckerei Heidinger, die bereits 3 Filialen in Frankfurt besitzt, auf das neue Lokal zu schaffen (»Heidinger Heritage«).

Kreativ-Team:
1) Inhaber, 35 Jahre, (Konditor)
2) Beraterin, 40 Jahre, (Werbekauffrau)
3) Endverbraucherin, 35 Jahre, (Zielperson)
4) Endverbraucher, 40 Jahre, (Zielperson)
5) externe Beraterin und Moderatorin

Bearbeitungszeitraum:
8 Stunden (inklusive Pausen) für Namensfindungs-Workshop mit Kreativ-Team
2 Stunden für Auswertungsprozeß und Entscheidung

Vorgehensweise:
Ein Kreativ-Team mit den Beteiligten (Inhaber, Beraterin) und mit neutralen Endverbrauchern, d. h. Vertreterin und Vertreter der anvisierten Zielgruppe wird zusammengestellt.

Dann wird ein kreativitätsförderndes Umfeld mit angenehmen Räumen und themenbezogenem Ambiente, mit genügend Pausen und schmackhafter Verpflegung durch die Bäckerei Heidinger sowie einem genußbetonten Sprachgebrauch und der Ansprache aller Sinne geschaffen.

Die Moderatorin klärt die Ausgangssituation und Definition der Problemstellung mittels der Denkhaltung »da Capo al fine«.

Die Aufgabenstellung wird gemeinsam im Kreativ-Team definiert. Anschließend werden 10 Goldene Regeln zur Ideen-Entwicklung mit Festsetzung eines für alle Beteiligten akzeptablen Zeitplanes besprochen. Für das Kreativ Warm Up sorgt ein »Grüner Spaziergang«.

Die Ideen-Findung erfolgt hierbei in zwei Etappen.
Zunächst werden die Impulsfragen nach der Osborn-Checkliste zum Thema »Genießen in Frankfurt« eingesetzt. Dabei sollen mögliche Serviceangebote im Gastronomiebereich erfunden werden. In dieser Phase der Ideenfindung geht es um die Erzeugung von ungewöhnlichen und »verrückten« Ideen. Diese Technik wird im Kreativ-Team mit 4 Personen und Moderatorin durchgeführt.

Schlüsselfrage:
»Womit können wir das Angebot eines Café-Restaurants in Frankfurt interessanter gestalten?«

Ergebnisse der Osborn-Checkliste (auszugsweise):

Anders Nutzen
  Fernsehraum, Geschenkboutique, Fitneßstudio (Kalorien)

Anpassen
  Hard Rock = trendy, Palmengarten, Markthalle

Verändern
  Musik verändern nach Tageszeit, Licht soll schmeicheln, vollwertiges Essen

Vergrößern
  längere Öffnungszeiten, längere Erinnerung an das Lokal (Give aways), Service vergrößern (Take away)

Verkleinern
  »low calorie«-Angebot, streßfreie Zone, Mini-Sandwiches

Umkehren
  Koch-Seminare, Backen mit Heidinger, Essen nach Horoskop

Austauschen
   Essens-Abonnement, mit Fingern essen, Marktschreier vor der Tür

Neu Anordnen
   Tassen als Sammelstücke aus dem Lokal mitnehmen, Treuekarte,
   Clubcharakter

Übertragen
   im Liegen essen, unter Wasser essen, Gäste-Vergraul-Service

Dieser Durchlauf der Osborn-Checkliste eröffnet einen breiteren Blickwinkel auf das Spektrum der Einflußnahme bei der Konzeption eines
Gastronomiebetriebes und sensibilisiert das Kreativ-Team für das Thema
unter dem Motto »Alles ist möglich«.
Diese neu gewonnenen Einsichten fließen in die zweite Etappe der
Ideen-Sammlung ein. Mit der »Belebtes Bühnen Bild-Technik« baut das
Kreativ-Team mögliche Varianten von phantastischen Restaurants zusammen. In 2er Teams entstehen insgesamt sieben anschauliche »Bühnenbilder«, definiert nach:

* Unternehmensauftritt
* Ambiente / Erlebniswelt
* Angebot
* Service
* Alleinstellungsmerkmal bzw. USP (unique selling proposition)

Dabei ergeben sich die folgenden möglichen Entwürfe für ein kulinari-
sches Unternehmen:

Belebtes Bühnen Bild 1:   »Asiatisch Frisch«
Unique Selling Proposition: »Leicht, modern genießen«

Belebtes Bühnen Bild 2:   »Gourmettempel«
Unique Selling Proposition: »Kleine Schweinereien«

Belebtes Bühnen Bild 3 :   »Mediterraner Spiel-Raum«
Unique Selling Proposition: »Kleine Fluchten, unbeschwert
                                     Genießen«

Belebtes Bühnen Bild 4:   »Edel Esoterisch«
Unique Selling Proposition: »Edel-Vollwert zum Genießen«

Belebtes Bühnen Bild 5:   »Barock-Café«
Unique Selling Proposition: »Gemütlichkeit pur«

Belebtes Bühnen Bild 6	»Harmonisch Hell«
Unique Selling Proposition:	»Relax«

Belebtes Bühnen Bild 7	»Königlich«
Unique Selling Proposition:	»Edler Hoflieferant«

Anschließend erfolgt die Bewertung dieser sieben sehr unterschiedlichen Bühnenbilder durch das gesamte 4er Team mittels der Verteilung von Klebepunkten. Bewertet wird im Hinblick auf die Dimensionen Kreativität (Attraktivität, Originalität) und Innovation (Machbarkeit, Vereinbarkeit mit den Prinzipien der Mutterfirma).
Ausgewählt werden Nr. 2 (USP »kleine Schweinereien«) sowie ein aus Nr. 3, 4 und 6 zusammengefügtes neues Bühnenbild (USP »Fun ohne risk«, »Kleine Fluchten aus dem Alltag« und »Relax«)
Nun wird ein »Titel-Patchwork« zu den beiden verbliebenen Bühnenbildern bezüglich Haupt- und Untertitel formuliert. Ziel ist die inhaltliche Verknüpfung mit der Mutterfirma Heidinger.
Gefundene Haupt- und Untertitel werden patchworkartig untereinander kombiniert.

Beispiele:

Haupttitel	Heidinger
Untertitel	Kleiner Eß-Urlaub

Haupttitel	Heidinger IV
Untertitel	der kleine Luxus für jeden Tag

Haupttitel	Heidinger's Deli
Untertitel	leicht & lecker

Haupttitel	Heidinger
Untertitel	Euro Café Bar

Haupttitel	Heidinger IV
Untertitel	Gourmet Café

Haupttitel	Heidinger's
Untertitel	Café, Food & Mehr

Haupttitel	Heidinger IV
Untertitel	Café, Food & Mehr

Ergebnis des Namensfindungs-Workshops:
Zwei entscheidungsreife Belebte Bühnen Bilder mit transparentem Geschäftskonzept sowie zahlreiche entscheidungsreife Namen mit Variationsmöglichkeiten.
Nach einer Woche Zeitabstand fällt in einer weiteren zweistündigen Besprechung nach Rücksprache mit dem zukünftigen Geschäftsführer und Chefkoch die endgültige Entscheidung für:

Unternehmensauftritt:	Luftig, leicht, hell
Ambiente/Erlebniswelt:	leichte Möblierung, Pflanzen, Holz
	hell, Grundfarbe Gelb (wie im
	Heidinger Logo), Musik allround
Angebot:	leicht, low fat, slow food, Obstkonditorei, Joghurt, Sahne, Mediterrane
	Spezialitäten, Fingerfood, Vollwert
Service:	jung, unaufdringlich, effizient,
	kompetent
Unique Selling Proposition:	»Fun ohne Risk« , »kleine Fluchten«

Dazu wird der folgende Name gewählt:
Heidinger IV
Café, Food & Mehr

Heidinger IV bezieht sich darauf, daß die Bäckerei Heidinger bereits drei Filialen in Frankfurt besitzt. Der Name macht neugierig, läßt aber auch Spielraum für Assoziationen.
Der Untertitel setzt eine deutliche Betonung im Hauptkompetenz-Bereich Konditorei, bezieht aber auch Snacks und kleine Gerichte mit ein und erweckt mit dem »Mehr« alle möglichen kulinarischen Sehnsüchte.
Café (französisch), Food (englisch), Mehr (deutsch) verbindet die Hauptsprachen der »City of the Euro« Frankfurt zu einem Titel.
Gleichzeitig läßt »Café, Food & Mehr« noch Wachstumsmöglichkeiten für das Unternehmen offen bzw. gibt Spielraum für eine Angebotserweiterung.

Im September 2000 eröffnete Heidinger IV mit stimmigem Unternehmensauftritt. Der neukonzipierte Name erscheint durchgängig im Außenbereich, auf Plakaten und auf Speisekarten bis hin zu Briefpapier und Visitenkarten. Das präzise ausgewogene Angebot schließt die Lücke zwischen »Bahnhofsimbiß« einerseits und »Nobelrestaurant« andererseits und Heidinger IV findet auf Anhieb sein überzeugtes Publikum.

3.5 Hundert Ideen – und was dann?
Strukturierter Umgang mit Ideenvielfalt

▶ Im vorherigen Kapitel haben Sie zahlreiche Techniken zur Produktion von Ideen kennengelernt. Mit diesen lassen sich Ideen auch sehr wirksam entwickeln. Aber es genügt nicht, »nur« Hundert Ideen zu haben. Die neuen Anstöße müssen ebenso zielgerichtet und konsequent gemanagt werden.
Dann erst ebnet der strukturierte Umgang mit Ideenvielfalt den Weg von guten Ideen zu nutzenbringenden Innovationen. ◀

Wenn Sie mit einer Ideenfindungstechnik 100 oder mehr Ideen entwickelt haben, geht es darum, vom divergent ausschwärmenden »Ideenschwelgen« nun umzuschalten auf das konvergente Ideenbewerten.

Wichtig sind in dieser Phase die folgenden vier Schritte:
1. **Ideen-Visualisierung**
2. **Ideen-Strukturierung**
3. **Ideen-Bewertung**
4. **Ideen-Auswahl**

1. Ideen-Visualisierung

Während der Ideen-Entwicklung haben Sie mitgeschrieben und mitgezeichnet, wahrscheinlich auch auf großes Flipchart-Papier. Nun ist es wichtig, alle entstandenen Ideen deutlich sichtbar im Raum aufzuhängen. Lassen Sie die Vielzahl von Ideen optisch auf sich wirken.

2. Ideen-Strukturierung

Suchen Sie Verfahren, mit denen Sie diese Ideenfülle strukturieren können.

Möglich sind:
- Clustern (Anhäufen) nach Themen, Schwerpunkten oder Ähnlichkeiten der Lösungsansätze
- Ideen nach Kombinierbarkeit untereinander zuordnen
- Ideen vorsortieren mit Punkten: Jeder Beteiligte bekommt z. B. 10 Punkte, die einzeln auf alle vorhandenen Ideen verteilt werden. Daraus ergeben sich die von den Beteiligten bevorzugten Ideen. So können beispielsweise von 100 Ideen zur Bewertung nur noch 50 Ideen übrigbleiben.
- Ideen auf Überschneidungen, Überlappungen oder Dopplungen untersuchen und mehrere Ideen zu einer »Mega-Idee« zusammenfassen
- »Lieblingsideen« identifizieren und zusammenfassen
- Ideenfülle nach besonders originellen Ideen durchforsten und diese zusammenstellen

3. Ideen-Bewertung

Nun gilt es, die strukturiert aufbereiteten Ideen zu prüfen und sorgfältig zu bewerten. Hierbei sollten Sie zwei Positionen in Einklang bringen: eine wohlwollende Haltung gegenüber der neugeborenen Idee sowie eine kritische Betrachtung der mit ihr verbundenen Konsequenzen. Setzen Sie durchaus einen strengen Bewertungsfilter an, ohne dabei frühzeitige K.O.s auszusprechen. Als kreativ geschulter Mensch fällt es Ihnen sicherlich nicht schwer, diese Balance zwischen unterschiedlichen Polen herzustellen.
Als Leitsatz gilt hierbei:
»Wer alle Risiken ausschließen will, zerstört auch alle Chancen!«

Um aus den generierten Lösungsansätzen die Ideen auszuwählen, die in die engere Wahl kommen, und diese zu bewerten, empfehlen wir die folgenden Techniken:
- PNP-Technik
- Quint-Essenz
- Walt-Disney-Technik
- Pro- und Contra Matrix
- Majaro-Matrix
- SWOT-Analyse
- Checklisten

Ideen-Bewertung durch die PNP-Technik

Diese bereits vorgestellte Technik mit ihrem systematischen Perspektivenwechsel kann dabei helfen, das Potential von »Lieblingsideen« frühzeitig realistisch einzuschätzen und dabei auch die »Kinderkrankheiten« zu diagnostizieren.

Ideen-Bewertung durch die Quint-Essenz

Sinnvoll ist der Einsatz dieser Technik, wenn Sie zwischen mehreren Ideen schwanken und sich eine ganzheitliche Sichtweise zur Entscheidungsförderung wünschen. Mit der Quint-Essenz nähern Sie sich der Idee auf eine erlebnisorientierte Weise und kommen so zu einem persönlichen und durchaus auch manchmal »leidenschaftlichen« Urteil.

Ideen-Bewertung durch die Walt-Disney-Technik

Der konsequente Perspektivwechsel der bereits im Kapitel 2.3 präsentierten Technik unterstützt Sie beim realistischen Einschätzen des Potentials von Ideen. Durch das hintereinander erlebte »Träumen – Machen – Kritisieren« werden die Rahmenbedingungen langsam und schonend eingeblendet.

Ideen-Bewertung durch die Pro- und Contra-Matrix

Diese Technik arbeitet mit einem einfachen Bewertungsschema, das schnell zu Resultaten führt.
Bereiten Sie ein Formular mit einer zweispaltigen Entscheidungsmatrix vor und notieren Sie zuerst die PROs, d. h. die positiven Aspekte der Idee. Hier gilt der Grundsatz: »Zuerst läuft eine Idee durch den positiven Filter der Betrachtung«.
Stellen Sie anschließend die CONs, also die negativen Aspekte zusammen.

PRO	CON

Tab. 7: Pro- und Contra-Matrix

Jetzt haben Sie relativ schnell eine Fülle von Beurteilungsaspekten. Doch Vorsicht bei der Beurteilung unter dem Blickwinkel »Welche Seite der Liste ist länger?«

Es kommt hier nicht nur auf quantitative Aspekte an! Welches Argument wiegt stärker? Welcher Aspekt fällt mehr ins Gewicht? Es empfiehlt sich, mehrere Personen eine derartige Liste anfertigen zu lassen, um Abweichungen im subjektiven Urteil vergleichen zu können.

Die Pro- und Contra-Matrix liefert zunächst einen schnellen Überblick.

Dennoch ist sie ein eher oberflächliches, pragmatisches Bewertungsinstrument, das unbedingt im Rahmen vertiefender Betrachtungsstufen überprüft werden muß.

Die Gefahr besteht in folgender Denkfalle: Da dieses Instrument so bequem anzuwenden ist, wird in der Hektik des Tagesgeschäftes gerne darauf zurückgegriffen. Die Motivation, weitere Verfahren anzuschließen und der Urteilsbildung zugrunde zulegen, versandet allzu oft. Damit kann ein vorbereitendes Instrument zur alleinigen Entscheidungsbasis werden und vorschnelle Fehlurteile sind dann nicht auszuschließen!

Aus diesem Grund hat es sich bewährt, die mit der Pro- und Contra-Matrix erarbeiteten Aspekte mit der nun folgenden Majaro-Matrix zu kombinieren, wodurch sich ein differenzierteres Bild ergibt.

Ideen-Bewertung durch die Majaro-Matrix

Nachfolgende Ideenbewertungsmatrix wurde von dem Innovationsberater Simon Majaro entwickelt. Die zu bewertenden Ideen werden dabei auf einer Zehn-Felder-Matrix mit den Dimensionen »Kreativität« und »Innovation« anhand einer 10-stufigen ansteigenden Skala eingeordnet. Unter »Kreativität« versteht Majaro die Attraktivität einer Idee, welche er anhand nachfolgend angeführter zugrunde gelegter Operationalisierungskriterien erklärt. Die Dimension »Innovation« definiert er als »Ideenverträglichkeit mit den Zielen und Ressourcen der Organisation«.

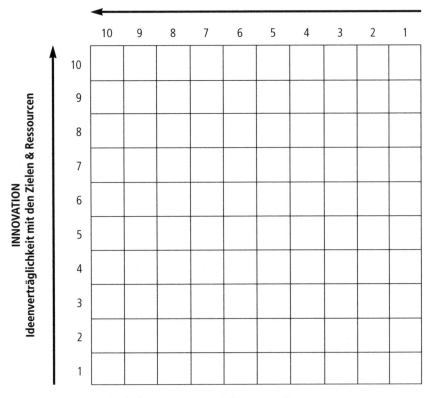

Majaro-Matrix

KREATIVITÄT
Attraktivität der Idee

10 = höchste Ausprägung, 0 = niedrigste Ausprägung

Abb. 11: Majaro-Matrix

Dimension »Kreativität«
Mögliche Operationalisierungskriterien zur Ideen-Attraktivität:
* Originalität
* Einfachheit
* Einzigartigkeit
* Eleganz
* Anwenderfreundlichkeit
* Leichte Implementierbarkeit
* Schwere Kopierbarkeit

Dimension »Innovation«
Mögliche Operationalisierungskriterien zur Ideen-Verträglichkeit mit:
* Finanziellen Ressourcen
* Human-Ressources
* Firmenimage
* Schutzrecht
* Problemlösungsbedarf

Die Ideen werden in diesen beiden Kategorien mit Punkten bewertet, wobei 1 die niedrigste und 10 die höchste Ausprägung darstellt. Anschließend werden die Schnittstellen auf beiden Achsen eingetragen. So ergibt sich eine deutlich visualisierte Plazierung.

Denjenigen Ideen, die nur in einer Kategorie hohe Punkte erreichen, fehlen jeweils wichtige Aspekte. Interessant sind solche Ideen, die in beiden Kategorien hohe Punktbewertungen erzielt haben. Diese stellen eine reizvolle Lösung dar, die gleichzeitig zu dem Kontext paßt, in dem sie realisiert werden sollen.

Es empfiehlt sich, die zur Operationalisierung verwendeten Kriterien im Rahmen des Ideenentwicklungs-Teams festzulegen.

Die Majaro-Matrix kann Ihnen dabei als Vorlage dienen, die den Grundgedanken repräsentiert. Denkbar ist selbstverständlich eine an Ihren Bedarf angepaßte Neuentwicklung der Matrix. Dabei können Sie die Bewertungsdimensionen ebenfalls aktuell gestalten. Wichtig ist nur, daß Sie die Operationalisierungskriterien festlegen, damit im Team und Bewertungsgremium Klarheit über die Bewertungsgrundlage herrscht. Andernfalls entstehen verzerrte Ideenplazierungen.

Anwendungsbeispiel für Ideen-Bewertung durch die Majaro-Matrix

Eine PR-Agentur plant das Versenden eines Neujahrsgrußes an Kunden. Dieser soll einerseits originell sein, aber auch zum Image der Agentur passen.
In die Endrunde sind mittels Punkt-Bewertung drei Ideen gekommen:

Idee »Schwein«:
Versendung eines rosa Marzipanschweins mit Neujahreskarte mit aufgedruckten kalorienarmen Rezepten für ein schlankes Neues Jahr

Idee »Bestellformular«:
Versendung eines Bestellformulars für ein erfolgreiches Neues Jahr

Idee »Luftballon«:
Versendung eines roten Luftballons und Glückwünsche zum Aufwärtstrend für ein emporstrebendes Neues Jahr

Es geht nun darum, diese drei Ideen genauer zu untersuchen. Dabei soll einerseits ermittelt werden, wie attraktiv die Idee ist, aber auch andererseits, wie die Idee sich in das Unternehmensumfeld einpaßt.

Die Agentur definiert die Dimension »Kreativität« als
- Einzigartigkeit
- Prägnanz
- Witz

Die Dimension »Innovation« definiert sie als
- Verträglichkeit mit dem seriösen Image der Agentur
- Verträglichkeit mit dem finanziellen Budget
- Verträglichkeit mit der Machbarkeit
  (Einfache und bruchsichere Verschickungsmöglichkeit,
  vertretbarer Aufwand für Agenturpersonal sowie geringer
  Platzbedarf bei der Lagerung)

Nun wird jede der Ideen einzeln bewertet, aufgrund einer subjektiven, spontanen, intuitiven Einschätzung.
Dabei werden Punktwerte von 0 = niedrigste Ausprägung bis 10 = höchste Ausprägung vergeben.
Um Ideen facettenreich und dabei treffsicher zu bewerten, sollten mehrere Personen die Idee nach diesem Verfahren beurteilen.

Idee »Schwein«
Dimension »Kreativität«:

* Einzigartigkeit:
  Die Grundidee ist relativ bieder, wird jedoch
  durch die Rezepte aufgepeppt.   5 Punkte
* Prägnanz:
  Die Botschaft ist schwierig zu verstehen,
  quasi um die Ecke gedacht.   2 Punkte
* Witz:
  Gelacht wird hier eventuell, aber auf Kosten
  aller übergewichtigen Kunden.
  Im übertragenen Sinne werden zudem
  ökonomische »Verschlankungskonzepte«
  durch Lean-Management als
  bedrohlich empfunden.   1 Punkt
                                                            _____
  Summe »Kreativität«   8 Punkte
  Der Mittelwert ergibt 8:3 = 2,66

Dimension »Innovation«:

* Verträglichkeit mit dem seriösen Image der Agentur:
  Die Idee ist eng an den Jugendkult
  mit Schlankheitswahn angelehnt und verfehlt
  so die Zielgruppe der Agentur.   2 Punkte
* Verträglichkeit mit dem Budget:
  Die Kosten für Marzipanschwein,
  ein Kästchen zum Verschicken und das erhöhte
  Porto für ein Päckchen summieren sich erheblich.   2 Punkte
* Verträglichkeit mit der Machbarkeit:
  Das Schwein muß sorgfältig verpackt werden,
  es besteht Bruchgefahr, die Päckchen
  nehmen viel Raum ein.   3 Punkte
                                                            _____
  Summe »Innovation«   7 Punkte
  Daraus ergibt sich der Mittelwert 7:3 = 2,33

Gesamtbeurteilung: Diese Idee hat als Summe 2,66 auf der Kreativitäts-
achse und 2,33 auf der Innovationsachse.

Idee »Bestellformular«
Dimension »Kreativität«:

- Einzigartigkeit:
Die Idee ist bis jetzt nicht bekannt und
verblüfft.   8 Punkte
- Prägnanz:
Die Idee hat positive Aspekte, ist aber
etwas erklärungsbedürftig.   5 Punkte
- Witz:
Die Idee ist amüsant, aber etwas bürokratisch.   4 Punkte
                                                                          ———————
Summe »Kreativität«   17 Punkte
Als Mittelwert ergibt sich 17:3 = 5,66

Dimension »Innovation«:

- Verträglichkeit mit dem seriösen Image der Agentur:
Durch die bürokratische
Grundaussage wirkt die Idee etwas
schwerfällig und fortschrittsfeindlich.   2 Punkte
- Verträglichkeit mit dem Budget:
Die Idee ist einfach zu realisieren und kostet
wenig Porto.   9 Punkte
- Verträglichkeit mit der Machbarkeit:
Die Idee ist schnell und gut zu verschicken und
leicht zu lagern, wie ein Brief mit Einleger.   9 Punkte
                                                                          ———————
Summe »Innovation«   20 Punkte
Als Mittelwert ergibt sich 20:3 = 6,66

Gesamtbeurteilung: Diese Idee hat als Summe 5,66 auf der Kreativitäts-
achse und 6,66 auf der Innovationsachse.

Ideen »Luftballon«
Dimension »Kreativität«:

- Einzigartigkeit:
  Die Idee ist originell und beschwingt.   8 Punkte
- Prägnanz:
  Die Botschaft ist schnell zu erfassen und
  positiv formuliert.   9 Punkte
- Witz:
  Bei dieser Idee kann durchaus geschmunzelt
  werden.   7 Punkte
                                                        _____
Summe »Kreativität«   24 Punkte
Der Mittelwert beträgt 24:3 = 8

Dimension »Innovation«:

- Verträglichkeit mit dem seriösen Image der Agentur:
  Die Idee ist zwar frech, verträgt sich
  aber gut mit dem innovativen Image.   6 Punkte
- Verträglichkeit mit dem Budget:
  Die Idee verursacht überschaubare Kosten.   7 Punkte
- Verträglichkeit mit der Machbarkeit:
  Die Zusammenstellung von Luftballon und
  Anschreiben in einem Kuvert bedeutet einen
  geringen Aufwand für das Agenturpersonal.
  Die Lagerung ist überschaubar.   8 Punkte
                                                        _____
Summe »Innovation«   21 Punkte
Der Mittelwert beträgt 21:3 = 7 Punkte

Gesamtbeurteilung: Diese Idee hat als Summe 8 auf der Kreativitäts-
achse und 7 auf der Innovationsachse.

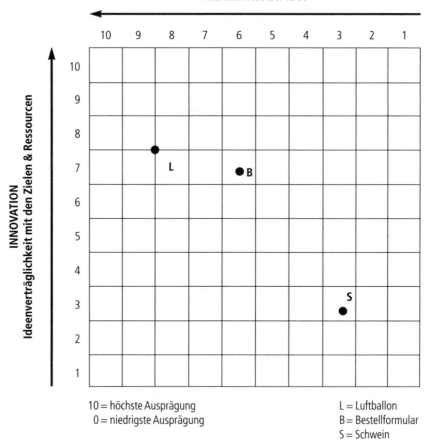

Abb. 12: Majaro-Matrix mit Beispiel

Als Fazit ergibt sich aus dieser Ideenbewertung durch die Majaro-Matrix die Schlußfolgerung, daß die Idee »Luftballon« am besten abschneidet. Durch die systematische Durchleuchtung haben sich die Stärken und Schwächen der Ideen und ihre Wirksamkeit im Umfeld der Agentur deutlich herauskristallisiert.

Ideen-Bewertung durch SWOT-Analyse

Nachfolgendes Bewertungsinstrumentarium hat seinen Ursprung im Bereich des Strategischen Marketings und prüft die Ideen in bezug auf ihre Möglichkeiten auf dem (externen) Absatzmarkt.
Produkt- und Dienstleistungen stellen ebenfalls Ideen dar, die es vor der Markteinführung sorgfältig zu überdenken und zu testen gilt. Hierzu bedienen sich Produktmanagement-Teams und andere Marketingfachleute der SWOT-Matrix. Dabei wird die Idee in bezug auf vier Hauptkategorien geprüft:
1. Produkteigenschaften
2. Zielgruppe
3. Konkurrenz
4. Branchen- sowie Umfeldrahmenbedingungen.

Die Situationsanalyse-Matrix liefert als SWOT-Analyse aufgebaut ein detaillierteres Bild zur Ideenbewertung. Die SWOT kombiniert Stärken (S = Strengthes) und Schwächen (W = Weaknesses) mit Chancen (= Opportunities) und Bedrohungen (T = Threats).
Dabei nimmt man im Rahmen des Stärken-Schwächen-Profils die Perspektive »Innensicht«, d. h. interne Faktoren wie Unternehmenspotential sowie Produkt- und Leistungsangebot, im Bereich des Chancen-Risiken-Profils die »Außensicht«, d. h. externe Faktoren wie branchen- und gesellschafts- bzw. wirtschaftspolitisches Umfeld, ein.

Zu jedem Feld der Matrix sind Fragen zu beantworten (siehe Muster auf Seite 172) und Einschätzungen vorzunehmen. Diese Methode zählt zu den qualitativen Bewertungsverfahren. Gleichzeitig zeigt sie jedoch auf, in welchen Punkten Informationsdefizite bestehen und was noch verbesserungswürdig oder kritisch erscheint.
Bitte bedenken Sie auch, daß Sie bei der Präsentation Ihrer Ideen selten ausschließlich rationalen Einwänden gegenüberstehen. Die schärfsten Ideenkiller liegen erfahrungsgemäß im subjektiven, emotionalen Bereich, weshalb man unseres Erachtens nicht früh genug damit anfangen kann, diese Bedenken aufzuspüren anstatt sie als »unsachlich« oder »nicht-ökonomisch« auszublenden.
Demzufolge halten wir qualitative Verfahren gegenüber quantitativen keineswegs unterlegen. Übrigens läßt sich häufig beobachten, daß emotionale Gründe meist hinterher bei der Anwendung entsprechender quantitativer Instrumente »zwangsrationalisiert« werden.

S wie Strengthes (Stärken) - Innensicht	O wie Opportunities (Chancen) - Außensic
• Worin besteht die Idee in ihrem Kern und ihren Hauptelementen? • Wie hoch ist die Neuartigkeit und Originalität der Idee? Ist das Marktalter niedrig? • Welche Alleinstellungsmerkmale besitzt die Idee, ist sie eindeutig vom Wettbewerb abzugrenzen? • Sind klare Kenntnisse über Zielpersonengruppen, deren Wünsche und Bedürfnisse vorhanden? • Gibt es sauber herausgearbeitete Ńutzenargumente für die zu überzeugenden Zielpersonen? • Ist die Idee mit den Leitmotiven vereinbar? Mit der Organisationsphilosophie? Mit dem Image? • Wie steht es um die Realisierbarkeit der Idee mit den vorhandenen Ressourcen? • Gibt es Produktionsvorteile durch Informationsvorsprünge im Fertigungs- und Umsetzungsprozeß?	• Gibt es Trends innerhalb der Branche, des wirt-schaftspolitischen Umfeldes, die unserer Idee Weg zu sofortiger Akzeptanz ebnen? • Ist das mit der Idee verbundene Kernthema sc länger ein Diskussionsthema in der Gesellscha Warten alle nur auf eine überlegene Lösung d Problems? • Ist das gesellschaftliche, politische Klima derze auf Aspekte der Idee *positiv* sensibilisiert (z. B. schonender Umgang mit Ressourcen, Nahrung mittelgewißheit)? • Gibt es neue Gesetze und Verordnungen, die e Etablierung der Idee fördern? Erleichtern? • Welche wirtschaftlichen, technologischen und demografischen Entwicklungen fördern die Ve breitung der Idee?
W wie Weaknesses (Schwächen) - Innensicht	**T wie Threats (Risiken) - Außensicht**
• Besteht eine sehr hohe Erklärungsbedürftigkeit der Idee? • Gibt es einen Nutzen der Idee nur für ein sehr schmales Zielpersonensegment? Ist das Potential des identifizierten Segmentes tragfähig? Ausbaubar? • Existieren Ressourcenengpässe, die sich derzeit nicht beseitigen lassen? • Gibt es organisationsinterne Skepsis, Unstimmigkeiten? • Ist das Marktalter hoch? • Sind die Eintrittsbarrieren für Wettbewerber eher niedrig? Sind die (Wettbewerbs-) Vorsprünge der Idee nur von kurzer Dauer? • Wo liegen die Stärken und Schwächen der Konkurrenz? • Wie sind zu erwartende Reaktionen der Mitbewerber? Ist mit starken Reaktionen oder gar Verdrängungskämpfen zu rechnen? • Gibt es nur ein knappes Budget für Marketing, insbesondere Kommunikationspolitik?	• Ist das die Idee betreffende Thema nur eine ku lebige „Modeerscheinung" in der Gesellschaf • Bestehen Gesetze und Verordnungen, die die setzung der Idee eher verhindern? • Ist Lobbyismus gegen das Kernthema der Idee befürchten? • Welche wirtschaftlichen, technologischen und demografischen Entwicklungen behindern die Verbreitung der Idee? • Ist das gesellschaftliche, politische Klima derze auf Aspekte der Idee *negativ* sensibilisiert (z. l genbehandelte Nahrungsmittel)?

Abb. 13: SWOT-Analyse-Matrix

Ideen-Bewertung durch Checklisten

Checklisten zur Ideen-Bewertung sind zahlreiche im Umlauf.
Alle darin formulierten Fragen lassen sich vereinfachend auf folgende
Hauptfaktoren zurückführen:

Betrachten Sie die nachfolgend aufgelisteten Fragen als Impulse für Ihre
Auswahl und ergänzen Sie bei Bedarf den Fragenkatalog in den einzelnen
Kategorien unternehmens- bzw. abteilungsspezifisch.

Ressourcenbeanspruchung
- Verfügen wir über die nötigen personellen Ressourcen, um die Idee
  verwirklichen zu können?
- Verfügen wir über die nötigen materiellen Ressourcen, um die Idee
  verwirklichen zu können?
- Verfügen wir über die nötigen finanziellen Ressourcen, um die Idee
  verwirklichen zu können?
- Welche Kosten verursacht die Idee?

Vorteile bzw. Nachteile
- Welchen Nutzen hat die Idee?
- Ist die Idee einfach verständlich zu machen und umzusetzen?
- Ist die Idee einleuchtend?
- Wie schneidet die Idee im Vergleich mit den Wettbewerbern ab?
- Zu welchem Preis soll die Idee bzw. das Produkt verkauft werden?
- Wie sind die Gewinnerwartungen der Idee?
- Ist die Idee effektiv?
- Ist die Idee wirtschaftlich sinnvoll?

Realisierbarkeit
- Ist die Idee grundsätzlich realisierbar?
- Unter welchen Voraussetzungen würden wir uns für diese Idee
  entscheiden?
- Angesichts welcher Gegebenheiten wären wir bereit, diese Idee
  weiterzuverfolgen?
- Welche Schwächen hat die Idee? Wie lassen sie sich verhindern bzw.
  minimieren?

Übereinstimmungen

- Ist die Idee mit unseren Zielen vereinbar?
- Paßt die Idee zur Unternehmenskultur und dem Firmenimage?
  (Hinweis: Findet dieses Kriterium zu strikte Anwendung, lassen sich
  nur herkömmliche, niemals außergewöhnliche Ideen herausfiltern!)
- Paßt die Idee zur bisherigen Unternehmenspolitik?
- Wie ist die Übereinstimmung mit gesetzlichen Rahmenbedingungen?
- Wie ist die Akzeptanz bei verschiedenen Interessengruppen
  (z. B. Gewerkschaften)
- Ist die Idee mit der menschlichen Natur vereinbar?
- Bewegt sich die Idee in einem legalen Rahmen?

Konsequenzen

- Welche weiteren Konsequenzen könnte diese Idee auslösen?
- Können wir die kurz-, mittel- und langfristigen Veränderungen, die
  mit der Idee verbunden sind, akzeptieren?
- Wer ist bereit, die Idee durchzusetzen?
- Welche Hürden sind zu erwarten? Sind wir bereit, diese zu nehmen?
- Wer kann uns bei der Realisierung der Idee hilfreich zur Seite stehen?
  Welche Fürsprecher können wir für die Idee gewinnen?
- Wer muß noch gewonnen werden?

Aus dieser Listenauswahl können Sie sich Ihre persönliche »maßgeschneiderte« Checkliste zusammenstellen, die Sie jeweils zur Ideenbewertung
verwenden.
Es ist jedoch darauf zu achten, daß alle Hauptaspekte dabei repräsentiert
sind, d.h., daß aus jeder Rubrik Fragen gewählt werden.

4. Ideen-Auswahl

Mittels einer oder mehrerer dieser vorgestellten Techniken wählen Sie
die Idee, bzw. die Kombination von Ideenbestandteilen aus, die Sie für
die beste an die Situation angepaßte Lösung halten.
Bitte entscheiden Sie sich an dieser Stelle des Ideen-Management
tatsächlich für eine Lösung oder eine Kombination von Ideen, denn mit
der konsequenten Ideenauswahl stellen Sie die Weichen zur erfolgreichen Ideen-Realisierung.

3.6 Konsequente Ideen-Realisierung
Werkzeuge des Projekt-Management

▶ Die »Qual der Wahl« aus hundert Ideen Ihren Favoriten auszuwählen, haben Sie bewältigt. Nun gilt es, die Idee tatsächlich zu realisieren. Doch gerade hier zeigen sich Stolpersteine auf dem Weg. Erfahren Sie, wie Ihnen die Werkzeuge des Projekt-Management bei der konsequenten Ideen-Realisierung helfen können. ◀

Wenn Sie sich entschieden haben, mit der ausgewählten Idee in die Realisierungs-Phase zu gehen, werden Sie diese Idee als ein zu planendes und zu verwirklichendes Vorhaben behandeln.
Sie werden die Idee definieren bezüglich ihres Inhaltes und sicher werden Sie sich Gedanken machen über die Qualitätsansprüche, welche die Realisierung Ihrer Idee erfüllen soll.
Sie werden einen Zeitrahmen bestimmen, innerhalb dessen die Idee fertigzustellen ist.
Sie werden überprüfen, was an Geldmitteln und an sonstigen Ressourcen (Personalressourcen, Produktionsressourcen) in diese Idee gesteckt werden kann.
Und wenn Sie so weit gekommen sind, kann sich die Realisierung dieser Idee in ein Projekt verwandeln. Deshalb liegt an diesem Punkt die Schnittstelle zum Projekt-Management.
Der Begriff Projekt ist allerdings einer beträchtlichen Inflation ausgesetzt. Nicht alles, was sich als Projekt nennt, ist im tatsächlichen Sinne ein wirkliches Projekt, und es wimmelt im Arbeitsleben nur so von sogenannten Projekten. Dadurch zeichnet sich eine gewisse »Projekt-Müdigkeit« ab.
Deshalb an dieser Stelle zunächst eine exakte Definition von Projekt:
Als wörtliche Übersetzung aus dem Lateinischen bedeutet Projekt »Das nach vorne Geworfene«. Damit ist das schwungvolle, dynamische, risikoreiche und spannende Element von Projekten, also das was sie so interessant macht, bestens charakterisiert.
Umfangreicher und auch gehaltvoller ist die präzise Definition aus der Projekt-Management Literatur:
Definition Projekt, in Anlehnung an DIN 69 901

»Ein Projekt ist ein zeitlich, sachlich und aufwandbezogen begrenztes Vorhaben mit klar definierter Aufgaben- und Zielstellung. Es ist charakterisiert durch die Einmaligkeit der Bedingungen in ihrer Gesamtheit, durch die Abgrenzung gegenüber anderen Vorhaben und durch eine projektspezifische Organisation.«

Also ist ein Projekt ist das genaue Gegenteil von Alltagsroutine.
Wichtig ist in der Phase der Ideen-Realisierung, zunächst Ihre zu planende und zu realisierende Idee auf den Prüfstand zu stellen und zu untersuchen, ob es sich dabei um ein Projekt im tatsächliche Sinne handelt.
Hier finden Sie eine Liste, mit der Sie diagnostizieren können, ob die zu realisierende Idee Projektcharakter hat:

Diagnose Projekt

- Können Sie bei der Realisierung der Idee eine eindeutige   ☐
  Aufgabenstellung mit Verantwortung für ein
  Gesamtergebnis definieren?

- Sind zur Realisierung der Idee verschiedenartige,   ☐
  untereinander verbundene und voneinander abhängige
  Teilaufgaben zu erledigen?

- Haben Sie für die Realisierung der Idee eine zeitliche   ☐
  Befristung gesetzt?

- Haben Sie für die Realisierung der Idee finanzielle   ☐
  Ressourcen definiert?

- Haben Sie für die Realisierung der Idee personelle   ☐
  Ressourcen definiert?

- Haben Sie für die Realisierung der Idee eine   ☐
  abgestimmte Organisation der interdisziplinären
  Zusammenarbeit entwickelt?

- Ist die Realisierung der Idee ein neuartiges und   ☐
  einmaliges Vorhaben, also keine Routineangelegenheit?

- Liegt in der Realisierung der Idee ein gewisses Risiko?   ☐

- Gibt es eine Projektleitung für die Realisierung dieser   ☐
  Idee?

Falls Sie einige dieser Fragen negativ beantwortet haben, kann es sein, daß die Realisierung der Idee tatsächlich eher im Routinebereich abläuft. Dann verfügen Sie auch über ausreichende Erfahrung zur Bewältigung dieser Aufgabe.

Ein anderer Grund, warum Sie nicht alle Fragen positiv beantwortet haben, kann darin liegen, daß bestimmende Größen der Ideen-Realisierung noch nicht feststehen.

In diesem Fall ist es dringend zu empfehlen, genau diese Größen klar zu definieren. Damit schaffen Sie einen realistischen Rahmen, in dem Ihre Idee auch bei der Realisierung von Anfang an eine Chance hat.

Wenn Sie diese Fragen positiv beantwortet haben, dann erfüllt Ihr Vorhaben tatsächlich alle Kriterien, die ein Projekt ausmachen.

Dies bedeutet, daß die Instrumente des Projekt-Management auch für die Realisierung der Idee angewendet werden können.

Der Vorteil von Projekt-Management ist, daß alle Projektressourcen zielgerichtet eingesetzt werden können. Zeit und Mittel werden ökonomisch verwendet. Zusätzlich kann durch Transparenz im Projekt die Leistungsbereitschaft der Beteiligten gesteigert und so auch die Arbeitsatmosphäre verbessert werden.

Als Empfehlung daraus ergibt sich:
Klären Sie bei der Ideen-Realisierung zunächst, ob Ihr Vorhaben ein Projekt ist. Wenn dies zutrifft, sind die Werkzeuge des Projekt-Management anwendbar.

Im folgenden erhalten Sie eine kurze Zusammenfassung der wichtigsten Werkzeuge des Projekt-Management:
• Definition des Projektziels
• Prioritätensetzung des Projektziels
• Projekt-Organisation
• Projekt-Planung
• Minimal-Baukasten für Projekte

Definition des Projektziels

Das Gesamtprojektziel besteht aus drei Komponenten: dem Inhaltsziel, dem Aufwandziel und dem Zeitziel. Die gesamte Planung eines Projektes dreht sich also um die Fragen: WAS? WIEVIEL? und WANN? Dargestellt wird dieser Beziehungszusammenhang üblicherweise in einem gleichschenkligen Dreieck.

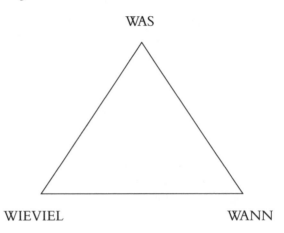

WAS? (Inhaltsziel)
Was wollen Sie als Gesamtleistungsumfang planen und realisieren?
Welche Qualität wollen Sie dabei erreichen?

WIEVIEL? (Aufwandsziel)
Mit wieviel Aufwand (Kosten, Personalaufwand, Produktionsressourcen, Energie, Nerven) wollen Sie das Ziel erreichen?

WANN? (Zeitziel)
Bis wann wollen Sie das Ziel erreichen?

Diese einzelnen Zielvorgaben beeinflussen sich gegenseitig, bzw. sie stehen in einer Konkurrenz zueinander. Wenn eine dieser Zielvorgaben
sich verändert, dann hat das zwangsläufig Auswirkungen auf die anderen.
In diesem Spannungsdreieck der konkurrierenden Zielvorgaben sollten
Sie eine Prioritätenliste definieren. Das ist besonders wichtig am Beginn
eines Projektes. Eine Prioritätenliste ermöglicht es Ihnen, während der
Ideen-Realisierung Steuerungsmaßnahmen zu ergreifen.
Stellen Sie sich die Frage, wonach Sie das Gelingen des Projektes beurteilen werden, d. h. welches Ziel Sie unter allen Umständen erreichen
wollen. Daraus ergibt sich, bei welchen anderen Zielen Sie bereit sind,
Abstriche zu machen. Anhand dieser Prioritäten können Sie das Projekt
steuern.
Jedes Projekt ist eine in sich einmalige Summe von fachlichen und bezie-
hungsbezogenen Entscheidungen und Handlungen. Deshalb kann hier
kein »Rezept« angegeben werden, wie die Prioritäten zu setzen sind.
Als grobe Anhaltspunkte werden drei grundsätzlich verschiedene Pro-
jekttypen charakterisiert.

Projekt mit Priorität 1 beim Zeitziel

Beispiele für Projekte mit der Priorität 1 des Zeitziels sind Events oder zeitgebundene Veranstaltungen.
Wenn Sie Ihre Planung abgeschlossen haben und das Projekt realisieren, dann läuft alles darauf hinaus, daß Sie in jedem Fall das Zeitziel erreichen. Sonst wäre das Allerwichtigste bei diesem Projekt, nämlich die termingenaue Abwicklung, gefährdet.
Falls im Laufe des Projektes Unvorhergesehenes geschieht, werden Sie eher Abstriche bei der Qualität in Kauf nehmen oder den Aufwand erhöhen, als daß Sie das Projekt dadurch scheitern lassen, daß das Zeitziel nicht erreicht wird.

Projekt mit Priorität 1 beim Aufwandziel

Priorität 1 beim Aufwandziel haben Sie in Projekten, die vorhersehbarer Weise mit bescheidenen Personal- und Kostenressourcen ausgestattet sind. In diesen Fällen ist von vornherein klar, daß der kalkulierte Aufwand auch tatsächlich eingehalten werden muß und keinesfalls übersteuert werden darf. Die Gefahr wäre sonst, daß nach der Hälfte des Projektes sämtliche Projektressourcen erschöpft wären, ohne daß eine Möglichkeit besteht, Mittel aus anderen Quellen in das Projekt einfließen zu lassen.
In einem solchen Fall werden Sie eher das Zeitziel verlängern, das heißt das Projekt später zu Ende bringen. Oder Sie denken darüber nach, den Gesamtleistungsumfang zu senken oder aber die geplante Qualität zu verringern, um das Aufwandziel einhalten zu können.

Projekt mit Priorität 1 beim Sachziel

Priorität 1 beim Sachziel haben Sie in Projekten, die dem Image dienen oder bei denen die Qualität übergeordnet ist. Hier ist es wichtig, daß tatsächlich der Gesamtleistungsumfang verwirklicht und auch die geplante Qualität erreicht wird. Um dieses zu erreichen, werden Sie notfalls das Zeitziel verlängern, also das Projekt später beenden, aber auf die Qualität achten. Oder Sie werden den Aufwand erhöhen, um das Sachziel zu sichern.

Empfehlungen zur Definition des Projektziels

- Das Projektziel sollte nach Inhalt, Aufwand, Termin definiert sein. Dabei sollten Prioritäten gesetzt werden.
- Das Projektziel sollte erreichbar und realistisch sein, da durch vollkommen unrealistische Ziele die Motivation in jedem Projekt-Team sinkt.
- Es ist empfehlenswert, das Projektziel verständlich und klar schriftlich zu formulieren. Diese Formulierung sollte neutral und widerspruchsfrei sein. Wenn sich »versteckte Nebenziele« einschleichen, schadet dies der Transparenz im Projekt.
- Sinnvoll ist es, das Projektziel allen Projektbeteiligten bekannt zu machen. Ein weiteren Schritt ist, darauf hinzuarbeiten, daß das Projektziel von allen Projektbeteiligten akzeptiert ist.

Diese Klärungen sind nutzenbringend, weil Sie damit gleich zu Beginn des Projektes die Weichen stellen für einen transparenten Projektablauf. In der Praxis zeigt sich, daß oft Projekte mit »verschwommener« Zielsetzung vorschnell begonnen werden und dann in der Durchführung manche Durststrecke erleben.

Besonders bei der Anforderung, das Projektziel allen Beteiligten bekannt zu machen, liegt eine gefährliche Sollbruchstelle. Wenn Beteiligte unklare Vorstellungen haben vom Projektziel oder wenn die Prioritäten nicht bekannt sind, kann dies bei der Durchführung zu falschen Entscheidungen führen.

Auch ist es elementar wichtig, daß das Projektziel von allen Beteiligten akzeptiert ist, weil sonst auf der Beziehungsebene des Projektes Probleme auftauchen.

Zur Klärung der Projekt-Organisation hier einige Impulsfragen:

Projekt-Organisation

- Wer leitet das Projekt?
- Wer ist der Projektleitung vorgesetzt?
- Wer ist mit wieviel Zeitkapazität im Projektteam eingeplant?
- Wer soll über gravierende Projektabweichungen informiert werden?
- Wer entscheidet notfalls über die Fortführung oder Abbruch des Projektes?

Bei der Projektorganisation ist es wichtig, daß tatsächlich eine Person mit der Leitung des Projektes betraut ist.

Projektleitung ermöglicht die zielgerichtete Durchführung eines Projektes, bei der alle Handlungsstränge bei einer Person zusammenlaufen.

In der Praxis schleichen sich manchmal Projekte ein, die »von allen gemeinsam« geleitet werden. Hier besteht die Gefahr des Verschiebens von Zuständigkeiten.

Auch die in der Praxis kursierenden Abschwächungen von »Projektleiter«, nämlich »Projektverantwortlicher« oder »Projektzuständiger« zeigen einen solchen Aufweichungsprozeß an.

Ebenfalls wichtig ist, zu klären, wer in dem Projekt mitarbeitet und wieviel Stundenbudget dafür zur Verfügung steht.

Dies ermöglicht Planungssicherheit oder zumindest eine Prognose, ob das Projekt mit diesen Personalressourcen überhaupt zu bewältigen ist.

Auch die Frage, wer im Notfall über das Projekt und seine Fortführung entscheidet, ist nicht nur pure Schwarzseherei, sondern eine wichtige Projektinformation, die in schwierigen Situationen hilfreich ist.

Projekt-Planung

Die Planung eines Projektes kostet Zeit und Energie, zahlt sich aber aus, da sich anfänglich gemachte Fehler im Laufe eines Projektes potenzieren.

»Wer das erste Knopfloch verfehlt, kommt mit dem Zuknöpfen nicht zu Rande«   *Johann Wolfgang von Goethe*

Nach der Zieldefinition erfolgt die Planung des Projektes, die von der Grobplanung bis zur Feinplanung im Laufe des Projektes immer wieder aktualisiert wird. Projektplanung ist somit kein statischer Vorgang, der nur einmal zu Beginn des Projektes vollzogen wird, sondern ein dynamischer Prozeß. In der Erstplanung festgelegte Daten werden kontinuierlich in den nachfolgenden Planungsschritten an die Realität angepaßt. Die Projekt-Planung beginnt mit dem Projektstrukturplan.

Projektstrukturplan

Dieser dreht sich um die Frage, was alles in diesem Projekt enthalten ist. Projekte zeichnen sich durch Komplexität aus. Um diese Vielzahl von Faktoren beurteilen zu können, benötigt man eine Grundstrukturierung als Voraussetzung zur erfolgreichen Abwicklung.

Die Erarbeitung eines Projektstrukturplanes hat das Ziel, eine vollständige Übersicht über alle im Projekt anfallenden Aufgaben zu erhalten. Dabei wird die gesamte Projektleistung in Teilprojekte, Aufgaben, und Arbeitspakete zerlegt. Diese Hierarchieebenen der Aufgaben des Projektes werden optisch dargestellt und dabei in einer numerischen Klassifikation definiert. Die Strukturierung macht den Gesamtleistungsumfang des Projektes transparent. Das Projekt ist somit planbar, überwachbar und steuerbar.

Projektstrukturplan

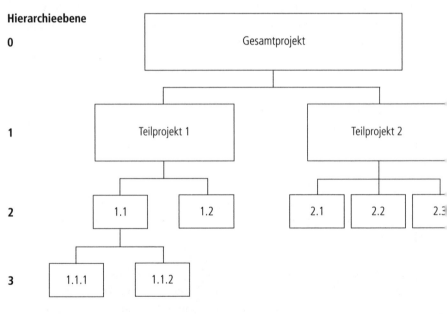

Hierarchieebene 0 =: Projekt   Hierarchieebene 1 =: Teilprojekt   Hierarchieebene 2 =: Aufg
Hierarchieebene 3 =: Arbeitspaket

Abb. 14: schematische Abbildung Projektstrukturplan

Den Projektstrukturplan brauchen Sie nicht in jedem Fall im Computer zu erstellen. Es kann zur Herstellung von Transparenz im Projekt auch genügen, den Projektstrukturplan mit Moderationskarten auf einer Pinwand zu visualisieren. Oder Sie zeichnen ihn per Hand auf ein Flipchartpapier und hängen ihn deutlich sichtbar auf.

Egal, für welche Visualisierung Sie sich entscheiden, der Vorrang gilt der Sicherung von Transparenz im Projekt für alle Beteiligten.

Der Projektstrukturplan ist eine klar gegliederte Summierung aller anfallenden Aufgaben in einem Projekt. Er visualisiert die Gesamtleistung, hat dabei aber noch nicht den zeitlichen Aspekt im Auge. Dieser wird erst beim Projektablaufplan in die Überlegungen miteinbezogen.

Projektablaufplan

Der Projektablaufplan visualisiert die Reihenfolge der Abarbeitung der Aufgaben beim Ablauf des Projektes.

Es geht dabei um die logische Reihenfolge, in der die Arbeitspakete abgewickelt werden sollen, z. B. parallel, hintereinander oder überlappend.

Durch den Projektablaufplan definieren Sie, welcher Zeitbedarf für die einzelnen Arbeitspakete besteht. Dabei wird verständlicherweise unterschieden nach tatsächlich benötigter und nach insgesamt verstrichener Zeit.

Kalenderwochen

	10	11	12	13	14	15	16	17	18	19	20	21	22	23	24	25	26	27	28
Arbeitspaket 1																			
Arbeitspaket 2																			
Arbeitspaket 3																			
Arbeitspaket 4																			
Arbeitspaket 5																			

M1   M2   M3

Tab. 8: schematische Abbildung Projektablaufplan mit Meilensteinen (M1, M2, M3)

Aus dem Projektablaufplan ergeben sich die Meilensteine eines Projektes, d. h. der Zeitpunkt, an dem ein Vorgang abgeschlossen sein muß, damit ein anderer beginnen kann. Diese Meilensteine führen zur Planungssicherheit, weil dadurch der Grad der Zielerreichung meßbar wird.

Wenn Sie diese beiden Planungsschritte vollzogen haben, ist das Projekt grundsätzlich strukturiert, und Sie können die nachfolgenden Planungstools in Ihre Überlegungen miteinbeziehen:

Projektterminplan

Damit klären Sie, wann von wem welche erledigten Arbeitspakete vorliegen müssen, damit das Projekt gemäß der Gesamtzeitplanung voranschreitet. Den Projektterminplan stellen Sie durch Tabellen, Balkendiagramm oder Netzplan dar.

Projektkapazitätsplan

In diesem Plan ordnen Sie die vorhandene Kapazität den Terminen im Projekt zu. Die Kapazität im Projekt umfaßt die vorhandenen Mitarbeiterinnen und Mitarbeiter, Maschinen, Produktionsmittel und Anlagen. Durch die Verknüpfung von Kapazität und Termin klären Sie, wann Sie welche Kapazität abrufen müssen. Den Projektkapazitätsplan stellen Sie als Tabelle oder Balkendiagramm dar.

Projektkostenplan

Hier wird geplant, welche Finanzmittel wann für Material, Fremdleistungen, externes Personal, Investitionen bereitzustellen sind.
Dargestellt wird der Projektkostenplan in tabellarischer Liste oder als Balkendiagramm.

Qualitätsplan

In diesem Plan beschreiben Sie, welchen Qualitätsanforderungen das Projektergebnis entsprechen soll.
Um die Qualität zu planen, zu kontrollieren und zu sichern, sollte jede Leistung im Projekt so klar definiert sein, daß sie meßbar wird.

Risikoanalyse: Was, wenn ... ??

Ein wichtiger Aspekt der Projektplanung ist die Risikoanalyse. Dabei wird im gedanklichen Vorlauf untersucht, welche möglichen Risiken und Schwierigkeiten es in dem Projekt gibt. Wenn Sie sich damit beschäftigen, bevor die »Pleiten und Pannen« passieren, haben Sie den Vorteil, daß Sie agieren statt re-agieren können.
Bei der Risikoanalyse ist die Quint-Essenz ein wirkungsvolles Instru-

ment, um möglichen Sollbruchstellen auf die Schliche zu kommen. Besonders die Stimme des Pessimisten ist hier als sensibles Frühwarnsystem nützlich. Interviewen Sie sich selbst zu den Fragen:

- Welche ungeklärten Faktoren im Projekt sind ein potentielles Risiko?
- Welche Vorgänge im Projektumfeld könnten einen negativen Einfluß auf die Zielerreichung haben?
- Welche Alternativen haben Sie im »worst case«?
- Was können Sie mit den Beteiligten für den Notfall vereinbaren?

Der Aufwand des Projekt-Management

Lohnt sich denn die Investition von Zeit und Energie für Projekt-Management auch bei kleinen Projekten?

Oft wird der Aufwand, der bei Projekten notwendig ist, als sehr hoch empfunden oder im extremsten Fall als Zeitverlust bezeichnet.

Der Einwand gegen Projekt-Management ist, daß kleine Projekte ja noch »mit links« gemanagt werden können, ohne den hohen Aufwand des Projekt-Management zu betreiben.

Hier ist entgegenzuhalten, daß kleine Projekte oft gar nicht als zu managendes Vorhaben wahrgenommen werden, sondern unter »Routine« laufen. Damit besteht eine erhöhte Gefahr des Verschleppens oder Scheiterns. Auch kleine Projekte, die scheitern oder nicht optimal laufen, schaden einem Unternehmen oder einer Institution.

Wenn aber ein Vorhaben offiziell als Projekt anerkannt ist, wird ihm automatisch mehr Aufmerksamkeit zuteil und die Gefahr des Scheiterns sinkt.

Sie brauchen ein Projekt ja nicht mit übermäßigem Aufwand an Projekt-Management betreuen. Kleinere Projekte müssen nicht mit allen vorhandenen Tools bearbeitet werden. Auch die Anschaffung von kostenintensiver Projekt-Software sollte genau überdacht werden. Aber ein gewisser Basis-Baukasten an Projekt-Management ist in der Praxis unverzichtbar, dazu hier ein Vorschlag:

Minimal-Baukasten für kleinere Projekte

- die Projekt-Diagnose, um sicher zu sein, daß es sich um ein Projekt handelt

- die Festlegung einer Person, welche die Projektleitung verantwortlich übernimmt
- ein schriftlich definiertes zu erreichendes Projektziel mit Prioritäten
- ein Projektstrukturplan, in dem alle Hauptaufgaben und Teilaufgaben des Projektes auftauchen
- ein Projektablaufplan, in dem alle Aufgaben mit einer Zeitstruktur verknüpft sind
- die Festlegung von mehreren Meilensteinen im Verlauf des Projektes als Möglichkeit zur Feststellung von Soll / Ist Abweichungen im Projekt
- Einigung über ein Grundkonzept, mit dem der Informationsfluß im Projekt gesichert ist
- Ein »Kick-Off-Meeting« (Projektstartsitzung), bei dem zu Beginn des Projektes alle Projektbeteiligten zusammenkommen
- Regelmäßige Arbeits- und Informationstreffen während der Durchführung des Projektes
- Projektabschlußsitzung mit dem Auftraggeber
- die Dokumentation und Sicherung der gewonnenen Projekterkenntnisse

»Für das Können gibt es nur einen Beweis: das Tun.«

Marie von Ebner-Eschenbach

3.7 Facetten der Objektivität
Unbestechliche Ideen-Überprüfung

▶ Da haben Sie es endlich geschafft, die Idee ist zum realisierten Projekt und dann zur Innovation geworden, und jetzt noch eine Ideen-Überprüfung durchführen?
Manch gute Idee ist schnell veraltet, weil sie aufgrund von »Ideenverliebtheit« nicht kritisch genug überprüft wurde. Wie können Sie das bei Ihrer Idee vermeiden? Wie kann sie dynamisch an den Markt angepaßt und über einen längeren Zeitraum marktgerecht gehalten werden?◀

Auch die beste Idee, das innovativste Projekt sollten nach Abschluß überprüft werden. Haben Sie Ihre Idee als Projekt abgeschlossen und damit z. B. ein neues Produkt am Markt etabliert, so haben Sie tatsächlich einen Erfolg für sich und Ihr Kreativ-Team zu verbuchen. Um diesen in vollem Umfang würdigen zu können, ist es sinnvoll, eine Controlling-Schleife zu durchlaufen und somit das erreichte Ergebnis in Bezug zur Planung zu setzen. Dies gibt Ihnen wertvolle Hinweise auf die Präzision und Realitätsnähe Ihrer Planung und erleichtert in der Zukunft das Planen und Umsetzen weiterer Projekte. Hierin liegt eine wesentliche Schnittstelle zum Qualitätsmanagement und den dort angewendeten Optimierungsverfahren, welche wir jedoch im Rahmen dieses Buches nicht näher vertiefen.

Abschlußüberlegungen zur Ideen-Überprüfung

Bezug zur Kreativen Unzufriedenheit:

* Was wollten Sie ursprünglich erreichen?
* Was haben Sie mit den notwendigen Abstrichen und der Realitätsanpassung tatsächlich erreicht?
* Wie bewährt sich die Idee in der Praxis?
* Was könnten Sie bei einer Nachfolge-Idee daran optimieren?

Erreichung des Sachziels

- Haben Sie das Sachziel im definierten Gesamtleistungsumfang realisieren können?
- Wurde dabei die angestrebte Qualität erreicht?
- An welchen Punkten haben Sie realitätsbezogene Abstriche vorgenommen?
- Mit welchen neuen Erkenntnissen werden Sie die nächsten Projekte in bezug auf das Sachziel planen?

Erreichung des Aufwandzieles

- Haben Sie den geplanten Verbrauch an Produktionsressourcen eingehalten?
- Haben Sie die Kosten innerhalb des geplanten Budgets eingehalten?
- Entspricht der betriebene personelle Aufwand der Planung?
- An welchen Stellen haben Sie realitätsbezogene Anpassungen vorgenommen?
- Mit welchen neuen Erkenntnissen werden Sie das Aufwandziel in den nächsten Projekten planen?

Erreichung des Zeitziels

- Ist der Endtermin eingehalten worden?
- Haben Sie den Endtermin im Verlauf des Projekts verschoben?
- Mit welchen neuen Erkenntnissen werden Sie das Zeitziel in den nächsten Projekten planen?

Kommunikative Aspekte

- Hat der Informationsfluß im Projekt-Team funktioniert?
- Wie war die Atmosphäre im Projekt-Team?
- Wie war die Leistungsbereitschaft und Motivation im Projekt-Team?
- Welchen kommunikativen Aspekten werden Sie in den nächsten Projekten mehr Aufmerksamkeit schenken?

Interdisziplinäres Arbeiten

• Konnten die jeweiligen Kompetenzen der Projektbeteiligten optimal
für das Projekt genutzt werden?
• Haben die Projektbeteiligten mit hohem Synergieeffekt gearbeitet?
• Wie kann das interdisziplinäre Arbeiten in den nächsten Projekten
optimiert werden?

Dokumentation und Erfahrungssicherung

• Haben Sie die erworbene Erfahrung dokumentiert und gesichert?
• Ist geklärt, wo diese Unterlagen aufbewahrt werden?
• Ist geklärt, wie lange diese Unterlagen aufbewahrt werden sollen?
• Ist geklärt, wer auf diese Unterlagen zurückgreifen darf?
• Welche Informationen wollen Sie in den nächsten Projekten präziser
oder ausführlicher dokumentieren?

Ideen-Überprüfung als Investition in die Zukunft

Die objektive Ideen-Überprüfung ermöglicht eine dynamische, zeit-
nahe Anpassung Ihres Projektes bzw. Ihrer Idee an die sich permanent
verändernden Rahmenbedingungen und beugt somit dem Verfall des
Marktwertes (auf dem internen und externen Absatzmarkt), der Veralte-
rung Ihrer Idee vor. Ähnlich wie die Vorgänge an der Börse, sollten auch
realisierte Projekte regelmäßig bezüglich ihres aktuellen Nutzens bewertet werden. So könnten Sie einen Allgemeinen Bewertungsindex für
Ideen (ABI) generieren und diesen ebenso sorgfältig und aktuell im
Blickfeld Ihrer Analysen haben, wie es die Finanz-Experten und Börsia-
ner für ihre Wertpapier- und Aktienfonds vornehmen.

»Die Klage über die Schärfe des Wettbewerbs ist in Wirklichkeit nur eine
Klage über den Mangel an Einfällen.«   *Walter Rathenau*

Die Ökonomie beschreibt den Werdegang eines Produktes in Analogie
zum menschlichen Leben und hat mit dem Konzept des Produktlebens-
zyklus ein zeitbezogenes Marktreaktionsmodell generiert. Der Pro-
duktlebenszyklus ist ein Analyseinstrument, das den typischen Lebens-
lauf eines Produktes, vom erstmaligen Anbieten bis zum Ausscheiden

aus dem Markt und mit seinen Auswirkungen auf das Unternehmen darstellt. Dieser Zyklus umfaßt die Phasen

- Einführung
- Wachstum
- Reife
- Sättigung
- Degeneration.

In der Einführungsphase geht es vor allen Dingen darum, das Produkt bzw. die Idee zu plazieren, die Vorteile zu kommunizieren, Kritiker zu überzeugen und Berührungsängste mit Neuem abzubauen.

Ist dies gelungen, wird die Wachstumsphase erreicht. Die neue Idee bzw. das Produkt erlangen zunehmende Bekanntheit, werden mehr und mehr akzeptiert, auch vorsichtigere Zeitgenossen probieren sie nun aus. Erste »Kinderkrankheiten« in der Anwendung wurden bereits identifiziert und ausgeräumt, das Anwendungsrisiko sinkt.

In der Reifephase ist das Produkt endgültig etabliert, hat viele überzeugte Anwender gefunden. Der Zuwachs an neuen, begeisterten »Anhängern« nimmt jedoch ab. Die Idee bzw. das Produkt hat einen hohen Bekanntheitsgrad erlangt, der noch in der Wachstumsphase bestehende Innovationsvorsprung reduziert sich allmählich, da die Neuartigkeit der Idee durch flächendeckende Anwendung und Imitation der Grundidee durch andere zunehmend verblaßt. Verbesserte und zeitgemäßere Alternativen lassen sich bereits jetzt parallel einführen.

Ist die Sättigungsphase erreicht, lassen sich keine weiteren Zuwachsraten mehr verbuchen. Die Ursprungsidee hat ihre Attraktivität verloren, ist nicht mehr auf dem neuesten Stand.

Haben eine Idee bzw. ein Produkt die Degenerationsphase erreicht, so gelten sie als veraltet und können in dieser Form nicht mehr weiter am Markt bestehen.

Spätestens jetzt gilt es, eine neue – überarbeitete und optimierte Version zu präsentieren, welche die alte ablöst und einen neuen Lebenszyklus in Gang bringt.

Dies funktioniert allerdings nur, wenn Sie bereit sind, den Grundzustand der Kreativen Unzufriedenheit erneut in sich selbst hervorzurufen. Diese Phase bildet das Sprungbrett zu Kreativen Visionen und zum ständigen Verbesserungsprozeß in Unternehmen und Institutionen.

Selbstverständlich können Sie zur facettenreichen Ideen-Überprüfung auch die Ihnen schon aus Phase IV bekannten Techniken der Ideen-Auswahl und Ideen-Bewertung heranziehen:

- Majaro-Matrix
- Quint-Essenz
- Pro- und Contra-Matrix
- PNP-Technik
- SWOT-Analyse
- Walt-Disney-Technik

Sie liefern Ihnen ebenfalls in der Phase VI differenzierte Erkenntnisse – hier allerdings auf einem weitaus konkreteren Niveau, da Ihre Idee ja nun bereits als Projekt realisiert wurde.

4 Mit Kreativität wachsen

4.1 Auf dem Absatzmarkt der Ideen
Begeistern durch professionelles Verkaufen
kreativer Ideen

▶ Weder Produkte noch Ideen verkaufen sich von selbst. Dies gilt sowohl für (Absatz-)Märkte im klassischen Sinne als auch für die im Vorfeld zu leistende Überzeugungsarbeit innerhalb einer Organisation. Es genügt nicht, eine Idee zu haben und einen ersten Entwurf zu entwickeln, Sie müssen nun auch alles dafür tun, um alle Beteiligten von Ihren Vorstellungen zu überzeugen. Dabei ist es hilfreich, einige wesentliche Aspekte aus Projekt-Management, Marketing, Verkauf und Kommunikation zu beachten. Nachfolgende Empfehlungen haben wir für Sie aus den häufigsten Realisierungsklippen abgeleitet. ◀

Nutzenargumentation

Lassen sich Sinnbezüge zu Ihrer Idee und bevorstehenden bzw. latent vorhandenen »heißen Themen« mit vorhandenem Bedürfnisdruck herstellen? Produkte werden auf dem freien Markt nur dann gekauft, wenn potentielle Kunden einen Nutzen sehen, der darin bestehen kann, ein bisher vorhandenes Problem nun besser, schneller, preisgünstiger, einfacher lösen zu können. Ebenso lassen sich Ideen und Konzepte unternehmensintern nach denselben Regeln verkaufen. Alle Menschen haben ein Grundbedürfnis nach Sinnvollem und stellen sich immer die »Wozu-soll-das-gut-sein?«-Frage. Vermuten Sie also hinter »Warum«-, »Wozu«- und »Wieso«-Fragen nicht gleich Ablehnung. Diese Fragen sind vielmehr ein Ausdruck dafür, daß sich Ihre Zielpersonen mit der von Ihnen präsentierten Idee befassen und auseinandersetzen (wollen). Arbeiten Sie den Nutzen für die Zielpersonen klar heraus, und betonen Sie ihn facettenreich.
Im Marketing spricht man bei der Planung von Werbekampagnen vom sogenannten Werbedruck und meint damit, die zeitliche Abfolge und Häufigkeit der auszusendenden Werbebotschaft. Bezogen auf die Gestal-

tung einer Informationsstrategie gilt ähnliches: Steigern Sie den Informationsdruck langsam bis zur Präsentation, d. h.: Staffeln Sie die notwendigen Informationen in ihrer Intensität und suchen Sie nach einem auf die Zielpersonen abgestimmten Mix an Kommunikationsinstrumenten. Wie soll Ihr Präsentations-Mix aussehen? Welches sind die bevorzugten und für Ihre Ideen geeigneten Präsentationsmedien? Was sollen die Zuhörer mitnehmen, um in ihrem Reflexionsprozeß unterstützt zu werden? Was soll nachklingen? Welche Informationen lassen sich ausschließlich auf persönlichem Wege übermitteln?

Zwar gilt generell der Grundsatz der KISS-Formel »keep it simple and small«: kurz und prägnant formulieren – doch ist dies keineswegs um jeden Preis einzuhalten: Bevor Sie riskieren, daß Ihre Ideen und Konzepte mißverstanden werden, erläutern Sie den entsprechenden Punkt ausführlich und klar. Transparenz geht immer vor!

Packen Sie nicht zu viel gedanklichen Input in einen Lösungsansatz; pro angedachter Alternative immer nur einen Präsentationspunkt. Damit tragen Sie zu einer klaren Strukturierung in den Köpfen Ihrer Zuhörer bei.

Ausbreitung von Ideen

Ebenso wichtig ist es, in allen Phasen des Ideen-Management auf eine zielgerichtete Kommunikation zu achten. Wählen Sie die Personen mit Bedacht aus, denen Sie die Idee bereits frühzeitig präsentieren wollen. Erkenntnisse aus der Soziologie haben dokumentiert, daß alles Wissen, insbesondere neue Ideen einem bestimmten Verbreitungszyklus in der Gesellschaft folgen. In diesem Zusammenhang ist insbesondere Everett M. Rogers hervorzuheben, welcher die beobachteten Gesetzmäßigkeiten in einem sehr plastischen Verlaufsmodell zusammengefaßt hat. Das Diffusionsmodell beschreibt die Durchdringung neuer Ideen in der betrachteten Personengruppe in nachfolgenden Phasen:

Zuerst erreichen neue Ideen, die Veränderung und damit Abschied von Gewohntem bedeuten, nur einige wenige Personen. Meist sind diese dem Meinungsgegenstand gegenüber sehr aufgeschlossen, verfügen über einen hohen Kenntnisstand und großes Engagement. Möglicherweise gehört die Idee ihrem Spezialgebiet an, sind sie dort ebenfalls Experte, haben ein verstärktes Interesse an der Änderung des bestehenden Zustandes, weil ein hoher Leidensdruck besteht. Leidenschaftliche Sportfans, starke Allergiker z. B. verfolgen so regelmäßige Neuerungen in Ihrem

Interessen- oder Leidensgebiet. Neues wird oft sofort ausprobiert, ist geradezu ein Muß. Diese Gruppe wird als »Innovators« bezeichnet. Darauf folgt die Gruppe der »frühen Akzeptierer«, der »early adopters«, die erst im Gespräch mit den meinungsbildenden »opinion leaders« bereit sind, sich mit der neuen Idee gedanklich und praktisch auseinanderzusetzen. Angehörige der frühen Mehrheit (»early majority«) handeln erst nach reiflicher Überlegung und Prüfung aller Pros und Contras. Die späte Mehrheit, »late majority«, setzt die Akzeptanz- und Verbreitungskurve fort, allerdings erst, nachdem sie skeptisch und gründlich die bisherigen Schritte beobachtet, eventuelle Verbesserungen abgewartet hat. Den Abschluß der Diffusionskurve bilden die eher traditionellen Mustern anhängenden Nachzügler – »laggards«. Alle beschriebenen Personengruppen unterscheiden sich also bezüglich der Zeitspanne, die zwischen der ersten Wahrnehmung einer neuen Idee und der ersten aktiven Auseinandersetzung (inklusive dem Ausprobieren) damit verstreicht.

Wie schnell sich ein derartiger Verbreitungsprozeß in einem ausgewählten Personenkreis vollzieht, wie groß die jeweiligen Grundgruppen sind, wie schnell Sie eine erfolgreiche Durchdringung der internen und externen Absatzmärkte erreichen, hängt vor allem von Ihrer Informationspolitik und Kommunikationsstrategie ab.

Diese beobachteten Mechanismen des Diffusionsmodells nach Rogers können auch auf ökonomische Sachverhalte wie z. B. innovative Organisationskonzepte, Produkte und Ideen-Management übertragen werden.

Innovations- und Risikobereitschaft sind nicht ausschließlich charakterspezifische Eigenschaften, sondern durchaus abhängig von dem Meinungsgegenstand, um den es geht. Niemand ist per se allen Themen gegenüber gleich aufgeschlossen, nur weil er in einem bestimmten Interessenbereich eventuell als »Trendsetter« gilt. So kann z. B. ein als »zeitgeistig« geltender Kreativer durchaus beachtliche Summen in neueste Computertechnologie investieren, dabei aber seine Garderobe unter modischen Gesichtspunkten vernachlässigen.

Gelingt es Ihnen, aufgeschlossene und innovative Menschen in der gesamten Organisation zu identifizieren und zu begeistern, so können diese als Multiplikatoren und Meinungsführer eingesetzt werden, die Sie bei der Verbreitung und dem Verkauf Ihrer Ideen glaubwürdig unterstützen können. Meist sind dies Menschen, die in besonderem Maße an sozialen Beziehungen teilnehmen, diese suchen und aktiv gestalten. Aufschlußreich ist hier der Entwurf eines »Soziogrammes« – einer skizzenhaften Übersicht und Personenaufstellung über die vorherrschenden Kommunikationsbeziehungen. Dazu gehört eine umfassende Untersuchung von Kollegen-, Diskussions-, Beratungs- und Freundschaftsbeziehungen. Alle diese Arten können innerhalb einer Organisation zwischen den Mitarbeitern aller Ebenen bestehen. Eine Person kann dabei mehrere unterschiedliche Kommunikationsbeziehungen zu einer anderen Person pflegen, bzw. es können zu verschiedenen Personen dieselben Kommunikationsbeziehungen bestehen. Diskutieren Sie das von Ihnen entwickelte Soziogramm unbedingt auch mit weiteren Personen Ihres Kreativteams. So erweitern Sie den Blickwinkel und beugen subjektiven Verzerrungen und blinden Flecken in der eigenen Wahrnehmung vor. Stürzen Sie sich keinesfalls ausschließlich auf innovative Vorreiter. Nicht immer – meistens nicht – haben diese Personen breitenwirksame Akzeptanz, gelten eher als »abstruse Sonderlinge«. Damit können sie die Funktion positiver Multiplikatoren im Sinne von Meinungsführern im Rahmen von »Mund-zu-Mund-Propaganda« nicht erfüllen. Identifizieren Sie vor allem Personen im Bereich der »early adopters« – also Menschen, mit denen Sie und Ihr Kreativteam bereits enger verbunden sind. Die Gruppe der Innovators repräsentieren Sie selbst. Seien Sie sich also bewußt, das Sie eventuell von einigen Personen als »innovative Spinner mit absonderlichen Gedanken« wahrgenommen werden können. Dies gilt insbesondere dann, wenn Ihre entwickelte Idee gründlich mit bestehenden Mustern aufräumt, eine umfangreiche Veränderung bevorsteht, sich Ihnen zähes Beharrungsvermögen entgegenstellt.

Der oben vorgestellte Ausbreitungsprozeß kann Ihrer Zielgruppenselektion auf dem internen und externen Absatzmarkt, also sowohl organisationsintern als auch bezüglich externer Adressaten, zugrunde gelegt werden. Damit decken Sie die Segmentierungskriterien »Innovationsfreudigkeit« und »Risikobereitschaft« ab.

Ansprache der Zielpersonen

In Marketing und Werbung hat man schon lange erkannt, daß äußeres Erscheinungsbild und Image sich stark gegenseitig bedingen. Permanent finden Imagetransfers vom Unternehmen, dem eingesetzten Marketing-Mix auf das Produktangebot und umgekehrt statt. Gleiche Wahrnehmungs- und Informationsverarbeitungsmechanismen gelten auf dem »Absatzmarkt der Ideen«. Seien Sie sich dieser Wirkungszusammenhänge also bewußt und umwerben Sie Ihre Zielpersonen adäquat. Dies bezieht sich sowohl auf die richtig Sprachwahl, das Verwenden von Schlüsselworten, geeignete, in den Welten der Zielpersonen anerkannte Präsentations- und Visualisierungsformen.

Im Rahmen einiger kommunikationswissenschaftlichen Richtungen geht man davon aus, daß jeder Mensch unterschiedlich ausgeprägte, individuell bevorzugte Wahrnehmungskanäle hat, mit denen er die Informationen der Umwelt bevorzugt aufnimmt. Dabei wird in visuelle, auditive, gustatorische, olfaktorische und kinästhetische Typen unterschieden. Gemäß dieses Ansatzes erfolgt die unbewußte Sprach- bzw. Wortwahl keineswegs zufällig, sondern gestaltet sich durch den Zusammenhang zwischen Wahrnehmungssystem als Informationsverarbeitungssystem und Sprache als Ausdrucksmöglichkeit. Die Denkweise eines Menschen zeigt sich in seinem individuellen Sprachgebrauch. Die unterschiedlichen Wahrnehmungstypen benutzen somit unbewußt bestimmte, dem jeweils bevorzugten Sinn zugehörige, Worte.

Visueller Typ (= dieser Typ sieht die Realität)
»Diesen *Blickwinkel* habe ich noch gar nicht betrachtet.«
»Das *sehe* ich auch so.«
»Ich brauche mehr *Transparenz*.«
»Also *schauen* Sie doch mal . . .«
»Es ist gar nicht *einzusehen*, daß . . .«

Auditiver Typ (= dieser Typ hört die Realität)
»Das *klingt* nicht schlecht.«
»Das *hört* sich gut an.«
»Mir ist *zu Ohren* gekommen . . .«
»Diese Klagen kann ich nicht mehr *hören*.«
»Die Busch*trommeln* haben mir verraten, daß . . .«

Olfaktorischer Typ (= dieser Typ riecht die Realität)
»Da habe ich eine *Nase* dafür.«
»Es weht eine frische *Brise* in dieser Abteilung.«
»Ehrlich gesagt, ich kann ihn nicht *riechen*.«
»Das *stinkt* ja zum Himmel.«
»Ich habe die *Nase* voll.«

Gustatorischer Typ(= dieser Typ schmeckt die Realität)
»Das *schmeckt* mir gar nicht.«
»Das hat einen bitteren *Beigeschmack*.«
»Dieses Projekt hat mich auf den *Geschmack* gebracht.«
»Wir brauchen hier einfach mehr *Biß*.«
»Dieses Lob habe ich mir *auf der Zunge zergehen* lassen.«

Kinästhetischer Typ (= dieser Typ fühlt die Realität)
»Ich brauche *handfeste* Beweise.«
»Können Sie mit *anpacken*?«
»Das *begreife* ich einfach nicht.«
»Wir müssen diese Sache in den *Griff* bekommen.«
»Die Zeit verläuft mir zwischen den *Fingern*.«

Wollen Sie überzeugend argumentieren, so ist es durchaus empfehlenswert, die Sprache der jeweiligen Gesprächspartner zu sprechen, sich bereits auf dieser Ebene anzunähern und so eine Grundsympathie herzustellen. Dazu müssen Sie Ihren Gesprächspartnern genau zuhören und die Äußerungen nach sinnbezogenen Schlüsselworten filtern. Haben Sie den überwiegenden Sinneskanal sprachlich identifiziert, können Sie damit beginnen, eine auf die spezielle Wahrnehmungs- und Denkweise Ihrer Gesprächspartner abgestimmte Argumentationsstrategie zu entwerfen. Bauen Sie sich ein sinnliches Sprachrepertoire auf, und stellen Sie die Vorzüge Ihrer Idee nach dem »Schlüssel-Schloß-Prinzip« der kundenorientierten Kommunikation vor. Sinnliche, auf Ihre Gesprächspartner abgestimmte Formulierungen tragen wesentlich zu einer erfolgreichen Kommunikation durch erhöhte Bereitschaft, den Argumenten des anderen folgen zu wollen, bei. Treten Sie einem größeren, meist heterogenem Publikum gegenüber, so ist die Individualanalyse oft nicht ohne weiteres möglich. Hier empfiehlt es sich, im Laufe der Präsentation mehrere, unterschiedliche Kanäle anzusprechen, um so die jeweiligen Wahrnehmungstypen einzubeziehen. Kompetenz in der Kommunikation durch Einfühlungsvermögen und sprachliche Perspektivwechselfähigkeit bringt Sie auf dem Absatzmarkt der Ideen voran.

Präsentationszeitpunkt

Präsentieren Sie Ideen im größeren Rahmen erst, wenn Sie sicher sind, daß Sie über einen gut durchdachten »Prototypen« verfügen. Erbitten Sie zu frühzeitig Feedback auf der nächsthöheren Entscheider-Ebene, kann sich dies kontraproduktiv auswirken. Es könnte der Eindruck entstehen, daß Sie und Ihr Team keine Ahnung haben. Selbstverständlich sollten Ideen und Lösungsansätze innerhalb des kreativen Projektteams regelmäßig besprochen werden – immer auf der Suche nach eventuellen »Kinderkrankheiten«, die so früh wie möglich zu heilen sind. Je früher Sie internes Feedback einholen, um so besser!

Der Präsentationszeitpunkt ist jedoch nicht nur vor dem Hintergrund eines eventuell zu früh gelegten Feedbacks zu bedenken. Die Wahl des richtigen Zeitpunkts gehört zum entscheidenden Schachzug Ihrer Strategie. Sorgen Sie dafür, daß Ihre Ideen so viel Aufmerksamkeit und Wohlwollen bekommen, wie es ihnen gebührt und es die Rahmenbedingungen ermöglichen. Zu diesem Zweck sollten Sie unbedingt eine Situationsanalyse zur Ermittlung des günstigsten Termins vornehmen. Es lassen sich Analogien zum Marketing und einem in der Planung einer Werbekampagne verwendeten Streuplan finden. Wann sind alle Zielpersonen erreichbar? Wann sind die geringsten Ablenkungseffekte durch andere Projekte und Gegebenheiten des Tagesgeschäftes zu erwarten?

Visualisierung und Dokumentation der Ideen

Jede der in der engeren Wahl befindlichen Ideen sollte auf formale Weise dokumentiert werden. Dadurch weisen Sie auf die Bedeutung des Vorschlages hin, signalisieren, daß es Ihnen wichtig und ernst ist. Hierin liegt eine wesentliche Voraussetzung für Wohlwollen und Wertschätzung einer − offiziell unterbreiteten − Idee. Bedienen Sie sich der Erkenntnisse und Anregungen aus Präsentations- und Vortragstechniken. Denken Sie immer daran: auch hier kommt das ästhetische Prinzip zur Geltung. Die meisten Menschen bevorzugen ansprechend präsentierte Unterlagen und Konzeptionen. Die äußere Form ist zwar nicht automatisch eine Eintrittskarte zur Ideenrealisation, doch öffnet sie bereits einige Türen und sorgt dafür, daß informationsüberflutete Entscheider und Kritiker überhaupt aufmerksam werden.

Umgang mit Widerständen

Identifizieren Sie bereits im Vorfeld der Präsentation die Fürsprecher und Anhänger, die scharfen Kritiker, die potentiellen Verhinderer und die Miesmacher. Am geschicktesten ist es, wenn Sie für ein ausgewogenes Verhältnis sorgen, sofern Sie Einfluß auf die Zusammensetzung der zur Präsentation geladenen Personen nehmen können.
Zielen Sie aber mit Ihren Präsentations- und Überzeugungsbemühungen nicht ausschließlich auf die sofort zu identifizierenden Entscheider. Denken Sie ebenso an informelle Strukturen und Rollen. Wer sind

die Personen im Entscheidungszirkel? Wer steht in zweiter Linie, ist aber nicht minder einflußreich? Gerade bei unternehmerischen Entscheidungen handelt es sich um kollektive Entscheidungsprozesse. In der ökonomischen Literatur findet sich der Begriff des sogenannten »Buying Centers«, ein Rollenmodell für kollektive Entscheidungsprozesse in Organisationen. Typische Angehörige des Buying Centers sind: Einkäufer, Entscheider, Anwender, Informationsselektierer, Veranlasser und Beeinflusser. Dabei ist nicht zwingend von einer Übereinstimmung der Rollen mit vorhandenen Funktionsbereichen auszugehen. Eine Person kann gleichzeitig auch mehrere Rollen übernehmen, eine Rolle von mehreren Personen ausgefüllt werden.

Nutzen Sie Ihre kreative Fähigkeit zum Perspektivwechsel nicht nur im Rahmen der Ideenfindung und -auswahl, sondern auch zur Vorbereitung auf eine Präsentation. Welche Standpunkte werden vertreten? Wer denkt wie? Welche Einwände können vorgebracht werden? Sind diese eher emotionaler oder rationaler Art? Wie können sie überzeugend entkräftet werden?

Arbeiten Sie eine Argumentationsstrategie der Einwandbehandlung aus, damit aus Kritikern und Ablehnern überzeugte Anhänger werden. Die in Kapitel 2.3 beschriebene Vorgehensweise nach dem Quint-Essenz-Modell ist äußerst hilfreich bei der Entwicklung von Argumentationen. Verhandlungsgeschick, Verkaufstechniken und eine Ihnen anzumerkende Überzeugung im Glauben an die eigene Idee sind in dieser Phase mindestens genauso wichtig wie die gute Idee an sich.

Nehmen Sie Widerstände, die sich z.B. in Form von vorgebrachten Einwänden äußern, ernst. Erforschen Sie sensibel, mit welchen unterschwellig vorhandenen Widerständen Sie rechnen müssen. Diese sind meist viel heimtückischer, da sie leicht übersehen werden können, weil sie sich nicht so offensichtlich darstellen. Benutzen Sie den Spürsinn eines Detektivs, um Eskalationen zu vermeiden und bereits rechtzeitig und angemessen auf derartige latente Widerstände reagieren zu können. Besonders gefährlich sind rationalisierte Einwände, welche sich bei genauerer Betrachtung jedoch als versteckter emotionaler Widerstand (z. B. aufgrund von Angst vor Veränderungen) entpuppen. Wenden Sie hier eine allein auf die rationalen Einwände abgestimmte Argumentationstechnik an, kommen Sie meist keinen Schritt weiter. Stellen Sie bei gehäuften »Ja, aber«-Bedenken fest, welche weiteren – eher emotionalen – Aspekte dahinter verborgen sein könnten, und konzentrieren Sie sich dann auf deren überzeugende Entkräftung.

Respektieren Sie die unterschiedlichen Persönlichkeiten und Bedenken der an der Entscheidung beteiligten Menschen.

Auf Widerstände sollten Sie angemessen reagieren, d. h.:

• Widerstände ernst nehmen,
• Beweggründe des Widerstandes erforschen und verstehen,
• Widerstand auf der Sachebene behandeln, anstatt auf der Beziehungsebene mit Vorwürfen arbeiten,
• Widerstände langfristig durch gezielte und transparente Informationspolitik verringern.

»Um Ideen wirksam zu machen, müssen wir fähig sein, sie zu zünden.«

Virginia Woolf

Begeisterung steckt meistens an! Daraus ergibt sich fast automatisch: Sehen Sie, wenn möglich, davon ab, Ideen zu vertreten, hinter denen Sie nicht wirklich stehen. Ihre Zuhörer, insbesondere die kritischen und eher ablehnend eingestellten, werden diese Unsicherheit sofort merken und als Angriffspunkt nutzen.

Ist es Ihnen gelungen, auf dem internen Absatzmarkt der Ideen Befürworter und Förderer zu finden, schließt sich die Phase der Ideen-Realisierung an. Im Kapitel 3.5 konnten Sie bereits unterstützende Instrumente und Techniken kennen lernen. Handelt es sich bei den entwickelten Ideen um Produkte, so gilt es jetzt zielorientiertes Marketing für externe Absatzmärkte zu betreiben. Hier bieten strategisches und operatives Marketing zahlreiche Instrumente zur professionellen Markteinführung und -begleitung an. Dabei ist eine enge Zusammenarbeit mit Fachleuten aus Marketingabteilungen und externen Spezialisten zu empfehlen.

4.2 Kreative Organisationskultur
Von der Innen- und Außenwirkung kreativer Führung

▶ In manchen Organisationen bzw. einzelnen Abteilungen regiert das Prinzip »irreführende Führung«. Widersprüche zwischen Gesagtem und Verhalten, Widersprüche von Erwartungen und Ansprüchen einerseits und tatsächlicher Unterstützung bei der Aufgabenerfüllung andererseits verursachen Verunsicherung. Die erklärten Leitlinien und real zugebilligten Kompetenzen sind nicht deckungsgleich. Soll jedoch eine kreative Organisationskultur aktiv gelebt werden, liegt die Verantwortung dafür nicht zuletzt bei den Führungskräften. Dieses Kapitel bringt die wesentlichen Aspekte kreativer Führung auf den Punkt.◀

Wer ist zuständig für was?
Wie weit reicht der zugebilligte Handlungsspielraum?
Welche inneren Bilder herrschen im Kopf des anderen, die er bei der Auftragserteilung nicht kommunizierte?

Kommunikative Lücken und heimliche Erwartungshaltungen tragen erheblich zu Verunsicherungen bei und bilden den Ursprung vieler Konflikte. Eigenverantwortliches Arbeiten im Sinne des »Unternehmers im Unternehmen« als Leitmotiv auf Managementebene passen nicht zusammen mit den im Tagesgeschäft gemachten Erfahrungen, mit dem Führungsstil des Vorgesetzten.

Kreativität läßt sich nicht autoritär anordnen wie beispielsweise:
»Das ist doch Ihr Problem! Nun seien Sie gefälligst kreativ!«
»Zeigen Sie Leistungsbereitschaft und Ideenreichtum!«
»Ich kann mich hier nicht um alles kümmern, präsentieren Sie mir Lösungen statt Probleme!«
So, oder ähnlich klingen vermeintlich kreative Befehlshaber. Halten sich Mitarbeiterinnen und Mitarbeiter an diese Anweisungen, erleben sie nicht selten Unerfreuliches: Die von ihnen erarbeiteten Lösungen werden abgeschmettert, sie haben sich zu rechtfertigen, warum sie sich erst jetzt zu Wort melden, obwohl zu einem früheren Zeitpunkt Fehler vermeidbar gewesen wären, (der Vorgesetzte allerdings nie ansprechbar war), ihnen wird schlimmstenfalls Kompetenzüberschreitung vorgeworfen. Frustration und Ratlosigkeit sind das Resultat des oben aufgeführten Schauspiels.

Kreative Ideen und Potentiale wurden im Keim erstickt, was nicht nur intern auffällt, sondern auch Kunden und Kooperationspartnern, vor allem aber Wettbewerbern nicht lange verborgen bleibt. Führungsverhalten, das im emotionalen und kreativen Vakuum regiert, bewirkt Schrumpfung statt Wachstum. Von der Reduzierung des Selbstbewußtseins der Mitarbeiter bis zum Schrumpfen ökonomischer Erfolgsgrößen wie z. B. Umsatz, Gewinn, Marktanteil ist es dann nur noch ein winziger Schritt. Ökonomische Rationalität als einziges Handlungsmotiv verkehrt sich somit ins Gegenteil. Kreativ ausgebremste und demotivierte Mitarbeiter erweisen sich als »Botschafter des Mißmutes« – Kundenorientierung, pro-aktives Gestalten und Kollegialität schließt dies allerdings aus.

Kreative Führungskräfte zeichnen sich darin aus, ihrem Mitarbeiterteam zu vertrauen. Auf einer Basis des Vertrauens in den Leistungswillen, das Engagement und die Leistungsfähigkeit der Mitarbeiter unterstützen sie die Schaffung individueller Freiräume und begleiten ihr Team als wohlwollender Coach, indem sie für kreativitätsfördernde Rahmenbedingungen sorgen. Zur kreativen und erfolgreichen Aufgabenbewältigung hat auch die Führungskraft einen Beitrag zu leisten: die Bereitschaft, Kompetenzen zu verleihen und Handlungsspielraum und zuzulassen. Dies zeigt bereits der Begriff auf, welcher Kompetenzen in die folgenden drei Dimensionen einteilt:

• »Können« (= Fähigkeiten)
• »Wollen« (= Motivation)
• »Dürfen« (= Beauftragung)

Ein Blickwinkel, der die Aspekte »Können« und »Wollen« allein bei den Mitarbeiterinnen und Mitarbeitern verankert, das »Dürfen« nur bei den Vorgesetzten, trägt nicht zu einem kreativitätsfördernden Klima bei.

In einer Grundhaltung der Emotionalität und Akzeptanz drückt sich ein positives Menschenbild aus, das den Mitarbeitern nicht unterstellt, sie kämen eher unfreiwillig zur Arbeit, seien sowieso nicht bereit, ihre volle Arbeitskraft zur Verfügung zu stellen und müssen deshalb permanent fremd gesteuert, geregelt und überwacht werden. Freiräume zahlen sich aus in engagierten Mitarbeiterinnen und Mitarbeitern, die Freiräume sinnvoll nutzen anstatt sie auszunutzen – weil man ihnen Vertrauen entgegenbringt und sie ernst nimmt. Diese menschlichen Grundbedürfnisse lassen sich eben nicht allein auf den »eher emotionalen« Privatbereich reduzieren. Ebenso bestehen derartige Wünsche im beruflichen Bereich. Schließlich handelt es sich ja um dieselben Personen. Niemand kann – jedenfalls nicht wirklich – in zwei völlig voneinander getrennte

Persönlichkeiten zerfallen: die Bedürfnisse des Privatmenschen per Reißverschluß abtrennen, in der eher rational beherrschten Unternehmens- und Institutionswelt ausschließlich rational denken und handeln und auf das Fühlen, den emotionalen Part am besten eher ganz verzichten. Vorgesetzte, die dies erkannt haben, und den Mut besitzen, emotionale Aspekte zuzulassen und gar darüber hinaus zu fördern, werden die wahren Wettbewerbsvorteile haben. Dabei ist weder die Branchenzugehörigkeit noch die Größe der Organisation allein fördernd oder hemmend für die Implementierung eines kreativen Umfeldes.

Wer vernetzt denken will, sollte sich auch in der Aufbauorganisation vernetzen. Flexible Netzwerke organisationsintern sowie -extern sind gefragt wie nie, um im immer dynamischeren, schnellebigen Wirtschaftsgeschehen noch agieren zu können, statt permanent durch schwerfällig und langwierige Hierarchieebenen hinterher zu hinken und immer nur noch anpassen zu können. Entwicklung prägen statt permanentes Nachregulieren ist gefragt. Schnelle Reaktionsfähigkeit, damit die neueste Anpassung an die Veränderung nicht schon wieder veränderungsbedürftig ist, weil ihre Umsetzung so lange dauerte. Streng hierarchisch aufgebaute Organisationen sind somit deutlich innovationsfeindlich, da Innovation nicht nur bedeutet, eine neue Idee zu haben, sondern diese auch tatsächlich erfolgreich zu realisieren.

Da Organisationen keine Lebewesen sind, sondern formal gebildete Einheiten, gelingt es nur durch die Pflege und Unterstützung der in ihr beschäftigten Menschen, die Organisationsziele voranzubringen. Nur wer durch kreative Führung dauerhaft dafür sorgt, Mitarbeiter und Kollegen in der Entwicklung und Entfaltung ihrer kreativen Potentiale zu unterstützen und zu fördern, kann die Früchte dieser Investition ernten und im Hinblick auf Persönlichkeitsentwicklung und Entwicklung der Organisation voll ausschöpfen.

Nachfolgende Leitsätze bringen die Hauptaspekte des Konzeptes »strukturierte Kreativität« für Sie noch einmal auf den Punkt:

- Ein bewußter und methodischer Einsatz geeigneter Kreativtechniken läßt Kreativität ihre Beliebigkeit verlieren und trägt zu erfolgreichem Ideen-Management bei.
- Kreativität ist immer zugleich individueller und wirtschaftlicher Wachstumsfaktor. Die Förderung kreativer Potentiale ist eine Investition in die Zukunft – für alle Beteiligten von hohem Nutzen im internationalen Wettbewerb.
- Ideen-Management vollzieht sich in der Praxis als Prozeß in sieben Phasen.

- Ein regelmäßiger Check Ihrer kreativen Potentiale ist für die berufliche und persönliche Weiterentwicklung empfehlenswert.
- Durch das Wissen um die Arbeitsweise des Gehirns und einen konsequenten Einsatz des konvergenten und divergenten Denkstils ermöglichen Sie sich den Zugriff auf einen unerschöpflichen Ideenfluß.
- Ein Training der Sinne trägt bei zu einer erhöhten Kreativen Unzufriedenheit und damit zu einer ausgeprägteren Problemsensibilität. Geschärfte Sinnessysteme werden zum sensiblen Frühwarnsystem und bieten die Grundlage für die bestmögliche Ausschöpfung des zur Verfügung stehenden Ressourcenrepertoires.
- Ausdruck einer kreativen Geisteshaltung ist die Fähigkeit zum Perspektivwechsel. Multiperspektivische Wahrnehmung – innerlich und äußerlich – in allen Dimensionsbereichen von Perspektive unterstützen Ihre kreativen Potentiale auf ganzheitliche Weise.
- Werden Sie sich über kreativitätshemmende Faktoren bewußt. Je deutlicher Sie dabei herausarbeiten, wo diese lauern, um so eher können Sie die Kreativitätsvampire gezielt bekämpfen.
- In der Wachstumsspirale des Ideen-Management führt der gezielte Wechsel zwischen konvergentem und divergentem Denkstil zu einer hohen Synergie.
- Niemand kann aus dem Stand heraus direkt kreativ sein, die jeweils benötigten Potentiale können durch vorbereitende Übungen eines »Kreativparcours« und vorher vereinbarte Regeln zielgerichtet gefördert werden.
- Sichern Sie einen problem- und aufgabenorientierten sowie phasenspezifischen Einsatz der angebotenen Instrumente und Techniken des Ideen-Management. Damit lassen sich systematisch Ideen entwickeln.
- Entwickelte Ideen können mit spezifisch eingesetzten Techniken strukturiert, bewertet und ausgewählt werden.
- In der Phase der Ideen-Realisierung können Sie auf bewährte Werkzeuge des Projekt-Management zurückgreifen.
- Bei der Ideen-Überprüfung erhalten Sie Aufschluß über die Realitätsnähe Ihrer Planung. Dies erleichtert in Zukunft das Verwirklichen weiterer Ideen.
- Weder Produkte noch Ideen verkaufen sich von selbst. Dies gilt sowohl für Absatzmärkte im klassischen Sinne als auch für die im Vorfeld zu leistende Überzeugungsarbeit innerhalb einer Organisation. Es genügt nicht, eine Idee zu haben und einen ersten Entwurf zu entwickeln, Sie müssen nun auch alles dafür tun, alle Beteiligten von Ihren Vorstellungen zu überzeugen.

- Kreative Führung bedeutet, auf einer Basis des Vertrauens in das Engagement und die Leistungsfähigkeit der miteinander arbeitenden Menschen individuelle Freiräume zu schaffen sowie kreativitätsfördernde Rahmenbedingungen zu ermöglichen.

4.3 Kreativ von A wie Ananasfaser bis Z wie Zufriedenheit der Kunden
Fallbeispiele für Ideen-Management in verschiedenen Branchen

▶ Die gesamte Bandbreite von Ideen-Management nutzen und zielgerichtet die jeweils geeignete Technik für die zu lösende Aufgabenstellung einsetzen? Kreativ sein von A bis Z ganz praktisch?
Diese Fallbeispiele aus ganz unterschiedlichen Branchen veranschaulichen zum Abschluß des Leitfadens den universellen Nutzen von strukturierter Kreativität. ◀

A wie Ananasfaser

Anwendungsbereich:
Interkulturelle Zusammenarbeit im Bereich Wirtschaftsförderung

Aufgabenstellung:
Für die Herstellung von Accessoires auf den Philippinen sollen neue umweltverträgliche und dabei optisch akzeptable Rohstoffe identifiziert und bis zur Serienreife entwickelt werden.

Schlüsselfrage:
Welche bis jetzt noch nicht genutzten Rohstoffe sind für die Herstellung von Accessoires prinzipiell möglich?

Lösung:
Im Seminar wird mit einer Gruppe von Unternehmerinnen und Unternehmern ein Brainstorming durchgeführt, das zu über 100 Ideen für mögliche Rohstoffe führt. Die gefundenen Ideen werden mit einer Mind-Map visualisiert. Von diesen breit gefächerten und teilweise auch »gewöhnungsbedürftigen« Rohstoffen werden die acht ausgewählt, die das höchste Entwicklungspotential besitzen. Diese acht Möglichkeiten werden getestet, entwickelt und nur fünf Wochen später serienreif präsentiert. Die Produktpalette aus neu entwickelten Rohstoffen umfaßt Accessoires und Deko-Objekte aus Ananasfasern, Mahagonibaumfrucht, Mangokernen, Hühnerfuß-Leder, Kokosnußschale und Papiermaché.

Nutzen:
Als Nutzen sind die sichtbare Erweiterung der Produktpalette und die exakte, materialgerechte Verarbeitung der Produkte zu nennen. Durch die Anpassung an europäische Trends und die durchgängige Betonung der Umweltverträglichkeit stärken die Neuentwicklungen das Ansehen der philippinischen Produkte.
Durch »salonfähige« Präsentation auf Fachmessen und konsequentes Marketing werden die neuen Materialien vom Markt akzeptiert und erzielen gute Verkaufsergebnisse auf Messen.

B wie Babysitting

Anwendungsbereich:
Babysitting-Agentur

Aufgabenstellung:
Das Service-Angebot der Agentur soll zur Erhöhung der Wettbewerbsfähigkeit erweitert werden.

Schlüsselfrage:
Welche Leistungen kann die Agentur mit dem vorhandenen Know-How und der bestehenden personellen Besetzung zusätzlich entwickeln?

Lösung:
Das bestehende Angebot der Agentur wird mittels der Osborn-Checkliste systematisch erweitert. Interessante neue Angebote sind z. B. Abholservice zur Verkürzung der Wegezeiten der Eltern, mehrsprachige Gruppen, internationale Ernährung, Kombination von Baby-Sitting und Hausarbeit, Selbstsicherheitstraining für die Kinder während der Betreuung, organisierte Spielgruppen, die ins Haus kommen.

Nutzen:
Der Nutzen ergibt sich aus der erhöhten Kundenorientierung und der originellen Erweiterung des Angebotes. Durch maßgeschneiderte Angebote kann die Agentur ihren Umsatz erhöhen.

D wie dreidimensionale Präsentation

Anwendungsbereich:
Produktpräsentation

Aufgabenstellung:
Für eine Präsentation dreidimensionaler Objekte soll mit geringem Budget eine an verschieden große Exponate anpaßbare Ausstellungslandschaft entwickelt werden. Dafür sind stabile Schachteln aus Graupappe geplant. Diese sollen möglichst universell einsetzbar sein.

Schlüsselfrage:
Wie können Schachteln möglichst flexibel miteinander kombiniert werden?

Lösung:
Das zunächst geplante System von stabilen Schachteln mit Deckel aus Graupappe wird mit den Impulsfragen nach der Osborn-Checkliste verwandelt. Durch den Aspekt »Verkleinern« entwickelt sich eine Lösung, die auf dem Prinzip der würfelförmigen Bauklötze beruht. Diese Idee kombiniert Würfel gleicher Größe zu sehr unterschiedlichen Podesten, Türmen, Gruppierungen. Aus der jeweiligen Mixtur der würfelförmigen Schachteln entstehen ganz individuelle Ausstellungslandschaften.

Nutzen:
Der Nutzen dieses Präsentationssystems liegt in der Kosten- und Zeitersparnis sowie in der gewonnenen Flexibilität bei dem Zusammenstellen variabler Ausstellungslandschaften.

E wie Experten

Anwendungsbereich:
Unternehmenskommunikation bei einer sozialen Einrichtung

Aufgabenstellung:
Die Institution wünscht sich einen verbesserten Austausch zwischen verschiedenen Arbeitsbereichen und eine höhere gegenseitige Akzeptanz der jeweiligen Leistungen. Herkömmliche Moderationstechnik kann dies nicht leisten.

Schlüsselfrage:
Auf welche Weise kann ein »Interaktives Kommunikationsforum« die Kommunikation in der Einrichtung beleben?

Lösung:
Mit der Gift und Gegengift-Technik entwickelt sich der Ansatz, die Mitarbeiter/innen nicht »frontal zu beschallen«, sondern als Expert/innen anzusprechen und einzuladen und dann ihren Rat zur Gestaltung der Zukunft einzuholen.

Nutzen:
Der Nutzen in der Institution ist verbesserter Kommunikationsfluß, Transparenz im Unternehmen, Förderung der gegenseitigen Akzeptanz. Der Nutzen auf der persönlichen Ebene liegt in der hohen Motivation bei der Teilnahme und persönlichen Befriedigung durch die Anerkennung des Expertentums.

F wie Füller

Anwendungsbereich:
Produktentwicklung in der Schreibwarenindustrie

Aufgabenstellung:
Ein Hersteller von exklusiven Schreibgeräten erhält nach Auswertung einer Kundenumfrage die Rückmeldung, daß es auch bei hochwertigen Füllfederhaltern zu tintenverschmierten Händen kommt.

Schlüsselfrage:
Wie können wir Füllfederhalter so gestalten, daß keine Tinte mehr ausläuft und die Hände unserer Kunden beschmutzt?

Lösung:
Das Produktmanagement-Team setzt zur Lösung der Aufgabenstellung die PNP-Technik als sehr effektiven Produktentwicklungs- und Machbarkeitstest in mehreren Stufen ein. Kunden und Fachhändler werden zu einem Gruppeninterview eingeladen. Es entstehen zahlreiche erste Lösungsansätze, die von Durchgang zu Durchgang immer konkretere Ideen zur Produktverbesserung enthalten. Dabei werden die Beschwerden bzw. die Unzufriedenheit als Anregungen betrachtet, die im Durchlauf

»Negativ« gezielt heraufbeschworen werden: Ein erster Lösungsansatz stellt z. B. eine Analogie zu einem Seifenspender her. Daraus leitet sich in weiteren Schritten die Idee für ein verfeinertes Tintendosiersystem ab.

Nutzen:
Der mit der verwendeten Technik einhergehende permanente Perspektivwechsel von P = Positiv und N = Negativ läßt konstruktive Kritik frühzeitig in die Produktverbesserung bzw. Neuentwicklung einfließen. Kinderkrankheiten des neugestalteten Füllers werden somit frühzeitig erkannt und können bereits im Konzepttest ausgeschaltet werden. Eine Fülle von möglichen – sehr kundenorientierten – Verbesserungsansätzen ist entstanden, die dann in einem weiteren Auswertungsschritt im PNP-Verfahren mit Anregungen von Mitarbeitern der Entwicklungsabteilung und der Produktion in Einklang gebracht werden.

G wie Geschäftsidee

Anwendungsbereich:
Marketingorientierte Beratung von Existenzgründern

Aufgabenstellung:
Zur Erstellung eines realistischen Marketingplans sollen potentielle Schwächen und Risiken, die Geschäftsideen beinhalten, frühzeitig und schnell aufgespürt werden. Eine der Geschäftsideen ist der Denkansatz »fliegender Koch«, d. h. ein Koch auf Abruf, der auf Bestellung von Privatpersonen sowie in Restaurants und Hotels kocht, die unter kurzfristigem Personalmangel leiden.

Schlüsselfrage:
Wie realistisch ist der Geschäftsansatz »fliegender Koch«?

Lösung:
Im Seminar wird mit einer Gruppe von angehenden Unternehmerinnen und Unternehmern die vorgestellte Geschäftsidee diskutiert. Jeder kann sich dazu äußern. Die Diskussion folgt dabei den Regeln der Quint-Essenz. Die Hauptaspekte dazu werden notiert. Es stellt sich in dieser Ideen-Bewertung rasch heraus, daß die Idee prinzipiell marktfähig ist und daß eine positive Resonanz der Zielgruppe Hotel und Restaurants zu erwarten ist.

Nutzen:
Die Geschäftsidee kann erfolgreich realisiert werden durch eine frühzeitige Erfolgsdiagnose mit ganzheitlicher Sichtweise.

I wie IT-Ausbildung

Anwendungsbereich:
Ausbildungsmarketing für aktuelle Berufe im Bereich Informations-Technologie

Aufgabenstellung:
Eine Marketingagentur erhält den Auftrag, ein Konzept für eine Kampagne zu erarbeiten, um Jugendliche für neue IT-Berufe im Bankenwesen zu interessieren. Die IT-Branche ist bei Jugendlichen und jungen Erwachsenen sehr begehrt, da sie nach wie vor als zukunftsweisendes und innovatives Karrierefeld gilt. Gerade in diesen Bereichen haben Jugendliche echte Chancen, sie sind älteren Generationen im Umgang mit elektronischen Medien meist weit überlegen und können endlich einmal zeigen, was in ihnen steckt. Berufe in der Medien- und Kommunikationswelt erscheinen Jugendlichen attraktiv, denn sie erwarten kreative Gestaltungsräume und individuelle Entfaltungsmöglichkeiten in einer lockeren und unkonventionellen Arbeitsatmosphäre.
Vollkommen konträr demgegenüber sind die Vorstellungen der Jugendlichen zum Arbeitsumfeld von Berufen im Bankenbereich: Sie assoziieren bei dem Begriff »Bank« konservativen Kleidungszwang, »Immer-freundlich-sein« im permanenten Kundenkontakt, Anpassungsdruck statt Individualität. Somit sind seitens vieler Jugendlicher enorme Berührungsängste gegenüber der Ausbildung bei einer Bank vorhanden. Demnach fällt es nicht leicht, sie für die Ausbildungsplätze der IT-Branche in einer Bank zu gewinnen. Ebenso soll in den Vordergrund der Kommunikation gestellt werden, daß insbesondere Banken – und nicht nur IT-Unternehmen – eine Ausbildung auf höchstem Niveau und aktuellstem Wissenstand anbieten. Schließlich laufen mittlerweile nahezu alle Finanz-Transaktionen auf elektronischem Wege.

Schlüsselfrage:
Wie können wir qualifizierte Schulabgänger für eine Ausbildung in IT-Berufen innerhalb des Bankenwesens gewinnen?

Lösung:
Die Agentur lädt zu einem Ideen-Findungs-Workshop ein. Daran nehmen teil Jugendliche als Repräsentanten der Zielpersonen, bankinterne Ausbilder, Abteilungsleiter und Mitarbeiter des Bankmarketing. Es wird die 6-3-5-Technik eingesetzt, um möglichst schnell eine Fülle von Lösungsansätzen zu gewinnen. Dabei entstehen Vorschläge wie z. B. Informationstage in Schulen, Schulabgänger-Börsen, vernetzte Zusammenarbeit mit Beratungsteams der Arbeitsämter, Informationsbroschüren für jugendliche Bankkunden, Internetauftritt zur Vorstellung der neuen IT-Berufe im Bankbereich (derzeitige Auszubildende berichten direkt und informieren zielpersonenadäquat), Printanzeigen in Schulzeitungen und Stadtmagazinen, IT-Talkshows und Schnupper-Chats mit Auszubildenden bei einer Bank.

Nutzen:
Durch die Kombination der einzelnen Lösungsansätze kann die Agentur ein mehrstufiges, gut aufeinander abgestimmtes und direkt an den Zielpersonen ausgerichtetes Programm erarbeiten. Somit eröffnen sich für die Bank neue Perspektiven, wie sie in einen Dialog mit der Zielgruppe treten und dabei ideale Kandidatinnen und Kandidaten für eine IT-Ausbildung kennenlernen kann.

M wie Mobile Galerie im Öffentlichen Raum

Anwendungsbereich:
Kindertagesstätte

Aufgabenstellung:
In Kindertagesstätten herrscht chronische Platznot. Die von den Kindern hergestellten Bilder und Objekte können oft nicht ausgestellt werden. Hier fehlt ein praxisbezogenes Konzept zur Verknüpfung der Ausstellungen mit der Öffentlichkeitsarbeit. Diese Präsentationssysteme dürfen allerdings kaum etwas kosten. Also soll auf preisgünstige Alltagsmaterialien zurückgegriffen werden.

Schlüsselfrage:
Welche Alltagsmaterialien eignen sich zum Aufbauen von Präsentationssystemen?

Lösung:
Mit der Kreativtechnik Morphologischer Kasten werden verschiedene
Präsentationssysteme entwickelt, die auf preisgünstigen Alltagsmaterialien
basieren, z. B. eine Rollbox aus Pappkartons und alten Rollschuhen, Fah-
nen aus Kleiderbügeln und Stoffbahnen sowie Vitrinen aus Sauregurken-
Gläsern. Diese Präsentationssysteme überraschen mit »Aha-Effekt« und
inszenieren die Exponate auf wirkungsvolle Weise. Sie sind schnell herzustellen und flexibel auf- und abbaubar.

Nutzen:
Der Nutzen ist die Flexibilität bei der Planung und dem Aufbau von
Ausstellungen, die Erweiterung des kreativen Spiel-Raums sowie die
sinnvolle Vernetzung der Präsentation mit der Öffentlichkeitsarbeit.

S wie Skandinavien

Anwendungsbereich:
Messeauftritt eines mittelständischen Unternehmens

Aufgabenstellung:
Das Unternehmen präsentiert auf einer Messe seit 15 Jahren seine Produkte (Eisenwaren) auf einem Messestand, der so einladend wie ein Büro
wirkt (graue Möbel, PVC Fußboden, weiße Regale mit Produkten).

Schlüsselfrage:
Mit welcher Erlebniswelt kann das Unternehmen die Zielgruppen auf
der Messe zum Standbesuch und zum längeren Verweilen motivieren?

Lösung:
Mit der Belebtes Bühnen Bild-Technik werden alternative Szenarien zu
den Erlebniswelten »Italien«, »Skandinavien« und »Sahara« entwickelt.
Es stellt sich heraus, daß das kühle und klare Szenario »Skandinavien«
am besten zu den technischen Produkten des Unternehmens paßt. Der
Messestand wird mit Kieselfußboden, transparenten Möbeln und de-
zent unauffälligen Präsentationssystemen aus Aluminium ausgestattet.
Farblich ist der Stand in weiß, hellgrau und türkis gehalten. Die Erleb-
niswelt »Skandinavien« wird transportiert durch eine sprudelnde
Quelle, frischem Duft nach Pfefferminze sowie Großaufnahmen der
Produkte vor einer Gletscherwelt. Die Kommunikation mit den Messe-

besuchern ist inspiriert von skandinavischer Fröhlichkeit und Direktheit. Es werden Getränke mit Eiswürfeln und Bonbons mit »Eisgeschmack« gereicht.

Nutzen:
Das Unternehmen kann sich mit dieser Produktpräsentation deutlicher auf der Messe plazieren. Obwohl die Grundaussage des Unternehmens und seine Produkte unverändert bleiben, können sie durch die neue Inszenierung klarer wahrgenommen werden. Das Messepublikum wird so eher in die Erlebniswelt des Standes hineingezogen als in den neutralen büroartigen Stand zuvor.

T wie Titelfindung

Anwendungsbereich:
Seminar im Bereich Führungskräftetraining

Aufgabenstellung:
Für ein neu konzipiertes Seminar soll ein treffender und neugierig machender Titel gefunden werden, der sich auffällig von den anderen abhebt. Inflationär verwendete Begriffe sollen dabei ebenso vermieden werden wie austauschbare Worthülsen.

Schlüsselfrage:
Wie lautet ein Seminartitel für ein Führungskräftetraining, der das Thema »Führung« interessant inszeniert?

Lösung:
Das Trainerteam entscheidet sich für ein Vorgehen nach der Reizwortanalyse: Es werden fünf zufällig aus einem Lexikon ausgewählte Hauptworte aufgelistet. Zu jedem Wort wird eine Mind-Map angefertigt, die eine strukturierte Übersicht über die ausgelösten Assoziationen liefert. Unter den Begriffen befindet sich u. a. das Wort »Tanz«. Nachdem die Assoziationen zu allen Begriffen gesammelt und festgehalten sind, wird der Transfer auf die Schlüsselfrage vorgenommen.
Welches Wort, welche Teilaspekte der einzelnen Mind-Maps lassen sich verwenden? Wo lassen sich am ehesten treffende Analogien zum Alltag und den Problemen einer Führungskraft finden? Die Mind-Map zum Begriff »Tanz« erweist sich hier am ergiebigsten. Hier gibt es die

Aspekte »Bewegung«, »Ballett«, »Fortschritt«, »Rückschritt«, »Führen« und »Geführt-werden«

So ergibt sich der neue Seminartitel »Fortschritt ganz wörtlich – Führungskräfte in Bewegung«.

Nutzen:

Der neue Seminartitel verbindet Führung und Tanz, d. h. tatsächlichen Fortschritt und Fortschritt im übertragenen Sinn und macht neugierig auf die zu erwartenden Inhalte des Trainings. Darüber hinaus ergeben sich durch die Reizwortanalyse methodische Ideen zur Gestaltung des Seminarablaufes. Die Analogie zum Tanzen findet sich in gezielten Übungen zum Aspekt »Führen und Geführt-Werden« wieder.

Bilder und Analogien werden angeregt, die wiederum in bildhafte Sprache umgesetzt werden können, ein wesentlicher Vorteil für lebendige Korrespondenz und beim Texten von Werbe- und Informationsmaterial.

V wie Verein

Anwendungsbereich:

Überzeugender Außenauftritt eines Vereins

Aufgabenstellung:

Ein Verein stellt fest, daß seine Werte und Ziele teilweise unklar formuliert, den Mitgliedern nicht bekannt und so auch nicht klar nach außen kommunizierbar sind. Die vorhandenen Vereinsleitsätze sollen mit Leben erfüllt werden und nach innen (Mitglieder) und außen (Öffentlichkeit, Presse) transportiert werden.

Schlüsselfrage:

Welches sind unsere Werte und Ziele als Verein, und wie können wir diese in unserer Selbstdarstellung vermitteln?

Lösung:

Mittels der Kreativtechnik Bildhafte Synektik nähern sich der Vorstand und einige Vereinsmitglieder einer gemeinsam getragenen Identität an. Dabei stellen sich zu den verwendeten Tierbildern (Drache, Biene, Eisbär) sehr brauchbare Assoziationen ein. Einige der Assoziationen zu Drache lassen sich wie folgt auf die Aufgabenstellung übertragen:

Der Drache fliegt über allem und hat den Überblick. Er ist ein Sinnbild für Stärke und nimmt die neuen Vereinsmitglieder unter seine Fittiche. Der Drache kann auch als Abwehr nach außen Feuer spucken, wenn der Verein bedrängt wird. Und schließlich: als positive Märchenfigur kämpft er für das »Gute«.

Nutzen:
Als Ergebnis der verwendeten Kreativitätstechnik entsteht ein lebendiges, für alle gut vorstellbares Profil des Vereins und seiner Werte. Die bildhafte Synektik liefert gleichzeitig viele Analogien, die sich sprachlich bei der Gestaltung von Informations- und Werbematerial einsetzen lassen. Es stellt sich heraus, daß das abgeleitete Profil durch seine Bildhaftigkeit in seiner Innen- und Außenwirkung bei den Vereinsmitgliedern und Kooperationspartnern allgegenwärtig und unmißverständlich ist. Eine wesentliche Voraussetzung für den einheitlichen und klaren Auftritt ist somit geschaffen.

Z wie Zufriedenheit von Patienten und Personal

Anwendungsbereich:
Krankenhaus, Abteilung HNO

Aufgabenstellung:
Die Verweildauer der Patienten im Krankenhaus soll gesenkt werden, die Zufriedenheit des Kantinenpersonals im Krankenhaus soll erhöht werden.

Schlüsselfrage:
Was können wir verändern, damit das Krankenhaus nicht wie ein »Haus für Kranke« wirkt?

Lösung:
Mittels der Gift und Gegengift-Technik ergibt sich ein völlig neuer Blickwinkel. Bisher kommen die Patienten eher ungepflegt im Morgenmantel zum Essen, es herrscht eine typisch muffige »Krankenhaus-Atmosphäre«.
Mit dem neuen Ansatz wird die Kantine an das neue Leitbild »elegantes Kasino« angepaßt. Demnach werden die Patienten aufgefordert, entweder im Morgenmantel auf ihrem Zimmer zu essen (wenn sie noch sehr erho-

lungsbedürftig sind) oder im »Kasino« in Straßenkleidung zu speisen. Nachdem in Krankenhäusern das Angebot an Ablenkung eher spärlich ist, wird dieses Angebot unverzüglich angenommen. Das Kasino wird besucht von Patienten, die gepflegt gekleidet sind und sich auf eine Abwechslung mit der Möglichkeit zur Unterhaltung freuen.

Das Personal seinerseits hat dadurch auch nicht mehr ausschließlich den Eindruck, im Kranken-Haus zu arbeiten und ist entsprechend motiviert.

Nutzen:

Der ökonomische Nutzen ist die tatsächlich gesenkte Verweildauer der Patienten im Krankenhaus. Ebenso zeichnen sich eine gestiegene Zufriedenheit der Patienten und des Krankenhauspersonals ab.

4.4 Zusammen wachsen
Vernetzter Dialog zum Wachstumsfaktor Kreativität

▶ Am Ende dieses Leitfadens angekommen, haben Sie sowohl im ökonomischen als auch im persönlichen Sinne investiert, um eine Rendite aus dem »Investitionsobjekt« Wachstumsfaktor Kreativität zu erzielen. Jetzt ist genau der richtige Zeitpunkt für eine kreative Inventur, für Ihr Feedback. Dazu wünschen wir uns von Ihnen als Leserin oder Leser Kommentare, Kritik und Inspirationen. Auf Ihre Meinung sind wir gespannt und neu-gierig . ◀

Wir laden Sie zu einem Dialog rund um den Wachstumsfaktor Kreativität ein:
* Wie investieren Sie im Berufs- und Privatleben in die Aktivposten Ihrer Strategischen Kreativ-Bilanz?
* Wie haben Sie sich als KREATIV »Da Capo Al-Fine« gefühlt?
* Welche Kreativitätsvampire haben Sie auf Ihrem Weg zur Strecke gebracht?
* Welche Techniken des Ideen-Management haben Sie erfolgreich angewendet?
* Welches sind Ihre Erfahrungen mit strukturierter Kreativität?

Wenn Sie Fragen haben, Anregungen weitergeben möchten bzw. sich für unser Angebot zum Thema »Ideen-Management« interessieren, bitte schreiben Sie uns:

ATB
Advanced Training Blumenschein
Annette Blumenschein
Diplom-Kauffrau
Diplom-Handelslehrerin
Martin-Luther-Straße 30

60389 Frankfurt am Main
a.blumenschein@atb-ffm.de
www.atb-ffm.de

PRODUKT ✳ KONZEPT
Ingrid Ute Ehlers
Diplom-Designerin
Beraterin Ideen-Management
Kleine Brückenstraße 5

60594 Frankfurt am Main
iue.ffm@t-online.de

Literaturverzeichnis

Boy, Jacques/Dudek, Christan/Kuschel, Sabine
Projektmanagement, Offenbach 1997.

Burow, Olaf-Axel
Die Individualisierungsfalle. Kreativität gibt es nur im Plural, Stuttgart 1999.

Burow, Olaf-Axel
Ich bin gut – wir sind besser. Erfolgsmodelle kreativer Gruppen, Stuttgart 2000.

Buzan, Tony und Barry
Das Mind-Map-Buch, Landsberg am Lech 1999.

Capacchione, Lucia
Die Kraft der anderen Hand. Ein Schlüssel zu Intuition und Kreativität, München 1990.

Csikszentmihalyi, Mihaly
Kreativität. Wie Sie das Unmögliche schaffen und Ihre Grenzen überwinden, Stuttgart 1997.

Frey, Dieter (Hrsg.)
Vom Vorschlagswesen zum Ideenmanagement. Zum Problem der Änderungen von Mentalitäten, Verhalten und Strukturen, Göttingen u. a. 2000.

Gelb, Michael J.
Das Leonardo-Prinzip: die sieben Schritte zum Erfolg, Köln 1998.

Goleman, Daniel/Kaufmann, Paul/Ray, Michael
Kreativität entdecken, München 1997.

Goleman, Daniel
Emotionale Intelligenz, München 1996.

Higgins, James M.
Innovationsmanagement, Kreativitätstechniken für den unternehmerischen Erfolg, Heidelberg 1996.

Kirzner, Israel M.
Wettbewerb und Unternehmertum, Tübingen 1978.

Kuhnt, Beate/Müllert, Norbert R.
Moderationsfibel Zukunftswerkstätten: verstehen – anleiten – einsetzen; das Praxisbuch zur sozialen Problemlösungsmethode Zukunftswerkstatt, Münster 1996.

Linneweh, Klaus
Kreatives Denken: Techniken und Organisation produktiver Kreativität, Bergzabern 1994.

Lisop, Ingrid/Huisinga, Richard
Arbeitsorientierte Exemplarik. Theorie und Praxis subjektbezogener Bildung, Gesellschaft zur Förderung Arbeitsorientierter Forschung und Bildung, 2. Aufl., Frankfurt am Main 1994.

Molcho, Samy
Körpersprache im Beruf, München 1997.

Rückerl, Thomas
Sinnliche Intelligenz: Ein motivierendes Trainingsprogramm zur sinnlichen Optimierung Ihrer ganzheitlichen Intelligenz, Paderborn 1999.

Schelle, Heinz
Projekte zum Erfolg führen, München 1995.

Sachregister